检察理论与实践

（2017 年第 1 卷）

编委会主任　崔智友

广西壮族自治区人民检察院
广　西　检　察　官　协　会　编

中国检察出版社

图书在版编目（CIP）数据

检察理论与实践．2017 年．第一卷/广西壮族自治区人民检察院，广西检察官协会编．—北京：中国检察出版社，2017.6
ISBN 978 - 7 - 5102 - 1886 - 6

Ⅰ. ①检… Ⅱ. ①广… ②广… Ⅲ. ①检察机关 - 工作 - 研究 - 中国 Ⅳ. ①D926. 3

中国版本图书馆 CIP 数据核字（2017）第 132707 号

检察理论与实践

（2017 年第 1 卷）

广西壮族自治区人民检察院
广 西 检 察 官 协 会 编

出版发行：中国检察出版社
社　　址：北京市石景山区香山南路 111 号（100144）
网　　址：中国检察出版社（www. zgjccbs. com）
编辑电话：（010）68682164
发行电话：（010）88954291　88953175　68686531
经　　销：新华书店
印　　刷：保定市中画美凯印刷有限公司
开　　本：710 mm × 960 mm　16 开
印　　张：16
字　　数：291 千字
版　　次：2017 年 6 月第一版　　2017 年 6 月第一次印刷
书　　号：ISBN 978 - 7 - 5102 - 1886 - 6
定　　价：40. 00 元

《检察理论与实践》

学术顾问（按姓氏笔画排列）

孙长永　西南政法大学副校长、教授、博士生导师
齐海滨　耶鲁大学法学院教授、北京大学、华中科技大学法学院特聘教授、博士生导师
向忠诚　桂林电子科技大学法学院教授
李红海　北京大学法学院教授、博士生导师
何立荣　广西民族大学法学院院长、教授
张　军　广西警察学院副院长、教授、博士生导师
陈发桂　中共广西区委党校法学部教授
孟勤国　广西大学法学院名誉院长、教授、博士生导师
周世中　广西师范大学漓江学院党委书记、教授、博士生导师
欧锦雄　广西政法管理干部学院教授
曹　平　广西社会科学界联合会副主席、研究员、广西法学会副会长、法学博士、博士生导师
谢尚果　广西民族大学校长、教授、博士生导师
覃珠坚　广西警察学院调研员、教授、编审，广西警察学会理论研究部主任
雷裕春　广西财经学院法学院院长、教授

编辑委员会

目 录

调查研究

检察长论坛

案例分析

［特　　稿］

关于广西检察代表团赴美国、加拿大访问情况的报告

◎广西检察代表团*

经中央批准，广西壮族自治区人民检察院党组书记、检察长崔智友同志于2016年11月27日至12月4日，率广西检察代表团一行6人对美国、加拿大进行了为期8天的访问。代表团先后拜访了美国旧金山地区检察官办公室、西华盛顿州美国联邦检察官办公室、金县青少年服务中心、美国司法部海外检察发展办公室及加拿大安大略省司法部、阿尔伯塔省司法部等单位，通过座谈交流、实地调研等形式，对美、加两国的检察制度进行了深入调研，介绍了我国检察制度和司法体制改革情况。

一、访问的基本情况

访美期间，代表团访问了旧金山地区检察官办公室。与该地区检察长乔治·盖斯康、刑事案件部检察官戴维·莫林、上诉审查部检察官韦德·周、地区检察官助理玛丽莎·罗德里格斯等交流了辩诉交易制度及公诉效率的关系，参观了旧金山地区警察署。访问了西华盛顿州美国联邦检察官办公室，会见了驻该区联邦检察长海丝·安妮特女士，海丝·安妮特女士介绍了美国联邦检察机构设置及其职能，讲述了检察官在保护知识产权中的作用。访问了金县检察官办公室，实地参观了青年服务中心和未成年人法庭庭审，与金县未成年人办公室主任艾米丽·彼得森女士交流了未成年人犯罪预防和保护情况。访问美国司法部海外检察发展办公室，会见了该办公室主任费伊·埃伦斯登女士、海外

* 团长：崔智友，广西壮族自治区人民检察院党组书记、检察长。团员：李桂华，广西壮族自治区柳州市人民检察院党组书记、检察长；农中校，广西壮族自治区防城港市人民检察院党组书记、检察长；黄继平，广西壮族自治区崇左市人民检察院党组书记、检察长；陶建旺，广西壮族自治区人民检察院办公室副主任；吴志莹，广西壮族自治区人民检察院控告申诉检察处副处长。

起诉立案、援助与培训办公室亚太区域主任李张健仪、国际事务办公室检察官吴鹏女士，费伊·埃伦斯登女士介绍了美国联邦检察官与警察、法官及刑事执行官员的关系以及检察官培训等情况。崔智友检察长向美方介绍了我国检察机关的地位作用、机构设置及其职能，就未成年人保护、知识产权保护及司法体制改革等多项议题进行了深入的交流和探讨，并就进一步扩大和深化检察官交流与培训等务实合作与美方交换了意见。

访加期间，代表团访问了加拿大安大略省司法部，与刑事法律办公室检察官达文·盖格、政策司企业政策合作处瑞恩·菲尔德交流了刑事诉讼辩诉交易与检察官自由裁量权的关系。访问了阿尔伯塔省司法部，与副部长菲利浦·布莱登，助理副部长彼得·蒂斯代尔，埃德蒙顿市检察长谢莉·百可维赫女士，特殊起诉执行理事塞拉·布朗女士，上诉、教育与政策办公室顾问马戈特·恩格利女士，决议与法院管理服务处处长卡莉·卢卡斯女士进行了座谈，交流了检察官职权、司法责任及职业保障制度，并就进一步加强广西检察机关与阿尔伯塔省司法及检察机关在交流互访及检察官培训等方面合作交换了意见，取得了共识。代表团还赴阿尔伯塔省法院调研，该院助理大法官拉里·安德森详细介绍了该省法院在辩诉交易中的职责作用。崔智友检察长也向加方介绍了我国检察官培训制度、职业保障及司法改革等情况。

总的来说，此次访问行程安排紧凑，交流形式多样，内容务实丰富，开阔了视野、启发了思维，受益匪浅，达到了增进了解、加深互信、扩大共识、深化合作的预期目的，访问取得了圆满成功。

二、美国、加拿大检察制度的主要特点

（一）组织体系较为松散，检察机关主要职能是代表政府提起公诉

美国存在联邦、州和地方三级检察系统，但系统间互不隶属，不存在上下级关系，不同系统检察机构之间、不同层级检察机关之间独立性很强，等级性不清晰。美国联邦在全美 94 个联邦司法区相应任命有 1 位总检察长、93 位联邦地区检察长。每位联邦地区检察长可雇佣数量不等的联邦地区助理检察官，负责协调联邦在辖区相关刑事调查活动，并代表美国政府在联邦地方法院和联邦上诉法院出庭支持刑事案件，还在民事案件中代表联邦政府作为原告或被告人在联邦地方法院或联邦上诉法院出庭。美国州级检察院与州司法部合署办公，直接负责刑事案件的起诉。州总检察长一般由选民直接选举产生，州总检察长之下设有若干助理总检察长，分驻于各郡市，负责本郡市案件的起诉和调

查。美国郡、市级地方检察官绝大多数是选举产生，对选民负责，不受州长和州总检察长控制。

加拿大无独立的检察系统，通常说的检察机关指的是从属于司法部的公诉部门。在设置上，联邦检察机关隶属于联邦司法部，总检察长由司法部长兼任。省检察机关隶属于省司法厅，省检察长由司法厅长兼任。联邦检察机关和省检察机关在组织和业务上并无隶属和指导关系。在职责上，联邦和各省检察机关主要职责是负责刑事检控工作，不具有侦查权和对于侦查、审判的监督职能，但可以在重大、复杂案件中向警方提供法律意见和咨询。按照加拿大检控官专业行为准则，检控官“不能过于积极参与调查”。在案件管辖分工上，联邦检察机关负责有组织犯罪和贩卖毒品、移民、税收犯罪以及触犯加拿大刑事法典以外的其他联邦刑事法规的犯罪案件检控，各省检察机关则负责发生在本省范围内的触犯加拿大刑事法典的犯罪和违反本省法律刑事案件的检控。

（二）在公诉权行使过程中拥有广泛自由裁量权，可进行辩诉交易

美国、加拿大检察机关自由裁量权比较大，其中最能体现其自由裁量权是极具特色的辩诉交易制度。

美国的辩诉交易制度是近现代的产物。二战以后，美国犯罪率居高不下。为了以有限的人力、物力解决日益增多的案件，一些大城市的检察官开始用协议和交易的方式，换取被告人的“认罪答辩”。1970 年美国联邦最高法院在布雷迪诉美国一案中正式确认了辩诉交易的合法性。1974 年美国修订施行的《联邦刑事诉讼规则》明确将辩诉交易作为一项诉讼制度确立下来。据介绍，目前联邦和各州 90% 以上的刑事案件以辩诉交易方式结案。美国的辩诉交易主要有三种类型：一是指控交易，即检察官允诺以比原始指控要轻的罪名对被告人进行指控，以换取被告人对后一指控作有罪答辩的交易。二是罪名交易，即被告人犯有数罪时，检察官许诺以较少的罪名、撤销其他罪名以换取被告人有罪答辩的交易。三是刑罚交易，即检察官许诺向法官提出有利于被告人的量刑建议，以换取被告人对某一罪名作有罪答辩的交易。

加拿大的诉辩交易适用非常广泛。据安大略省司法部刑事部主任达文·盖格先生介绍，2015 年安大略省超过 92% 的案件不必等到严格的开庭审判程序已通过诉辩交易处理完毕。其诉辩交易机制具有以下特点：（1）从主控官接到警察转来的证据材料开始到法庭宣布判决前，控辩双方均可自行协商。（2）控辩双方不仅在法庭外可以协商，就算在开庭过程中，在有陪审团参与的法庭审判过程中，也可以随时请求法官给时间进行协商。（3）控辩双方可协商的内容广泛，即可在罪名上协商，也可以在量刑上进行协商。(4) 法官在非正式庭审的庭审前会议上可以主持协商，促使双方达成协商意见。(5) 控辩双方的协商可以不听取被害人意见，如果被害人有财产或其他损失，可以通过民事诉讼的方式去得以实现。

(三) 检察权基本上不具有司法权性质，对其他诉讼主体的监督职能较弱

与大陆法系国家普遍将检察权定位为兼具行政权和司法权性质的做法不同，美国、加拿大的检察权体现为公诉权，基本上不具有司法权属性，对其他诉讼主体不具有具体的监督职责和监督权限，即使业务上存在一定的指引、建议职责，权能也相对较弱。

检察机关与警方的关系：美国绝大多数刑事侦查都由警方负责，只有在某些情况下，检察官才需要行使职权启动或继续侦查。在侦查过程中，检察官只能对警方提供有限的协助与建议。加拿大联邦和各省检察机关的主要职责是负责刑事检控工作，不具有侦查和对于侦查进行监督的职能，但可以在重大、复杂案件中向警方提供法律意见和咨询。按照加拿大检控官专业行为准则，检控官“不能过于积极参与调查”。

检察机关与审判机关的关系：美国检察机关在审判阶段的主要职权包括对陪审团的指示权、量刑建议权、上诉权等方面，其中，对陪审团的指示权、上诉权一定程度上显示了检察机关对审判的影响力。从《全美检察准则》第86.2条要求看，任何对陪审团的指示应在陪审团听证之外、总结陈述之前进行，参与人包括法官、检察官及被告人辩护律师。一般而言，在开庭之前，法官即会要求检察官及被告人辩护律师向法庭提交各自的陪审团指示。就上诉权而言，根据联邦宪法，美国检察机关原则上不享有上诉权，尤其是为确保被告人不至于陷入“双重危境”，美国检察官被禁止对无罪判决提出上诉，除非该判决基于法律适用错误。但是，联邦和各州实际上都赋予检察官至少一次上诉的权利。检察官的量刑建议，对法院或陪审团没有约束力。加拿大检察机关作为纯粹的公诉机关，对审判活动、审判结果，没有监督之责。

(四) 检察官准入、任免、任期、培训、惩戒、保障机制独具特色

美国检察官、法官、律师采用同一准入标准：完成四年本科教育、三年法科教育、通过书面律师资格考试及经品行委员会审查合格，才有可能获得律师资格，并具备报名参加竞选、任命或者雇用为检察官的资格。实践中，各检察院在选任检察官时，通常还需具备多年的诉讼工作经历。加拿大检察官通常又称为皇家律师、政府律师，高等院校法律专业毕业获得法律学士学位且经过严

格的律师资格考试取得律师资格，才能被聘任为检察官。据悉目前联邦检察机关约有全职职员 900 名（其中检察官 500 人），还聘用约 810 名私人律师，这些私人律师受检察机关委托代理公诉业务。

美国检察官无论选举产生还是任命产生，都为任期制，任期届满如不能获得新任命，则自动离职。加拿大有些省的主诉检察官经竞选程序后由行政任命，任期不定。而某些省份采取的是视情况定合同期。按照《美国律师协会刑事司法准则》的要求，对于新进人员及在岗人员，各级检察院都应进行培训与继续教育。

美国在司法部专门设有调查检察官违法违规的部门——职业责任办公室，负责对检察官不遵守职业规范的不端行为或者其他违法行为进行调查。此外，律师协会设立惩戒委员会，负责律师的惩戒事项，对检察官不端行为一般也要由州律师协会给予纪律处分（惩戒措施包括吊销律师资格、暂停执业、临时即时执业、谴责、不公开谴责以及留用查看等）。加拿大检察官的职业规范由各省的律师协会在其职业行为手册中一并加以规定，凡是徇私舞弊、违法办案的检察官，都要受到政府和律师协会的双重处罚。

美国检察官的待遇基本上与同级法官一致。《全美检察准则》则规定，全职检察长薪俸应至少与当地最高初审法院首席法官薪俸相当，且在任职期间不得降低。

（五）检察机关办理未成年人犯罪有一套完善的预防和保护制度

实践中，美国、加拿大检察机关办理未成年犯罪案件的基本思路是尽可能让孩子都回到学校学习，最大限度地教育和挽救未成年人。在诉讼制度方面，检察机关对于进入检控程序的未成年人犯罪案件，指定专门检察官办理未成年人案件，很少适用羁押措施，一般情况下尽可能签订保释协议，予以保释。在量刑制度上，未成年人犯罪有一半以上送到社区处理，送到法庭判处监禁刑的很少，以确保孩子都能上学继续接受教育。美国、加拿大还设有未成年人犯罪的专门法庭、专门监狱。加拿大制定了调整未成年人犯罪的专门法律《青少年刑事司法法》，规定未成年人除犯有第一、二级谋杀、企图谋杀、误杀、严重性犯罪四种严重罪行外，对其所犯的其他犯罪行为要适用不同于成年人犯罪的诉讼制度。特别是代表团实地参观金县青少年服务中心的内部设施、少年法庭和检察官办公场所后，对美国、加拿大教育和挽救未成年人的努力有了更深刻的认识。西华盛顿州美国联邦检察长海丝·安妮特女士就表示用刑罚打击未成年人难以取得预期效果："我们可以检控未成年人，但很少这么做，我们的观念是，我们有很多监狱，但都是给成年人的。”据金县检察官办公室未成年部主任艾米丽·彼得森女士介绍，该中心拥有200多名检察官，一年约办理6000件左右的涉及未成年人案件，其中8名是专门负责办理未成年人刑事案件的检察官。

（六）检察机关通过恢复性司法积极参与社会管理活动

20世纪六七十年代，美国、加拿大等国开始在司法实践中推行恢复性司法的执法理念，并借助这一司法手段参与或影响社会管理。其最初形式是被害人与加害人和解计划，即通过专门组织的工作，促使受害人和加害人形成对话关系，加害者承担责任，修复受损关系，恢复原有社区秩序。在多年实践探索后，目前已经形成固化的恢复性程序，其基本要义是：推动加害人与被害人面对面接触，专业人士充当中立的第三者进行调解，促进当事方的沟通与交流，通过道歉、赔偿、社区服务、生活帮助等使被害人因犯罪所造成的物质精神损失得到补偿，使被害人因受犯罪影响的生活恢复常态，同时亦使犯罪人通过积极的负责任的行为重新融入社区，并赢得被害人及其家庭和社区成员的谅解。

美国、加拿大检察机关是推动恢复性司法的重要力量。美国检察机关参与恢复性司法的主要方式有三：一是直接构建并运作不同形式的恢复性司法项目，由专门恢复性司法机构或者若干内设机构协商会同操作这些项目；二是共同设立并运作由检察院会同其他执法部门及包括非政府组织在内的社会有关机构组建的恢复性司法项目；三是参与设立“恢复性司法委员会”等常设或者非常设性议事机构，协调并监督所在地区就恢复性司法所采取的各类行为。加拿大是恢复性司法的创始地，第一例恢复性司法案例发生在安大略省基陈纳市。2000年以来，加拿大联邦司法部曾多次发起全国性的与被害人协商的活动，检察机关作为从属司法部的职能部门，具有从多方面推动恢复性司法的实践。

三、感想与启示

1. 英美法系国家的检察制度与其法律思想传统具有千丝万缕的关系，一旦离开其法律文化土壤，恐有南橘北枳之效，不可照搬。美国、加拿大检察制度总体上源自英国检察制度，带有比较浓厚的普通法特征、行政化定位思维，这种制度特色与其强调公权私权均衡、强调程序正义的社会观念相得益彰。在普通法的大框架之下，法官可以创法，检察官的自由裁量权很大，一些法律措施经过最高层级法院裁决或者高层级检察机构认可，即可全面推行，不受成文法的约束，美、加两国的辩诉交易制度就是通过这一模式全面建立的。在行政化定位之下，检察官作为政府的代表，理论上并不是司法正义的守护者，在履行职责时首先关注的是行政权运行的效果和成本，检察官从节约诉讼成本、提高社会治理效果的角度推行辩诉交易制度、恢复性司法也就自然而然。在交流过程发现，美、加两国检察官几乎不考虑辩诉交易制度、恢复性司法是否符合现有法律规定问题，他们强调最多的是这些措施有利于节约司法资源、有利于减轻检察机关和诉讼当事人的负担、有利于快速恢复社会秩序。加拿大阿尔伯塔省法院助理大法官拉里·安德森先生在交流时就很自豪地介绍：在阿尔伯塔省，近年来超过95%的刑事案件通过辩诉交易处理，一旦辩诉交易达成，案件移送法院之后，法院只需直接给出裁判结果即可，简单省事，正当合理，控辩审三方各得其所，国家也可以为此节省大笔费用。

可以说，英美法系国家的检察制度是建立在其特定的法律制度、法律思想传统社会背景下的，在这一环境下，辩诉交易等措施的推行即使存在不同方面的质疑，但不会产生大的社会阻力，实践中容易产生良性循环的社会效果。但可以预判的是，如果缺乏类似的法律传统、社会背景，一些措施的推行必然面临诸如是否具有法律依据、是否符合事实真相、如何确保公平正义的诘难，因此在学习、借鉴过程中应当辩证对待。

2. 美国、加拿大的辩诉交易制度充分体现了法治理想与社会治理现实的相互融通，对我国正在试点的认罪认罚从宽制度具有重要的借鉴意义。美国、加拿大刑事案件辩诉交易的推行，最根本的推动力是社会治理的现实需要。美国、加拿大犯罪率比较高，美国旧金山市地方检察院 2016 年受理 1200 件案件，但只有 200 多名检察官。加拿大安大略省检察机关 2015 年受理案件 36153 件，但只有专职检察官 110 名。大量的刑事案件与有限的检察官形成的突出矛盾促使检察机关、审判机关寻找一种比常规诉讼模式更便捷、有效的案件处理机制。在这样的现实需求下，辩诉交易制度应运而生。虽然在最初时期，这一制度的出发点及其对司法正义的冲击引发了多方面的批判，但其对诉讼效率的巨大作用让质疑的声音难以成为主流。当然，司法作为社会治理的基本手段，不能为了诉讼效率而完全牺牲司法正义、背离司法规律，因此美国、加拿大两国检察机关在推行辩诉交易制度过程中，第一，强化法律保障，如通过判例法解决有法可依问题；第二，强调控辩平等，如在辩诉交易过程中赋予控辩双方同等的权能；第三，坚持由法官依法裁决的基本原则，为辩诉交易的实体正义留下了可控调节器。可以说，美国、加拿大的辩诉交易制度充分体现了检察官、法官、辩方律师面对法治理想与社会治理现实时的灵活态度和理性思考。

这样的灵活态度和理性思考值得我国司法人员，乃至全社会深思。面对犯罪高发和人少案多矛盾突出状况，我们在对待犯罪现象、选择司法模式时，应当持更加灵活的态度。当前，我国正在推行认罪认罚从宽制度，美国、加拿大的辩诉交易制度可以作为改革的重要参考。

3. 美国、加拿大检察权运行方式及司法责任制对司法效率具有重要影响，一些经验做法值得我们学习参考。美国、加拿大检察机关独立性突出，其独立性突出表现在三个方面：一是检察机关独立于其他机关，不受其他机关的干预，即使检察总长由司法部长兼任，通常情况下也不能以司法部的名义干预检察业务；二是不同检察系统各自独立，互不统属，联邦检察机关不能干预地方检察机关的业务；三是检察官独立，虽然检察长有一定的管理权，但一般情况下检察长不干预检察官独立行使职权，如果检察长行使了指示权，则要记录在案。这样的权力运行方式，总体上突出了检察官的办案主体地位，让检察官拥有了案件的完全决策权，确保办案环节的责权统一，实现了案件的速审速决。与这种权力运行方式相对应的是美、加两国在司法责任制上持比较宽松的态度。美国注重通过对检察官职业行为及办案程序的监督促进检察官依法办案，内部监督也主要针对违反职业规范问题，上级检察院或检察长很少通过案件结果改变而倒查检察官责任。加拿大检察机关则强调检察官立足证据状况、代表公共利益行使职权，不必在乎官司的输赢，因此检察官在履职过程中一般不涉及司法责任问题。在交流中，美、加一些检察官介绍，在责权统一之下，检察官会努力做好自身工作任务，并不需要太多的管理。检察官只要依法办案，整个司法体系都会为其提供必要支持和保障，不会产生司法责任问题。据介绍，旧金山市多年来也接到过一些针对检察官的举报和抱怨，但经核实都没有产生责任追究问题。

相对而言，我国检察机关多层级、多部门、多渠道的内部管理模式有其独特优势，但较之美国、加拿大检察机关的管理模式，也存在检察官主体地位不够突出、司法责任不明确等弊端，在推进司法改革过程中，有必要结合我国实际进行适当调整、完善。

4. 美国、加拿大检察官在恢复性司法，特别是在教育挽救未成年人方面的努力具有广泛社会影响，其根本出发点与我国维护社会和谐稳定的法治理念有异曲同工之效。在交流中，美国、加拿大检察官反复强调司法最根本的是要恢复社会和谐状态，这样的司法理念令人印象深刻。加拿大安大略省司法部刑事部主任达文·盖格介绍，该省2015年办结的34744案件中，只有约8%左右罪行严重（如谋杀案）的案件最后进入庭审审判，其他的案件均以辩诉交易的方式处理，其中约一半案件以起诉之外的方式结案。他认为，既然所犯罪行不严重，嫌疑人已经认罪并与检方达成辩诉交易，就没有必要非将他羁押在监狱不可，以其他方式如社会服务进行教育改造更有利于社会和谐。

美国、加拿大检察官浓厚的恢复性司法理念虽然有其特殊的社会背景，但其追求“犯罪者回归社会”的价值取向取得了实实在在的效果，特别是美、加两国在办理未成年犯罪案件中，想方设法让孩子回到学校继续接受教育的做法，与我国维护社会和谐稳定的司法理念一致，值得我们认真研究和思考。

5. 美国、加拿大法律职业共同体建设、检察官与律师资源共享模式为我国正在推行的检察官队伍职业化、专业化建设提供了更多选择。美国、加拿大重视法官、检察官、律师的职业共同体建设。在美国，获得律师资格是报名参加竞选、任命或者雇用为检察官的基础条件，检察官通常又称为控方律师，实践中检察官几乎都有辩护律师的经历。在加拿大，检察官直接从律师中聘任，检察官与律师都要受律师协会行业规范的约束，检察官一旦不在政府供职，又随时可能从事律师职业。这种检察官选拔、任用方式，既保障检察官普遍具备与法官、律师同一水准的法律职业素养、法律职业技能、法律职业意识，又让检察官队伍始终处于来源充足、竞争充分的状态，更让法官、检察官、律师在一些法律问题上容易形成共识。

我国也实行全国统一司法考试等法律职业统一准入机制，但检察官队伍与律师队伍之间的职业互通程度相当微弱，律师要进入检察官队伍，需要一系列严格的选拔程序并受有无编制、公务员考试等多因素的制约，检察官队伍职业化、专业化建设只能依靠内部培养，发展速度不快。而美国、加拿大法律职业共同体建设的做法为我们提供了一种可供借鉴的模式。

四、几点建议

1. 进一步加强对认罪认罚从宽机制的探索与研究。借鉴美国、加拿大诉辩交易制度合理方面，从社会治理的创新、冲突思维的调和、法律规制的容许空间、社会认识的容纳程度等方面，加强对犯罪嫌疑人、被告人认罪认罚情况下“从宽处理”方式、幅度的研究论证，科学、合理地划定检察环节“认罪认罚”与“从宽处理”的对应关系、操作模式，在罪刑法定原则基础上拓展检察机关促使犯罪嫌疑人、被告人认罪认罚的权能，为检察机关落实和推进认罪认罚从宽机制提供制度保障、化解社会疑虑。

2. 进一步加强对恢复性司法的理论研究与实践探索。在构建社会主义和谐社会的大框架下，深入反思传统的重打击轻保护等刑罚观念及其实际效果，深入研究我国刑事和解制度的实际运行实效，立足当前社会治安形势严峻复杂的社会现实，积极探索与全面推进依法治国方略相匹配、有助于促进维护社会稳定和谐的司法新理念，进一步把刑事和解机制放在社会治理的大格局中谋划和优化，努力实现公正司法与有效司法的有机统一。

3. 进一步探索现有条件下检察官队伍专业化、职业化的实现路径，借鉴美国、加拿大等国家检察官队伍、律师队伍人力资源共享的人才选拔模式，适当扩大从律师队伍中选拔检察官的规模，适当放宽从律师队伍中选拔优秀人才的制度限制，逐步提升源自优秀律师的检察官在检察官队伍中的比例，借助外部力量优化检察队伍整体职业素质。

4. 拓宽中国与美国、加拿大在司法协助领域合作渠道。随着经济全球化的深入发展，中国和美、加三国司法机关都面临着越来越多的跨国刑事犯罪挑战，建议进一步加强与美加两国各层级司法、检察机关的务实交流与合作，不断充实和完善中加、中美紧密司法协助机制，积极推动双边司法、检察机关构建务实、稳定和高效的执法司法合作关系，积极推动中美、中加执法司法合作机制更好发挥作用，有效地打击跨国刑事犯罪。

5. 建立中国检察机关与美国、加拿大检察机关之间的培训交流机制。在与美国、加拿大检察机关交流过程中，代表团和美方、加方都提出了希望加强双方之间的交流合作，特别是在检察官相互培训方面，双方都有很强烈的愿望。建议尽快建立中国检察机关与美国、加拿大各层级检察机关之间的检察官培训和交流互访工作机制，增进互信，共同提升执法司法工作水平和能力。

［改革前沿］

检察机关机构设置改革的新思路新方法研究

◎黄建波* 姜剑虹** 蒙 旗***

内容摘要：在司法体制改革背景下，检察权运行载体从业务机构本体向检察官转变，检察职能机构配置方式随之改变。以往检察机关职能机构设置遵循职能一体化的思路，实践中并没有解决好机构与编制的协调性矛盾，未能提供业务与事务的协调方案，也没有触及科层体制本身。有鉴于此，检察机关机构设置改革需拓宽为要素多元化思路，即业务组织以司法化、业务机构以司法管理化、行政事务机构以行政化为标准进行专业设置。通过设置新型检察官岗位、建立机构设置基本标准和机构基本模型等新方法的应用，实现机构设置与管理方法创新，促进检察官职业化和检察权运行专业化建设。

关键词：检察机关；机构；设置；改革

检察院机构设置，是检察权运行机制和检察管理机制的结构性、制度性安排，对检察整体效能发挥产生重要影响。检察院机构改革虽列为司法体制改革的配套措施，但其涉及司法责任、运行机制、人员身份待遇等问题，改革难度不小，成为检察院继检察官员额制改革后必须攻克的一道难关。本文在吸收学界研究成果基础上，考察和分析外地改革做法，结合所在单位机构改革调研论证的体会，梳理检察院机构设置思路，提出相应的方法，希望能完善其方法体系，促进检察院机构设置与管理创新，为当前检察院机构改革和今后机构管理顺利进行提供参考。

一、检察院机构设置的新思路

检察院机构是内部运行和管理的功能单元，是检察院职能的承载体。检察

---

* 广西壮族自治区南宁市人民检察院检察长。

** 广西壮族自治区南宁市人民检察院副检察长。

*** 广西壮族自治区南宁市人民检察院法律政策研究室副主任。

院机构改革，不仅直接关系到检察职权的行使，而且必然影响到检察人事管理制度和检察权运行机制，影响到检察机关法律监督整体能力的提升。① 检察院机构改革目的是，保证全面履行检察职能，形成结构科学、职能配置有效、人力资源布局与利用合理、运行机制协调的机构体系。检察院机构改革后，检察业务活动应进入新常态：多数案件由检察官依法独立决定，少数案件即重大、疑难案件通过二级或三级审批流程决定。本轮司法体制改革前，学界研究检察院机构设置基本上沿用一条思路，即从法学角度，通过分类、分解、组合检察职能，提出检察院机构设置方案。为了研究便利，权且把这一思路称为“职能一元化思路”。

（一）“职能一元化思路”的优点

任何机构设置都以职能配置为前提和基础。“职能一元化思路”为检察职能配置提供方向和方案，发挥基础性作用。

1. 提供机构设置原则性指引

职能作为基础性的机构要素，引领其他要素配置。通过职能的分解与组合，可以设置出检察院机构体系。做好检察院机构设置和管理，要遵循其基本原则。“职能一元化思路”从职能配置角度出发，研究了机构设置的基本原则，包括保证检察权全面公正高效行使、优化检察权内部配置、统一分级设置原则等。② 这些原则，为检察院机构设置提供指引。

2. 提供机构布局设计方案

部门化是将专业人员归类形成相对独立的部门。③ “职能一元化思路”在部门化层面上展开，将检察职能分类，引导检察院机构设置。比如，前些年有学者提出，检察职能分为刑事案件诉讼、职务犯罪侦查、诉讼监督、法律政策研究、后勤保障，对应设置“领导机构—大部门—下设处室”的机构，处内设科室。④ 表现为“大部门套小部门”的设计。近年来，随着检察院机构改革试点的启动和推进，学界普遍认同检察职能分为职务犯罪侦防、刑事诉讼、刑

① 参见张智辉：《论检察》，中国检察出版社 2014 年版，第 470 页。

② 参见邓思清：《检察权内部配置与检察机关内设机构改革》，载《国家检察官学院学报》2013 年第 2 期。

③ 参见哈佛商学院教程研究工作室：《哈佛商学院管理全书》，中央编译出版社 2012 年版，第 916 页。

④ 参见李哲：《中国检察机关组织机构设置研究》，载《中国刑事法杂志》2010 年第 9 期。

事诉讼监督、民事审判监督、行政检察等五类。检察机关根据职能基本分类，不仅解决某个检察院的机构布局，而且能使全国检察院机构保持基本的相同性，保障检察一体化。

3. 提供多样化的部门体制方案

部门体制包括大部制、部门制和混合制。① 以基本职能而设置机构，便形成大部制方案。将基本职能再分解与组合，可形成不同的部门体制。"职能一元化思路"研究和提出大部制和混合制等模式。北京市三级检察院部门制方案，吉林省三级检察院大部制方案，江苏、湖北、贵州等地检察院采用大部制方案，都从"职能一元化思路"中获取部门体制的研究成果。

（二）"职能一元化思路"的不足

组织设计包括专业分工、部门化、管理幅度等原理。②"职能一元化思路"仅研究部门化。从机构设置目的上看，"职能一元化思路"也有局限，未涉及检察权运行要素配置这个根本问题，容易导致职能配置与业务状况、权力分配、检察官员额脱节。

1. 没有解决机构与编制的协调性

不少基层检察院反映"案多人少"矛盾突出，而"一人科""二人科"的比例却偏大。"职能一元化思路"没有把编制等要素纳入研究视野，未能回应实践中存在的机构与编制不协调问题。机构设置的合理性依靠实践数据论证，检察机关需通过建立编制与机构的监测机制，从中寻找协调其关系的方法。

2. 没有提供业务与事务的协调方案

学者调查发现，司法体制改革前某省检察机关的文书审批权限，分管副检察长拥有 451 项，部门领导拥有 352 项，承办人拥有 213 项。③ 说明业务机构深度参与了案件决策。改革后，确立检察官的司法责任主体地位，业务机构将退出案件决策流程，需重新调整业务机构与办案组织的关系。"职能一元化思路"由于忽视业务机构内部关系，没有提出事务权与业务权的协调方案。

---

① 大部制是将相同或相似的职能组合而形成的部门体制。部门制即将多项职能分设为平行的部门体制。混合制是部门制和大部制合用。例如，反贪污贿赂局、反渎职侵权局和职务犯罪预防局，合并是大部制，分设是部门制。

② 参见哈佛商学院教程研究工作室：《哈佛商学院管理全书》，中央编译出版社 2012 年版，第 916 页。

③ 参见吕天奇等：《检察机关各层级职权配置现状分析及启示》，载《人民检察》2016 年第 14 期。

3. 没有触及科层体制

科层体制适合检察权运行三级审批制，有可能妨碍检察官独立承担司法责任。科层体制以职能来设置机构，扁平化管理以流程来设立机构，使各机构直接与公共数据总库相连，获得实时信息，不再通过科层领导来联系。① “职能一元化思路”提出的改革方案，较少提到消解科层体制弊端的设计，甚至有的改革方案只是“大部门套小部门”。

（三）检察院机构设置的新思路

检察院机构设置属于司法组织学、检察管理学研究范畴，涉及多学科知识应用。由于司法组织学和检察管理学起步晚、发展慢，至今尚未提出检察院机构设置方法。前些年有学者尝试将组织设计原理引入检察院机构设置，但未引起学界注意。② 探索新思路，根据司法规律重塑检察院机构，既要吸收“职能一元化思路”的成果，也要运用组织设计原理。

1. 检察院机构设置新思路的内容

检察权运行方式革新，推动了机构设置思路转变。上海、湖北等地通过检察官办案责任制改革试点，探索司法化办案方式。司法化有助于保障检察权的独立性，应以司法管理方式来管理检察活动。③ 笔者认为，以对内对外功能划分，将检察院的职能分为检察业务、检察事务、行政管理三类较合理。据此划分而设置机构，应采用多元要素配置模式，而不是单一的职能配置模式。

以职能分类为基础，业务组织以司法化设置，业务机构以司法管理设置，司法行政事务机构以行政化设置，这是检察院机构设置的新思路，简称“要素多元化思路”。其核心在于，业务组织的司法要素供给，以及检察业务与检察事务的协调运行设计。我国的行政机构设置主要是定职能、定编制、定领导职级职数即“三定”，检察院机构设置则注重于业务组织的司法要素配置。

2. 旧思路与新思路的方法步骤差异

“职能一元化思路”采用先定机构、再定岗定员和组建业务组织的方法步骤。新思路采用方法步骤是，根据检察活动特点，在科学划分检察职能基础

---

① 参见谢佑平等：《主任检察官制度研究》，载向泽选编：《中国检察》（第24卷），中国检察出版社2014年版，第272页。

② 参见吕昊：《检察组织结构与设计的管理学原理》，载《第二届中国检察基础理论论坛文集》（2012年）。

③ 参见王俊、曾哲：《中国检察权论略》，中国检察出版社2012年版，第247页。

上，通过业务状况与人力等司法资源的关系协调，综合论证并确定机构内部组织的职责、权能、运行机制和责任体系，使得机构布局、机构数量与业务结构、人员结构、业务运行机制保持协调统一。

检察院是一台国家机器，需整体设计。其机构设置是对职能配置、检察官员额制、司法责任制、业务运行方式等要素的设计、合成组装与检验的过程。应从职能配置专门研究向职责、权能、责任等要素多元化配置研究转变，全要素设计内部机构，形成以业务结构为核心、事务结构和行政管理结构为辅助且与人员结构相配的设置方案。①

3. 新思路可期待的效果

本轮检察院机构改革在原有组织机构体系的基础上进行，涉及管理学组织设计、组织变革原理的应用，需回归机构设置的目的与逻辑原点上思考。新思路突破了"职能一元化思路"仅以职能分类而设置机构的局限，突破了沿用行政机构"三定"设置模式，深入机构内部，探讨业务组织运行及其资源供给机制。② 新思路按照司法责任制要求，明确检察院机构设置重点从机构层面转向检察官岗位和业务组织。新思路根据机构要素及其相互关系，研究提出机构设置的新方法，可以解决以往存在的机构职能交叉、机构与编制不协调、业务规模与人员配备不协调等难题。

二、检察院机构设置的新方法

随着设置对象的转移，检察院机构设置方法将发生新变化。本轮改革试点在坚持"精简、务实、效能"原则基础上，总结出"扁平化管理与专业化建设结合"、"事务权与业务权适当分离"的方法指引。据此，运用组织设计原理，针对不同类型机构的特点施策，就能找到机构设置的新方法。这种新方法可归纳为，以要素多元化思路为指引，针对检察官岗位、业务组织、事务组织进行专业要素配置，通过业务、岗位、机构之间的类型与规模协调，继而建立

① 笔者所在单位的机构整合方案论证与研制过程是，做好基础数据综合测算、检察官员额需求量测算、检察官员额分配评估，研制检察官岗位说明书和任务清单，结合人员编制、检察官权限划分、业务流程、检察官素能状况、检察工作发展规划和区域经济社会发展趋势，研制机构整合方案，而不只是设置出一个机构外壳。

② 以往，人们把检察官制度、检察权运行机制与机构设置分开来看，分开建设，出现检察官职务泛化、机构运行行政化等问题。与行政机构设置不同，检察院机构设置就是要全面检验机构各种要素是否齐备协调，规制机构运行方式及其核心要素。

机构设置基本标准，形成编制、业务、权限、责任、监督等要素相融合的机构设置方法体系。

（一）以新定位设置业务机构

业务机构设置是检察院机构改革的重点，行政事务机构只需改进以往的行政化设置即可。笔者通过外地考察和资料分析，结合参与本单位机构整合论证的体会，整理出检察院业务机构设置方法，即分化设置业务组织和事务组织，分别配置专业要素。

1. 分化业务职能与事务职能

把检察事务权从司法行政事务权中分离出来专设专管，便于理顺它与检察权的关系。我国台湾地区检察署设检察官室作为业务机构；设检察事务官室和行政科室，为检察官室提供后勤保障和配套辅助服务。① 我国大陆地区检察机关，适合在业务机构内部设置事务组织和业务组织。一些地区已采用这种做法，比如深圳检察机关在业务机构设办案组和事务处，江苏省试点检察院刑事检察部内设综合科和检察官办案组织。

2. 业务组织和事务组织的设置

业务组织采用司法化设置，包括确定组织类型和数量，设定其运行机制，配置专业要素。其类型和数量，由业务种类与规模决定，比如公诉组织、行政检察组织等。其运行机制是司法责任制。检察官办案方式从行政化转向适度司法化，是检察机关走向现代化的选择。应进行责任主体和管理模式塑造，弱化业务部门职权和行政纵向关系，形成以检察官为中心的业务组织。② 专业配置，就是把司法要素配到独任检察官或检察官办案组，包括“八定”，即定职责、定权限、定员额、定机制、定组织形式、定任务、定责任、定监督。核心的司法要素是员额检察官、检察官权限、司法责任形式和司法监督机制。③

检察事务组织是业务管理团队，按照司法管理规律设置，包括确定组织规模，设定管理方式，配置管理要素。其要素包括事务人员、管理权限等。推行

① 参见万毅：《台湾地区检察机关内设机构各司其职》，载《检察日报》2015 年 7 月 7 日。

② 参见龙宗智：《论检察》，中国检察出版社 2014 年版，第 144 页。

③ 司法体制改革，实行检察官员额制、制定检察官权力清单、改进业务流程，以及建立多元化监督机制，实际上就是给检察官岗位和业务组织配置基础性的司法要素。

主任检察官制度的重要目的是，弱化行政审批模式，淡化业务科室设置。[①] 设定管理方式是关键一环，事务组织负责人由指导协调能力强的检察官担任，为业务机构负责人，以业务机构名义行使管理权，不再介入其他检察官的办案决策，但又要给予其他检察官必要的指导和监督。检察院机构大部制模式，有利于检察事务集约化和专业化管理。

3. 促进组织要素项目的定型与成熟

检察院机构设置应促进各种要素成熟。上海某检察院在机构改革中，界定职责范围、业务流程、审批权限，解决办案组织设置、人员职数、待遇保障等。[②] 机构要素完备是基础，要素协调是关键。检察院机构改革主要是解决相关职能协调性问题。[③] 当前，检察官员额制、检察官权力清单、检察业务运行机制、检察官职务序列管理等项目基本成型，机构改革所需的要素基本齐备。但这些要素项目，还要继续提高其成熟度和协调度。

（二）设置新型的检察官岗位

运行司法责任制，机构要素配置不再停滞于业务机构本体，而是下沉到业务组织，体现为要素资源配置重点从业务机构本体转到检察官和业务组织，这是改革的重大变化，检察官岗位功能随之变化。通过配置职业化要素齐备的检察官岗位，运用管理幅度和管理层次的设计原理，协调业务种类数量、检察官岗位种类数量、检察官员额、机构类型数量之间的关系，进而形成机构设置基本标准，奠定检察院机构设置与管理的新基础。

1. 检察官岗位需要创新设置

现行检察官岗位附属于行政化的业务机构，司法权力配置不到位，责任不明确，不符合司法责任制运行要求，需重新设置。检察官是业务组织的核心，检察官岗位是业务组织建设的核心。实现与职责、权限、素能、责任等要素的协调，是检察官岗位设置的目标。吉林省个别基层检察院探索不设内部机构而创新岗位管理的做法，有启发意义。有学者提出“以权分岗、以岗定量、以量

---

① 参见谢佑平等：《主任检察官制度研究》，载向泽选编：《中国检察》（第 24 卷），中国检察出版社 2014 年版，第 278 页。

② 参见朱云斌等：《主任检察官办案责任制的理论与实践》，载姜平编：《上海司法体制改革研究》，法律出版社 2015 年版，第 219 页。

③ 参见王敏远：《关于司法改革两个问题的建议》，载《人民法院报》2016 年 9 月 25 日。

定部"的机构改革思路,[①] 能够使员额、权限、考核等要素融入检察官岗位并在司法责任制运行中产生新关联。

司法体制改革中，检察官岗位获得了承载检察官员额制、检察官职业化建设和运行司法责任制的新功能，成为机构设置要素的聚集点。检察官的员额、素能、权限、任务、责任、考核等要素都要落在检察官岗位上从而引起检察官岗位设置创新。所以，检察官岗位有了新定位——检察权运行和管理的基础。打牢这个基础，就不必在大部制或部门制的选择上纠结，小型检察院可以做到像越南基层检察院那样不设业务机构也能照常运行。

2. 新型检察官岗位的设置要求

一是根据检察业务种类、规模设定检察官岗位种类与数量。检察官岗位种类，取决于检察业务种类。缺乏业务种类规模这个现实基础，就没有检察官岗位和检察官员额，也不会设置出业务机构。根据法律监督特点，可把检察官岗位设为业务岗、监督岗、管理指导岗三大门类。设定具体的检察官岗位，需正确理解检察官的定义；没有检察官权限的岗位，不配备员额检察官。考虑分权监督制约的需要，还要设定检察业务的承办岗、决定岗，以实现检察官的合理分工和内部自洽。[②] 检察官岗位数量，根据业务规模而定。检察官岗位设定标准应实现省域统一，逐步提升到全国统一。

二是细化要素内容。根据不同的岗位种类，设定检察官职业要素即岗位的职责、素能、权限、任务、责任、监督、考核、职业保障的具体内容。目前，检察官岗位的职责、素能、职业保障的要素内容已完成顶层设计，各地仍需将岗位的权限、任务、责任、监督、考核等要素内容细化到岗，借此评定检察官素能和业绩，使检察官司法办案动力从外部驱动转向内部驱动。[③] 有了职业化

① 参见夏阳等:《司法责任制视野下检察机关内设机构大部制改革思考》，载《人民检察》2015 年第 20 期。

② 笔者以检察业务种类规模、检察官权限、业务流程为主要依据，参照最高人民检察院发布的《检察机关岗位素能基本标准（试行)》所编制的岗位，将所在单位检察官岗位分为侦查岗、职务犯罪预防岗、公诉岗、未成年人案件检察岗、侦查监督岗、民事行政检察岗、控告申诉检察岗、刑事执行检察岗、案件流程监督岗、案件质量评查岗、检察调研指导岗等 11 类，共 29 种。业务情况不同的检察院，设定检察官岗位种类和数量也不同。

③ 北京、吉林等地整合检察院机构后，制定检察官岗位说明书，建立检察官业绩档案。这些做法是一手好棋，即在检察官岗位上下功夫，把专业化建设拧成一条绳，通过检察官岗位牵住司法责任制这个"牛鼻子"。

要素齐全的岗位及其配套管理机制，检察官自然按照岗位要求履行法律职责，走职业化道路。

三是保持职业要素相协调。设置机构应根据检察工作任务的性质和数量有机组合岗位，实现岗位之间的调适。[①] 岗位建设与司法责任制的方向应保持一致，检察官的职责清单、素能清单、权力清单、任务清单要落到检察官岗位。检察官员额与检察官岗位应保持一致，按照司法职责和业务规模确定检察官员额；检察官素能与检察官岗位应保持一致，以专业素能标准选配检察官到岗履职，做到“人岗相适”。

（三）设置检察事务和行政事务的岗位

司法行政事务管理体制、制度和机制，是检察机关依法独立公正行使职权的体制保障。[②] 在运行司法责任制、削弱科层体制的改革背景下，检察事务岗、行政事务岗专业化设置值得关注。

1. 检察事务岗的设置

改革前，部门领导岗成为业务决定流程和事务管理程序的交汇点，部门领导者采用行政方法介入业务决定流程。改革后，部门领导者向事务管理者角色转变，需改进其岗位设置。因此，应把检察业务流程与检察事务流程分开，将业务部门领导岗转为检察事务岗，实现业务权与事务权分离。设定其岗位要素内容，即赋予其业务管理、司法办案事务协调、人员调配、主持检察官联席会议等权限，厘定事务岗与业务岗的职权边界，防止检察事务向业务领域不合理扩张。[③]

2. 改进设置行政事务岗

在改革中，职能重组和机构更名并不难，难就难在检察业务、检察事务、行政事务管理运行机制转换及其专业化建设，以及去掉长期附着在机构上的干部待遇功能。后者既妨碍检察官职业化建设，又以大一统的行政方式管理妨碍了司法行政人员专业化建设。改革前，司法行政岗位以粗放化管理，以行政职

---

① 参见白剑平：《检察机关内设机构优化配置之我见》，载《人民检察》2016 年第 20 期。

② 参见谢鹏程：《探索司法行政事务管理权与检察权相分离》，载《检察日报》2014 年 12 月 12 日。

③ 检察事务岗分为管理岗和协助岗两种，业务机构负责人位于管理岗，内勤位于协助岗；其他检察官协助部门负责人工作，视为临时就位协助岗。业务部门领导平时就位检察事务岗，当他承办案件时视为就位于检察官岗位。

级而设置职业通道，不完全适应改革发展要求。① 基层检察院机构大部制改革后，行政管理机构内部没有了行政装备科、办公室等二层机构，原来的科长、主任等职务失去机构依托，迫切需要采用其他办法来解决他们的工作身份和职业待遇问题。

改进司法行政岗设置应实现两个目标：一是促进司法行政人员专业化，为检察业务提供专业水准的服务；二是淡化机构的干部待遇功能，为精简机构和提升效能让路。司法行政人员从事政工、文秘、统计等工作需熟悉检察业务。可以考虑建立有别于普通公务员的司法行政人员管理的新制度，设置司法政工、司法文秘、司法财务等专业岗位，根据不同岗位而配置专业要素，实行司法政工助理或司法文秘主管等职位序列管理，建立根据职称年限晋级的新机制，减弱机构的干部待遇功能。

（四）建立业务机构设置基本标准

机构设置基本标准是业务状况、人员配备、作业方式、业务组织、事务组织等因素组成的参数体系，指引设置和管理业务机构。长期以来，检察院机构设置缺乏基本标准。目前，对于检察院为何采用大部制或部门制，仍缺乏标准尺度来解释。通过研究检察业务、检察官岗位、业务组织、机构类型之间的内在关系，设定各种要素的参数，就能建立机构设置基本标准。② 其特点是分级分类设定标准和专业化多要素设置。

1. 设定业务组织的项目参数

在确定业务组织的职责、权限、组织形式、运行机制、业务流程具体内容的前提下，根据不同业务类型和规模设定检察官岗位、检察官员额、机构设置等参数。比如，根据公诉部门不同的业务类型与规模、运行机制，以管理幅度和管理层次原理为指导，设定检察官岗位和检察官办案组的参数，综合评定需要多少员额检察官和辅助人员，确定公诉机构归并和专设的设置标准。

2. 设定事务组织的项目参数

在明确事务组织与业务组织协调运行机制之下，根据业务组织的业务种类和规模，设定事务组织的任务规模、人员配备数量的参数。比如，给审查逮捕机构的

---

① 比如，改革后政工岗位工作重点转向检察官等人员的素能和业绩管理，以往的干部管理行政化模式已不适应发展要求，应采用专业评价机制来实现对各类检察干部的职业化管理，因而需要创新设置政工岗位。

② 建立检察院机构设置基本标准，需对检察机关内部管理的数据进行测算。

年均事务量设定参数；根据不同的参数值，确定事务组织领导职数和内勤人数。业务机构内事务组织的人员，哪怕是兼职的，至少也要有领导和内勤各一人。

3. 总评

综合评估上述两大类项目参数，形成各种业务规模、人员配备、运行机制等要素之间关系的参数体系。遵循部门化、管理幅度、集权与分权等组织设计原理，考虑业务状况、业务运行与管理集约化等因素后，确定检察院的人员配备数量、检察官岗位种类数量、内设机构类型数量等参数，使业务、编制、岗位、员额、机构布局保持协调，进而建立业务机构设置基本标准。运用这个标准，可得出某个检察院业务机构的种类、布局与数量的整体设置方案，并实施检察院机构的科学化管理。

三、检察院机构基本模型设计

这种模型是由职能部门组成的主干结构形态，是机构设置基本标准的细化与应用，其功能为保持上下级检察院在检察长统领体制下有效运行，发挥检察整体效能。多数国家检察机关都有机构基本模型。比如日本，最高检察厅设 6 个部门，地方检察厅一般设 7 个部门。① 可见，由事务局、总务部、刑事部、公安部、公判部组成的机构群，是日本检察厅的机构基本模型。

我国检察院现行的机构模型，上下级检察院机构高度对应，行政化特征鲜明。20 世纪末，检察院机构改革曾确定分级分类设置办法，放权给省级设计市县检察院机构模型，意在淡化其行政化色彩。② 因受到机构的干部待遇功能影响，基层检察院机构仍偏多。本轮改革应建立以司法化为特征的检察院机构基本模型。为了构建和运行新型的法律监督体系，提升检察效能，笔者根据组织设计原理，拟制省区检察机关的机构基本模型，分为省层、市层、基层；特大城市检察院参照省层设计。

鉴于国家监察体制改革形势，检察院的职务犯罪侦查和预防部门可暂不整合，已经整合的可保持不变；待并入国家监察体制后，根据国家监察机关的机

---

① 参见万毅：《日韩检察机关内设机构设置注重专业化》，载《检察日报》2015 年 6 月 16 日。

② 1996 年，最高人民检察院发布地方各级检察院机构改革实施意见，明确将检察机构分为必设机构和宜设机构两类，省级检察院的必设机构由最高人民检察院统一确定；市县两级检察院的必设机构由省级检察院确定，不要求对口设置。

构布局而设置。因此，本文未把职务犯罪侦防部门纳入检察院机构基本模型。

（一）省市层检察院机构基本模型

由于职能职责、业务种类规模的差异，省市层与基层的检察院机构差别较大，应分开研究，采用分层设计。

表 1　检察院机构基本模型

	现有业务机构										现有行政机构					
	审查逮捕	刑事公诉	刑事诉讼监督	刑罚执行监督	控告申诉检察	民事审判监督	行政检察	未成年人案件检察	业务监督管理	法律政策研究	办公室	政工党务	纪检监察	财务装备	检察技术	司法警察
省层	◎	◎	●	●	◎	◎	◎	●	●	●	●	●	●	◎	◎	◎
市层	◎	◎	◎	◎	◎	◎	◎	●	●	◎	●	●	●	◎	◎	◎
县层	◎	◎	◎	◎	◎	◎	◎	◎	●	◎	◎	◎	◎	◎	◎	◎

说明：●表示“可独立设置”。◎表示“可合并”。

1. 省层机构

省层机构主要功能是指导和管理，应以业务分类而设置机构。鉴于各地检察机关对业务分类意见仍不完全统一，可暂由各省根据情况划分，最后由最高人民检察院核定。考虑到协调管理的需要，有必要在最高人民检察院、省层、市层中设置一定数量的对应机构。

2. 市层机构

市层机构承当业务职能和管理职能，与省层机构对应较为容易，与基层机构对应比较困难。考虑到业务共性和管理需要，市层在相同设置业务监督管理、办公室、政工党务等部门基础上，需进行大部制或混合制改革。鉴于各地差异及试点特征，可以允许一些市层机构保留部门制模式，待改革经验成熟后再作调整。

3. 基本模型的特点

一是有稳定的机构群。省层设置相同的业务机构 5 个、行政事务机构 3 个，可同最高人民检察院保持对应。市层之间有 5 个部门组成稳定的机构群。在一定区域，基层与市层也有一定数量的机构群相对应。二是求同存异。检察院上下不对应的机构，主要职能仍相同；不对应机构，通过检察院层面来保障检察一体化。三是基层适应性更强。这个模型给基层留有较大余地，便于基层在坚持原则性基础上灵活操作。

（二）基层检察院机构模型通用样本的设计

检察院机构改革重点难点在基层。基层院类型虽多，但也有共同点。基于“稳定相同、允许差异”的考虑，有必要设计机构模型样本，给各地提供一种通用工具，使检察院机构设置基本标准更有实用性。分析吉林、江苏、湖北等地大部制模式，发现其中存在由相同或相似部门组成的机构群。笔者以这些机构群为基础，拟制了基层检察院机构模型通用样本。

1. 机构设置通则

业务机构以大部制为主，行政事务机构采用大部制或混合制。有研究者提出基层检察院机构模型为：微型院采用“检察长 + 检察官”模式；中小型院采用批捕公诉部、职务犯罪侦查部、诉讼监督部、案件管理部、综合管理部的模式；大型院参照省市级检察院设置。① 考虑各地情况差异较大，通用样本相应增加灵活性，拟设 8 个可趋同的机构。大型院可设 11 个左右、中型院可设 7 个左右、小型院可设 5 个机构。微型院不设内部机构。

表 2　基层检察院机构模型通用样本

整合后的机构	大型院	中型院	小型院
业务管理部	●	●	●
办公室	●	●或○	●或○
监察室	●	●或○	○
“未检”部	●或○	●或○	●或○
刑事检察部	可分为侦查监督部和公诉部	可分为侦查监督部和公诉部	●
诉讼监督部	可分为刑事诉讼监督部和民事行政检察部	可分为刑事诉讼监督部和民事行政检察部	●
检务保障部	可分为检务保障部（含法警）和检察技术部	●	●

说明：●表示“可设置”。○表示“可不设置”。

① 参见罗堂庆：《检察工作规律与检察管理研究》，中国检察出版社 2013 年版，第 97 页。

2. 机构设置具体方案

刑事检察部一般采用捕诉部门合署，兼理侦查监督和刑事审判监督，以实现检察业务及其事务管理集约化，但应明确检察官捕诉连办的条件和程序。大中型院可考虑分设捕诉部门。有条件的地方可将侦查监督、刑事审判监督职能调到诉讼监督部或设置独立机构。①“未检”业务规模较大的基层院应设独立机构；业务规模较小的设立专门团队，由刑事检察部代管，培育新兴业务。

诉讼监督部承担刑事执行检察、民行检察、控告检察、派驻检察等职能，保留举报中心、检察服务中心、派驻检察室的牌子对外办公。业务规模大的基层院，可分设刑事执行检察、民行检察、控告检察部门。

业务管理部除承担案件管理、人民监督事务、检委会事务、法律政策研究等职能外，吸收申诉检察的对内监督职能，形成内部监督集约化新格局。不必要求各地业务管理等机构职能整齐划一，基层和市层可根据实际而调整部门的次要职能。②

检务保障部承担财务装备、检察技术、司法警务等职能。大型院检务保障部可内设财务装备、检察技术、司法警察等机构。司法警察实行编队管理。政治部与机关党务部门合署。大型院可设监察室，中小型院不设监察室。办公室增加检察公关职能，保持与党委、政府和上级检察院的办公部门对应，也便于对内协调；中小型院可把办公室并入检务保障部。

3. 机构要素的协调

按照职责和工作量来核定编制，按照职业化岗位要求选配适格人员，做到机构、岗位、业务、编制、人员相协调。鉴于改革力度与承受力的平衡需要，可以允许基层暂行设置新机构，试运行一段时间，经评估后再确定为正式设置。深圳等发达地区检察院也曾采用新旧机构并存做法，实现机构改革平稳过渡。

（三）检察院机构基本模型的应用

根据这个模型，既可设计某个检察院的机构改革方案，也可从面上指导某

① 国家监察体制改革将引起检察院机构变化，检察院机构改革将继续强化法律监督职能。为此，职务犯罪侦防部门并入国家监察体制后，业务规模大的基层院可考虑设置职务犯罪侦查监督机构或专门业务组织。

② 比如，南宁市检察院拟将机构整合为“8＋3”模式，在部门体制上与包头市检察院相同，但业务管理部等机构职能并不完全一样。

地区的检察院机构的改革和管理。用好这个模型需注意三点。

1. 把握基本模型的功能

这个基本模型只解决检察业务、检察事务、行政事务的职能集约化结构框架构建，以及各职能板块基本功能结构搭建，并不解决其扁平化管理和专业化建设问题。就司法责任制而言，职业化检察官岗位和司法办案专业化运行机制，才是检察院机构设置的根本。所以，不管哪一级检察院，无论采用大部制或部门制，应致力于推进检察权运行扁平化、集约化和专业化，改变以往检察业务的部门化运作方式。

2. 适度控制机构数

以编制规模确定检察院机构数有一定合理性，前提是编制规模与业务规模相匹配。基层"案多人少"的程度不同，划分大型院、中型院、小型院，不仅考虑编制规模，更要看业务规模。这样划分，有助于促进各种资源随业务需要而流动。基层院机构数不宜一刀切，应看每个院的业务活动需要。机构数多少不是关键问题，适合就好；所谓合适，就是业务规模、检察官岗位规模、机构规模相匹配。① 化解业务增长压力，方法上优先采用设立业务组织而不是业务机构；当业务组织规模和专业化发展到一定程度时，才需考虑设置业务机构。

3. 减少管理层级和改进工作流程

机构大部制的内部管理层级为"院领导—大部门领导—小部门领导—承办人"，比部门制多一个层级；如果不减少层级，可以运行四级审批制，效率更低。在纵向管理系统，上下级之间应形成单向性的指挥链，这一指挥链反映了上下级的权限、责任和联系渠道。② 指挥链原理，核心是明确对谁直接负责，减少层级。大部制改革不能停留在"大部门套小部门"的做法上，应把功夫放在缩短指挥链、延长管理幅度上。因此，需改进院领导分管体制，院领导尽量兼任部门负责人，并改进工作流程。比如改革后，检务保障部工作流程

---

① 改革试点中，检察院机构改革采用"小院大部制、大院部门制、微型院不设机构"的办法，取决于检察业务和检察官岗位的种类、规模。业务、岗位、机构之间存在着对应关系；检察官岗位种类数量达到一定规模时，需通过部门化方法设置机构，使业务、检察官岗位、机构在种类和规模上保持匹配。

② 参见哈佛商学院教程研究工作室：《哈佛商学院管理全书》，中央编译出版社 2012 年版，第 919 页。

可改为“承办人—小部门领导—部长（副检察长）”；检察技术案件流程可改为“承办人—部长”或技术人员自主决定。业务部门既不设二层机构，又严格控制领导职数，一般部门配1名领导，规模大的部门配2～3名领导。

综上所述，随着检察权运行载体从业务机构本体向检察官转变，检察院机构设置研究应吸收管理学等学科的养分，从职能要素专门研究转向多元要素组合配置研究，机构设置从职能一元化思路转向要素多元化思路。在设置新方法上，根据业务、岗位、机构在种类规模上匹配要求而建立机构设置基本标准，选用合适的部门体制。尤其是通过设置新型检察官岗位等专业化配套措施，做实检察业务、检察事务、行政事务的专业化协同设置和管理，实现检察院机构设置的目的，保障检察权依法公正行使和检察整体效能发挥。

检察机关提起民事公益诉讼制度研究

◎林　中 *　张　萍 **　何詠合 ***

内容摘要：近年来，随着社会经济和法治的不断发展以及公众权利意识的日渐增强，人民对公益诉讼制度的期待也越来越高。修改后的《民事诉讼法》虽在立法上确立了我国民事公益诉讼制度，但关于民事公益诉讼原告资格的规定仍模棱两可，不够明确，致使检察机关提起公益诉讼面临着诉前、诉中、诉后的一系列现实困境，制约了民事公益诉讼的司法实践。考虑到我国实际情况，有必要完善当事人适格理论，构建检察机关提起民事公益诉讼的制度。具体而言，就是要完善主体资格立法，拓宽案件来源渠道，完善检察机关参与方式，明确职能承担部门，完善赔偿制度。

关键词：检察机关；民事公益诉讼；制度

随着中国市场经济逐步深入，改革进入深水区，出现了大量侵害社会公共利益的纠纷。在现实生活中，当私人利益受到侵犯时，人们总是会及时地运用各种手段保护自身合法权益。然而当公共利益受到损害时，站出来对抗侵害的力量却不是十分的及时和强烈，就算有想站出来维护公共利益的人，由于缺乏完善且操作性强的民事公益诉讼制度，也难以运用法律手段追究侵害公共利益者的法律责任，这就形成了公益司法救济的“公地悲剧”。2014 年 10 月中共中央通过的《中共中央关于全面推进依法治国若干重大问题的决定》中明确提出了探索建立检察机关提起公益诉讼制度、保护公共利益的要求，建立和完善民事公益诉讼制度成为我国法治发展的必然选择。2015 年 7 月，最高人民检察院出台了《检察机关提起公益诉讼试点方案》，正式启动民事公益诉讼的试点工作，探索打造适合当代中国的公益诉讼制度。

---

* 广西壮族自治区南宁市兴宁区人民检察院检察长。

** 广西壮族自治区南宁市兴宁区人民检察院公诉科助理检察员。

*** 广西壮族自治区南宁市兴宁区人民检察院办公室书记员。

一、民事公益诉讼的概念

民事公益诉讼指在民事活动中，国家专门机关、社会组织或公民对违反民事法律且损害国家社会公共利益的行为，根据法律规定依法向人民法院提起民事诉讼，通过诉讼维护国家社会公共利益的活动。目前我国尚未建立起一套相对完善的民事公益诉讼制度，检察机关提起公益诉讼的做法仅在部分省市进行试点，仍处于“摸着石头过河”的试水探索阶段，无论是理论认识还是具体操作办法等方面都存在诸多有待进一步探索、凝聚共识之处。

二、检察机关提起民事公益诉讼的必要性

近年来，生态环境污染、危害食品药品安全等侵害社会公共利益的事件时有发生，社会各界要求检察机关发挥法律监督职能，维护社会公共利益的呼声日益强烈。但是在现行法律中，检察机关对此类案件的监督范围相对狭窄，构成犯罪的依法查办，不构成犯罪的仅能被动地受理当事人不服法院已生效民事判决、裁定的申诉，对法院的审判活动进行事后监督，民事法律监督职能无法充分发挥。但是这一类侵害社会公共利益的案件，除了构成犯罪的须追究刑事责任外，往往还会给公众利益造成莫大的经济损失。《中共中央关于全面推进依法治国若干重大问题的决定》中提出，探索建立检察机关提起公益诉讼制度，其目的就是要使检察机关对侵犯社会公共利益的违法行为及时督促其停止侵害并通过诉讼维护公共权益，挽回损失。

检察机关提起民事公益诉讼，对破解污染生态环境、危害食品药品安全等侵犯公众利益的违法行为维权之困境具有积极的推动作用。因为，检察机关是我国的法律监督机关，其职能是对法律的正确运行进行监督，通过行使检察权打击违法犯罪活动，其长期从事司法实践活动，了解各类法律，熟练掌握各种诉讼技巧，能凭借其专业优势比其他组织和个人更好地维护国家社会公共利益。

三、检察机关提起民事公益诉讼的现实困境分析

现如今，我国检察机关提起民事公益诉讼面临的困境主要存在于三个阶段：诉前阶段、诉讼进行阶段和诉后阶段。

（一）诉前阶段

第一，合法性问题。相关法条只规定检察机关拥有法律监督职责，但是并

没有明确规定其在民事诉讼程序中拥有原告主体资格。

第二，检察机关部门职能问题。法律监督的内容非常宽泛，使得如今的检察机关职能多样化，相应的内设机构也分门别类，若增加了公益诉讼的职能，具体由哪个部门行使？这也是专业组织建设中不可回避的问题。

第三，案件来源问题。给检察机关增加公益诉权职能，若没有充足案源，则会使维护公共利益的美好愿望流于形式。检察机关提起公益诉讼的案件来源主要是：公民或其他组织的控告检举；有关国家机关的交办或转办；检察机关执法办案中自行发现。但这些传统途径能否保证充足案源，还要打上一个问号。

（二）诉讼进行阶段

第一，诉讼结构问题。传统的民事诉讼主要是在主体平等和意思自治的基础上建立起来的。在民诉程序中，原被告双方均享有平等的法律地位、权利以及义务。若检察机关在民事诉讼程序中拥有了原告资格，其作为国家法律监督机关，在人力、物力、财力等方面较之被告优势明显，这会影响到传统的民事诉讼结构。

第二，处分权问题。民事诉讼是解决平等主体间财产关系和人身关系的问题的诉讼活动，其奉行的是意思自治和不告不理原则，当事人在民事诉讼中具有完全的自由处分权。但在民事公益诉讼中，检察机关所代表的是公共利益，而不是自身个人利益，其行为应符合公众的意愿，那么作为公益代表的检察机关的处分权限及行使处分权的方式也是亟待解决的问题。

第三，公共利益计算与平衡问题。公共利益这个概念十分抽象模糊，且涉及的群体较为宽泛，所以在对公共利益的损失进行评估时很难得到各方的普遍认可，难以全面代表公众意愿。再者公益诉讼牵涉众多主体，他们才是公益诉讼案件真正的利益相关者，他们在诉求上有不同的标准，赔偿要求更是难以统一。若无法平衡各方利益，将会激化矛盾，这时作为诉讼主体的检察机关就会遭到真正的利益承受主体的不满，承受巨大舆论压力，不仅法律监督权受到干扰，还会引发许多威胁社会稳定的因素。

（三）诉后阶段

第一，判决结果分配问题。检察机关仅作为诉讼主体代表公众提起民事公益诉讼，但其并不是真正的利益受损人。那么若胜诉，判决赔偿款项如何分配也是一个亟待解决的问题。

第二，既判力问题。检察机关提起公益诉讼与受害群体提起诉讼在诉讼请求上会存在明显的差异。若检察机关拥有公益诉讼起诉权，当事人作为利害关系人，其诉权不会遭到限制、剥夺，其还可以参与到诉讼中。但若检察机关以原告身份提起了诉讼而部分当事人没有及时参与到诉讼中，那么最后的判决结果是否对未参加的当事人有既判力？

四、完善检察机关提起公益诉讼对策建议

对于我国检察机关提起公益诉讼时面临的现实困境，笔者提出几点对策建议。

第一，完善主体资格立法。当前《民事诉讼法》第55条规定“法律规定的机关”有权提起公益诉讼，而这里的“机关”有哪些，是否包括检察机关还不够明确。《人民检察院组织法》也没有相关条文规定。这让检察机关提起民事公益诉讼无法可依。所以应尽快将关于公益诉讼的立法工作列入日程。可以通过立法解释对《民事诉讼法》第55条中的相关概念予以明确，也可以在修改《人民检察院组织法》时明确检察机关提起公益诉讼的职权。

第二，拓宽案件来源渠道。为保证检察机关提起公益诉讼这一新职能能够切实地维护公共利益，不落于形式，就必须要拓宽案件来源途径。例如可采用以下方式：一是媒体与网络披露。在网络多媒体飞速发展的时代，人人都是传声筒，时刻都可披露违法行为，如“潍坊地下排污事件”就是通过网络曝光才引起社会关注并最终进入司法程序。随着社会信息化发展，这种来源途径会成为一种趋势。二是行政部门移送。行政部门在日常行政管理中，能深入一线接触到许多违法行为。因此若行政部门与检察机关形成一套案件移送衔接制度将会极大地推动民事公益诉讼的发展。

第三，完善检察机关参与方式。检察机关不仅可以通过直接提起诉讼的方式来参与到侵害公共利益的案件中，还可以通过督促相关个人或组织起诉、帮助起诉、刑事附带民事诉讼、诉讼监督等方式来参与到民事公益诉讼当中。这不仅要求检察机关会当“主角”，还要学会当好“配角”。所以建立起各种参与方式完美衔接的制度尤为必要。

第四，明确职能承担部门。从目前检察系统部门的设置及全国各地的实践来看，把民事行政检察部门作为具体承办民事公益诉讼的部门是比较合适的。若时机成熟，也可考虑成立民事公诉部门来推进公益诉讼发展。但需要认清的是，原来的民事行政检察部门更多的是负责诉讼监督的职能，侧重于书面审查，若要其承担起公益诉讼的职能，将会面临收集证据、出庭起诉等更多更繁

杂的工作。所以必须要加快部门职能转变，加强人才培养。

第五，完善赔偿制度。目前关于公益诉讼的损害赔偿标准不统一、不规范，亟待制定规范的损害赔偿标准，同时赔偿金额如何使用分配也是一个问题。根据国外的实践经验，可以建立公益基金账户，专职管理赔偿金额，有效依据相关规定对资金进行科学、合理的发放，同时也可专款用于受损公共利益的恢复，避免收支分配混乱。如涉及消费者损害赔偿方面，可由基金账户通过各种形式补偿消费者，涉及环保赔偿的可将赔偿金用于环保公益事业的支出。

跨行政区划检察院刑事案件管辖问题探究

◎唐煦贵* 黄韶颖**

内容摘要：跨行政区划检察院实现了司法管辖区与行政区划的分离，一定程度克服了司法地方化主义弊端。其功能定位主要是分流特殊案件、合理配置司法资源，进而保障司法公正、提高司法公信力。跨行政区划检察院在行使刑事案件管辖权时，应以所在地区的省级行政区划为主要管辖区域，同时可因地制宜地将临近省份的部分地区囊括在案件管辖范围中。其案件管辖范围应当包括重大交通运输类刑事案件，跨地区重大职务犯罪案件及关联案件，海关侦查的刑事案件，重大环境资源刑事案件，侵犯知识产权、危害食品药品安全类刑事案件。

关键词：司法改革；跨行政区划；检察院；刑事案件；管辖

管辖作为刑事诉讼的第一道关键程序，对于当事人诉讼权利保障及检察机关依法行使职权具有重要意义。因而科学合理地设定跨行政区划检察院刑事案件管辖范围，是真正发挥跨行政区划检察院功能的重要前提。故当前如何形成一个适合全国推广、具有普遍意义的跨行政区划检察院案件管辖模式，有待进一步探究。

一、问题的提出

中国共产党第十八届中央委员会第四次全体会议（以下简称“党的十八届四中全会”）吹响了全面推进依法治国的改革号角，会议通过的《中共中央关于全面推进依法治国若干重大问题的决定》提出，“探索设立跨行政区划的人民法院和人民检察院，办理跨地区案件”。习近平总书记在对党的十八届四中全会决定的说明中也明确指出，要“构建普通案件在行政区划法院审理、

* 广西壮族自治区人民检察院南宁铁路运输检察分院法律政策研究室主任。

** 广西壮族自治区人民检察院南宁铁路运输检察分院法律政策研究室干部。

特殊案件在跨行政区划法院审理的诉讼格局"①。可见，跨行政区划检察院的设立势在必行，而确定跨行政区划检察院的设置，首要解决的，应是其案件管辖范围②，但此内容在《关于〈中共中央关于全面推进依法治国若干重大问题的决定〉的说明》中，并未具体提及。

虽然缺少明确、具体的顶层设计指引，但改革的步伐不容迟缓，跨行政区划检察院的探索设立在实践中正"摸着石头过河"，率先在北京、上海两地先行试点（以下简称"上海模式"、"北京模式"）。2014 年 12 月 28 日，依托原上海市检察院铁路运输分院的上海市检察院第三分院（以下简称"上海市检三分院"）率先正式挂牌成立，成为我国首个跨行政区划检察院。同年 12 月 30 日，全国第二个跨行政区划检察院——北京市人民检察院第四分院（以下简称"北京市检四分院"）也宣告成立，该院也是依托原北京市检察院北京铁路运输分院成立的。

北京、上海两家跨行政区划检察院的设立，不但实现了由原铁检机关到跨行政区划检察机关的快速转换，而且创新设立了本地区跨行政区划检察院的刑事管辖制度。(详见下表)

北京、上海跨行政区划检察分院刑事案件管辖一览表	
北京市检四分院管辖范围③	上海市检三分院管辖范围④
北京市知识产权法院管辖的知识产权类诉讼监督案件	上海市知识产权法院审理的知识产权类诉讼案件
	上海市海事法院审理的海事诉讼案件

① 参见习近平：《关于〈中共中央关于全面推进依法治国若干重大问题的决定〉的说明》。

② 明确跨行政区划检察院的案件管辖范围意义重大：一方面，人民检察院在刑事诉讼中起到了承上启下的作用，它能监督侦查机关对刑事案件立案是否符合法定管辖标准，避免和减少移送环节，方便诉讼参与人参加刑事诉讼，为向人民法院提起诉讼做好准备，提高诉讼效率；另一方面，有利于优化人民检察院系统内的资源配置，使得各人民检察院间在受理刑事案件上分工清楚、职责明确，防止互争管辖或相互推诿，从而确保刑事诉讼的顺利进行。因此，首先必须解决跨行政区划检察院案件管辖问题。

③ 参见《关于北京市人民检察院第四分院案件管辖的规定（暂行)》。

④ 参见郭剑烽：《上海市检察院第三分院上午挂牌》，载《新民晚报》2014 年 12 月 28 日。

续表

北京、上海跨行政区划检察分院刑事案件管辖一览表	
北京市检察院指定管辖的跨地区重大职务犯罪案件及关联案件	上级人民检察院指定管辖的跨地区重大职务犯罪案件
应由中级人民法院管辖的环境资源保护和食品药品安全刑事一审案件；北京市人民检察院指定管辖的其他跨地区重大环境资源保护和重大食品药品安全刑事一审案件	跨地区的重大环境资源保护和重大食品药品安全刑事案件
应由中级人民法院管辖的发生在民航、公交、水运领域并由其所属公安机关侦查的刑事一审案件；海关所属公安机关侦查的刑事案件	民航、水运所属公安机关侦查的重大刑事案件，海关所属公安机关侦查的刑事案件
北京市检察院指定管辖的其他重大刑事案件	上级人民检察院指定管辖的其他重大案件
北京市检察院铁路运输分院管辖的原有案件	上海市检察院铁路运输分院管辖的原有案件

从上表对比分析可知，北京、上海两家跨行政区划检察院的案件管辖范围大体相同，但在个别案件的具体表述上存在差别。例如，对“环境资源保护和食品药品安全刑事案件”的管辖规定上，北京市检四分院规定为“应由中级人民法院管辖的环境资源保护和食品药品安全刑事一审案件，以及北京市人民检察院指定管辖的其他跨地区重大环境资源保护和重大食品药品安全刑事一审案件”，而上海市检三分院则规定为“跨地区的重大环境资源保护和重大食品药品安全刑事案件”。又如，对“指定管辖”的表述上，北京市检四分院管辖范围规定为“北京市检察院指定管辖的刑事案件”，而上海市检三分院管辖范围则规定为“上级检察院指定管辖的刑事案件”。这种表述的差别导致两家跨行政区划检察院对此类案件的管辖范围实际并不完全一致（下文将详细论述，在此不再赘述），那么，应以何者为典型，抑或另辟蹊径，确定今后全国铺开设立的跨行政区划检察院案件管辖规则，就成为本文关注的重点。

二、跨行政区划检察院的设计路径——跨市县抑或跨省管辖

根据上海模式，上海市检三分院由上海市人民代表大会及其常委会产生，对其负责，受其监督。而北京市检四分院，根据官方定性，则属于北京市人民检察院下属机构。可见，从当前北京和上海的试点情况看，国内率先设立的两家跨行政区划检察院在检察机关组织关系上实际仍隶属省级检察院，受其领导与管理。这也说明，尽管两家新设的跨行政区划检察院在案件管辖范围上已经极大地突破了原有铁路运输检察院受案范围限制，然而，新增管辖的案件都没有超脱试点前省级检察院及其下属机关的管辖范围。这也意味着，北京、上海两种试点改革模式下设立的跨行政区划检察院的跨行政区划管辖，实际仍属于一种跨区县①的“跨行政区划管辖”，而非跨省的“跨行政区划管辖”。

其实北京、上海两种模式的现行管辖考量不无道理——从理论上，突破省级所属的管辖范围，这种“一般管辖”② 由于缺乏明确的法律依据，合法性必将受到质疑，也即缺乏改革的合法性基础；实践中，若真进行跨省管辖，则极为可能引发管辖冲突，人大亦如何监督此类案件，也是“跨省管辖”必须面对的一道难题。

然而，有学者对此种改革不以为然，认为跨行政区划检察院的刑事案件管辖范围应当以跨省级区划管辖为原则。其理由在于，“只有将跨区划检察院置于这样的地位上，才能有效打破司法机关的地方化倾向，有效排除地方行政机关和领导干预司法的现象；也才能使其切实区别于普通区划检察院”③。

笔者以为，持“以跨省级区划管辖为原则设立跨行政区划检察院”论者的初衷及设想是好的。但改革必须具有可行性，必须扎实稳步推进，如前所述，若跨行政区划检察院实行“跨省级区划管辖”，就无法再由某一省级人大产生并对后者负责，由此也就会对目前检察机关的属地化管理组织模式带来冲击。又从我国的国家结构形式上看，我国属于单一制的社会主义国家。若实行

① 由于北京、上海属于直辖市，故而当地所指“区、县”实际相当于普通省、自治区的“市、县”。

② 此处的“一般管辖”，是指跨行政区划检察院的一种常态化的案件管辖模式，它有别于上级检察院跨省级的指定管辖，因为上级检察院跨省级的指定管辖毕竟是一种特殊管辖方式。

③ 唐立、叶宁：《跨行政区划检察院刑事案件管辖的合理模式——从实践探索看改革前景》，载《西南政法大学学报》2015 年第 6 期。

“跨省级区划检察院”，则会出现中央司法系统与地方司法系统并存的体制，这显然冲击到我国的国家结构形式，跨省行使司法权的合法性也难免会遭到人们的质疑。另外，在实践中，由于缺乏明确具体的顶层设计，贸然改革或许会遇到各种各样的全局性阻碍，也难以取得实效。再者，如果将几个省划分为一个跨行政区划司法管辖区，这种面积巨大的管辖方式不仅对跨行政区划检察院办案本身，而且对刑事诉讼参与人参加刑事诉讼，都会增加不小的诉讼成本，耗费更多的司法资源。因此，当前的跨行政区划检察院在设计过程中，采取保守的策略，暂时仅将跨行政区划检察院定位为省级院的下属机构，仍然实行属地化管理，或许更有利于减少改革的阻力，实现改革的稳步推进。又者，虽然目前仅将跨行政区划检察院设定为“跨市县区划检察院”（仅是在原有铁路运输检察分院管辖范围跨省、最高人民检察院指定管辖跨省刑事案件等情况下实行“跨省管辖”外），但是其实际也将一些涉及面较广的重大、疑难、复杂案件纳入管辖范畴，符合了跨行政区划检察院办理难度大、专业化案件的功能定位，从这个角度看，“跨市县区划检察院”是符合改革初衷的。

基于以上分析，概言之，跨行政区划检察院在行使刑事案件管辖权时，应以所在地区的省级行政区划为主要管辖区域，同时可因地制宜地将临近省份的部分地区囊括在案件管辖范围内①。未来，在中央顶层设计的规划指导下，尤其是随着《人民检察院组织法》、《刑事诉讼法》等相关法律修改调整，各方面配套措施日渐完善时，进行更深层次的跨行政区划检察院改革，也不失为一个比较好的时机。

三、跨行政区划检察院刑事案件管辖范围

合理确定跨行政区划检察院的管辖范围，一方面要紧扣跨行政区划检察院的功能定位，契合改革目的；另一方面也要兼顾刑事案件确定管辖的基本原则②。故此，总体而言，“设置跨行政区划检察院应当遵循精简、高效的原则，防止叠床架屋”③，案件管辖范围应“进行综合考量，在利益平衡的基础上最

---

① 例如铁路运输等案件，实行跨省级行政区划管辖是具有可行性的，下文将具体阐述。

② 刑事案件管辖范围确定的基本原则主要包括诉讼经济、司法公正、司法专业化等。

③ 张步洪：《跨行政区划检察院案件管辖》，载《国家检察官学院学报》2015 年第 3 期。

终确定"[①]，符合"跨地区、重大"[②] 的标准。

（一）重大交通运输类刑事案件

目前北京、上海两家跨行政区划检察院均是依托原铁路运输检察分院设立，这符合跨行政区划检察院设置精简、高效的原则。由此，跨行政区划检察院的刑事案件管辖范围就应包含原铁路运输检察分院的案件管辖范围。除铁路运输行业刑事案件外，民航、公交、水运等交通运输类刑事案件同样属于典型的犯罪行为或犯罪结果跨越行政区划的案件，这类案件的跨区域性、封闭独立、自成体系等特征，易引发管辖不明的情况，并"决定了案件难以由地方检察院以属地管理的方式受理"[③]。为了减少相互推诿抑或争抢办案等情况，避免延误最佳办案时机，应当将这些交通运输类案件一并纳入跨行政区划检察院案件管辖范围内[④]。

实际上，对交通运输类刑事案件实行跨行政区划管辖，符合我国交通运输发展基本趋势。"随着铁道部的撤销，铁路行政管理职能逐步转归交通运输部，这使得以铁路检察机关为基础，构建交通运输检察体制，统一对铁路、民航、水运、海关等交通运输领域刑事案件进行管辖更为切实可行"[⑤]。实践操

---

① 唐立、叶宁：《跨行政区划检察院刑事案件管辖的合理模式——从实践探索看改革前景》，载《西南政法大学学报》2015 年第 6 期。

② 笔者认为，"跨地区、重大"是跨行政区划检察院管辖案件的一般特征，二者缺一不可。一方面，"跨地区"要求案件所涉范围至少应跨越同省的两个市、县，单纯在某一市、县内发生的案件，应遵循属地管辖的原则，使跨行政区划检察院能集中精力办理重大跨市县区划刑事案件；另一方面，"重大"要求案件为疑难、复杂案件，避免大量社会危害性并非特别严重的案件涌入跨行政区划检察院管辖范围，由此符合其为省级检察院下属机构的功能定位。

③ 最高人民检察院副检察长姜建初：《坚持服务平安铁路建设不动摇，推动新时期铁检刑检工作创新发展——在铁检刑检工作座谈会上的讲话》，转引自夏黎阳：《论跨区划统一交通运输检察体制的构建——铁路检察改革之路径选择》，载《新一轮检察改革与检察制度的发展完善——第四届中国检察基础理论论坛文集》（2013 年）。

④ 有学者也将之称之为"大交通体制"，即包含了铁路、公路、民航、水运与城市轨道交通、地面公共交通等多种交通方式。参见丁高保：《铁路运输检察体制的发展》，载《国家检察官学院学报》2014 年第 5 期；徐向春：《铁路运输检察体制改革》，载《国家检察官学院学报》2015 年第 2 期。

⑤ 夏黎阳：《论跨区划统一交通运输检察体制的构建——铁路检察改革之路径选择》，载《新一轮检察改革与检察制度的发展完善——第四届中国检察基础理论论坛文集》（2014 年）。

作中，多地也已将轨道交通内发生的刑事案件纳入铁路运输检察院管辖范围。例如，南宁地铁内发生的刑事案件由南宁市公安局地铁公安分局（以下简称“南宁地铁公安分局”）管辖，而与南宁地铁公安分局对接的则是南宁铁路运输检察院，而非某一行政区划检察院。作为跨行政区划检察院的上海市检三分院同样也将原归入铁路运输检察院管辖的轨道交通类案件纳入案件管辖范围。

综上，以铁路检察机关为依托设立的跨行政区划检察院对交通运输类案件享有管辖权便是题中之意。

（二）跨地区重大职务犯罪案件及关联案件

有学者认为，跨地区重大职务犯罪案件及关联案件由跨行政区划的法院和检察院办理的条件已经成熟。[①] 但就目前实践情况看，笔者以为，宜参照上海市检三分院的管辖范围，将跨行政区划检察院对职务犯罪案件管辖限定为“上级人民检察院指定管辖的跨地区重大职务犯罪案件及关联案件”。一是牵涉高级别官员的职务犯罪案件，若参照行政区划管辖规则，将其纳入某一跨行政区划检察院管辖范围，则很可能仍无法排除地方干扰，原因在于跨行政区划检察院的跨地区也是有限范围内的跨地区。二是实践中对副部级以上高官实行异地查办、审理也基本形成惯例。但基于集中调配高素质检察官、优化司法资源的跨行政区划检察院功能定位，在跨地区重大职务犯罪案件及关联案件的管辖上，可由上级检察院根据实际需要指定某一跨行政区划检察院管辖，一方面至少可以使某些地区负责办理指定管辖案件的检察机关得以明确，缩小了指定范围，实现指定管辖的集中化，防止指定管辖的随意性，并使指定管辖实现适度法定化[②]；另一方面，表述为“上级检察院”，实际包括了省级检察院和最高人民检察院，更为准确合理。

（三）海关侦查的刑事案件

我国海关实行垂直管理体系，这种垂直管理使得海关系统与普通行政区划相分离，由此也保证了海关侦查案件在很大程度上不受地方党政机关干扰。那么，为防止本在侦查阶段不受地方党政机关干扰的案件进入审查起诉阶段后，由于交由地方中级人民检察院管辖而遭遇人为干扰，那么，将此类案件纳入跨

① 参见宋振策：《跨行政区划法院和检察院及其刑事管辖权研究》，载《石河子大学学报（哲学社会科学版）》2015 年第 5 期。

② 参见宋振策：《跨行政区划法院和检察院及其刑事管辖权研究》，载《石河子大学学报（哲学社会科学版）》2015 年第 5 期。

行政区划检察院管辖范围就有其必要性与合理性。另外，诚如学者所言，“国家创设和惩治走私犯罪本身就是为了维护国家和中央整体利益”①，那么这种跨越了地方区划限制的整体利益保护，也应由管辖范围更广的跨行政区划检察院行使更合乎逻辑。同时，海关侦查的案件多数涉及走私等涉税犯罪，之中涉及复杂的税法知识和报关业务，也对办理此类案件的检察人员的业务能力和知识水平提出了更高的要求。又结合实践中通关走私等刑事案件类型化相对集中的特点，由专门检察院聚合专业办案人员进行统一督办，更有利于提高对此类专业化案件的办案水平。因此，可以将海关缉私局办理的案件统一由跨行政区划检察院管辖，同时根据海关缉私案件分布规律进行合理布局。

（四）重大环境资源刑事案件

2005 年，松花江水污染事件震惊中外，其污染面积跨越了吉林、黑龙江两省，严重危及沿江居民的生命财产安全。近年来，此类重大环境资源刑事案件也呈多发趋势，严重危害社会公共安全，影响极为恶劣。通过一系列的环境资源保护案件我们可以发现，生态系统是一个不可分割的整体，一旦被污染，涉及的范围往往是跨行政区划的。因此，若遵循普通的行政区划管辖方法，同样也可能造成与交通运输类案件相似的管辖权竞合的局面，“不愿管”或“争抢管”皆不利于司法办案效率的提高。事实上，“淡化行政区划色彩、尊重生态功能区划，已经日益成为环境监管和环境治理的核心”②。那么与之配套的查办重大环境资源刑事案件的责任也应责无旁贷地落在跨行政区划检察院肩上。同时，这类案件的查办也需要具备专门知识的检察人员，故而将此类案件划归跨行政区划检察院集中管辖，有利于优化司法资源，实现重大环境资源案件的专业化查办。另外，一些环境污染犯罪案件犯罪嫌疑人、被告人之所以不能被有效查办，往往与地方保护主义相关。因为“这些案件可能涉及到当地的大型企业等纳税大户，关系到当地的经济发展和财政收入，地方党政领导基于各方面的利益考虑容易利用职权干预司法”③。而跨行政区划检察院的功能定位之一，就是为了解决一些案件中可能存在地方保护主义的难题，由此实现

---

① 张步洪：《跨行政区划检察院案件管辖》，载《国家检察官学院学报》2015 年第 3 期。

② 张永江：《铁路法院改造为跨行政区划法院的相关问题研究》，载《尊重司法规律与刑事法律适用研究（上）——全国法院第 27 届学术讨论会获奖论文集》（2016 年）。

③ 宋振策：《跨行政区划法院和检察院及其刑事管辖权研究》，载《石河子大学学报（哲学社会科学版）》2015 年第 5 期。

司法公正。

（五）侵犯知识产权、危害食品药品安全类刑事案件

虽然北京、上海模式下均规定跨行政区划检察院对这两类案件享有管辖权，然而在理论界，此类案件是否真的需要由跨行政区划检察院进行管辖，学者观点各有不同。持赞同论观点认为，虽然知识产权犯罪案件的最高刑为有期徒刑，但鉴于此类案件的专业性与复杂性，应将管辖级别设定在跨行政区划检察院为宜。① 而反对者认为，侵犯知识产权、危害食品药品安全等刑事案件，虽然可能具有跨行政区划因素，但按照现行规定由行政区划公安机关侦查，并由对应分州市检察院审查批捕、起诉，这种管辖规则在实践操作中并未出现明显缺陷，因而本着节约司法办案成本的考虑，通常没有必要由跨行政区划检察院进行专门管辖。② 笔者赞同将侵犯知识产权类案件纳入跨行政区划检察院管辖范畴。理由在于，《中共中央关于全面深化改革若干重大问题的决定》中提出要加强知识产权运用和保护，健全技术创新激励机制。为应对知识产权类案件高度专业化的特点，准确办理此类案件，2014 年 8 月 31 日，十二届全国人大常委会第十次会议表决通过了全国人大常委会关于在北京、上海、广州设立知识产权法院的决定，自此，我国法院系统设立了三家知识产权专门法院。从此观之，无论从中央政策导向，抑或实践操作上看，对知识产权类刑事案件实行专门管辖，有利于对此类技术性极强的案件进行专业化管理，也有利于实现此类案件的诉审衔接，提高司法办案效率。而对于危害食品药品安全类刑事案件，笔者认为，虽然此类案件可能具有跨区域的因素，然而在案件波及面局限于某市、县范围，社会危害性并非特别严重的情况下，查处相关生产厂商、销售商等相关人员的职责落在普通行政区划检察院内，不仅有利于相关被害人及其他诉讼参与人参与到诉讼活动中，还原事实真相，挽回经济损失，而且有利于节省执法办案成本，符合诉讼经济的考虑。而对于达到“跨地区、重大”双重标准的危害食品药品安全类刑事案件，管辖权仍属于跨行政区划检察院。如此明确案件分流，才能真正实现司法资源的合理分配，实现跨行政区划检察院的功能定位。

---

① 参见唐立、叶宁：《跨行政区划检察院刑事案件管辖的合理模式——从实践探索看改革前景》，载《西南政法大学学报》2015 年第 6 期。

② 参见张步洪：《跨行政区划检察院案件管辖》，载《国家检察官学院学报》2015 年第 3 期。

检察机关提起公益诉讼的程序设计

——以检察机关的诉讼地位为逻辑起点

◎莫贤丽*

内容摘要：探索建立检察机关提起公益诉讼制度是党和国家的一项重大法治举措。检察机关基于其法律监督职能，在诉讼中具有不同于普通私益诉讼原告及一般公益诉讼提起主体的特殊诉讼地位，兼具程序原告与法律监督者的双重身份。基于检察机关的特殊诉讼地位，检察机关提起公益诉讼试点方案及实施办法突破原有诉讼制度，规定了许多与普通私益诉讼制度、一般公益诉讼制度不同的诉讼程序。对于试点实践，应当坚持开放、创新、务实的态度，设计符合检察机关特殊诉讼地位以更好维护公共利益目的的程序规则。

关键词：检察机关；公益诉讼；诉讼地位；诉讼程序

党的十八大提出，要进一步深化司法体制改革，党的十八届三中、四中全会对深化司法体制改革进行了全面部署，指出要优化司法职权配置，探索建立检察机关提起公益诉讼制度。为落实党中央提出的司法体制改革要求，全国人大常委会第十五次会议通过《关于授权最高人民检察院在部分地区开展公益诉讼试点工作的决定》（以下简称《试点决定》），随后，最高人民检察院发布了《检察机关提起公益诉讼改革试点方案》（以下简称《试点方案》）以及《人民检察院提起公益诉讼试点工作实施办法》（以下简称《试点办法》）。《试点方案》及《试点办法》对检察机关提起公益诉讼的案件范围、诉前诉中程序等作出了规定，既是对司法体制改革的落实，也是对检察权运行的规范。检察机关提起公益诉讼制度走出了一种新的公益诉讼实践之路，需要设计符合检察机关诉讼地位的诉讼程序，而诉讼程序的设计是否得当关系到检察权是否有效运行以达到保护公共利益的目的。对于试点实践，应当秉持开放、创新、

* 广西壮族自治区横县人民检察院民事行政检察科副主任。

务实的态度，以检察机关的诉讼地位为逻辑起点，探索构建有利于检察权高效运行并有效保护公共利益的程序架构。

一、检察机关提起公益诉讼的诉讼地位

检察机关提起公益诉讼弥补了提起公益诉讼主体的缺失，是对一般民事公益诉讼主体不积极提起诉讼及私益主体无法提起行政公益诉讼的重要补充。检察机关基于其法律监督职能而具有特殊诉讼地位，兼具程序原告及法律监督者的双重身份。“公益诉讼人”称谓恰当地体现了检察机关诉讼地位的特殊性。

（一）检察机关是公益诉讼提起主体的重要补充

提起公益诉讼的法定主体，在人大授权检察机关提起公益诉讼试点之前，就是2012年9月修订的《民事诉讼法》第55条规定的法定机关和有关组织，对于法定机关，目前法律规定的只有海洋环境监督管理部门①；对于法定组织，包括消费者协会及提起环境民事公益诉讼的社会组织②。应当明确的是，《民事诉讼法》规定的法定机关及组织是“可以”提起诉讼，并非“应当”，那么就存在法定机关或者组织可以提起公益诉讼但不提起的情形，从而出现提起主体缺失问题。同时，上述法定机关和组织只能针对污染环境、侵害众多消费者合法权益等损害社会公共利益的行为提起民事公益诉讼，对于行政机关违法行政或者不作为导致国有资产流失、生态环境遭破坏等情形，由于没有直接利害关系，普通公民、组织不能提起公益诉讼，从而也导致诉讼主体缺失

---

① 《海洋环境保护法》第89条第2款规定：“对破坏海洋生态、海洋水产资源、海洋保护区，给国家造成重大损失的，由依照本法规定行使海洋环境监督管理权的部门代表国家对责任者提出损害赔偿要求。”

② 《消费者权益保护法》第37条第1款第7项规定，“消费者协会履行下列公益性职责：……（七）就损害消费者合法权益的行为，支持受损害的消费者提起诉讼或者依照本法提起诉讼”。最高人民法院《关于审理消费民事公益诉讼案件适用法律若干问题的解释》第1条规定：“中国消费者协会以及在省、自治区、直辖市设立的消费者协会，对经营者侵害众多不特定消费者合法权益或者具有危及消费者人身、财产安全危险等损害社会公共利益的行为提起消费民事公益诉讼的，适用本解释。”《环境保护法》第58条：“对污染环境、破坏生态，损害社会公共利益的行为，符合下列条件的社会组织可以向人民法院提起诉讼：（一）依法在设区的市级以上人民政府民政部门登记；（二）专门从事环境保护公益活动连续五年以上且无违法记录。符合前款规定的社会组织向人民法院提起诉讼，人民法院应当依法受理。提起诉讼的社会组织不得通过诉讼牟取经济利益。”

问题。

《试点方案》明确，针对损害社会公共利益的行为以及行政机关违法行使职权或者不作为，造成国家和社会公共利益受到侵害的，适格主体不提起诉讼或者没有适格主体提起诉讼情况下，检察机关可以提起民事或者行政公益诉讼。检察机关提起公益诉讼弥补了试点前法律规定的作为适格主体的法定机关或者组织不提起公益诉讼，或者没有直接利害关系人可以提起公益诉讼的诉讼主体缺失问题，更好地构筑诉讼作为维护公共利益的最后防线。

检察机关之所以成为提起公益诉讼补充主体的最佳选择，主要基于检察机关的法律监督职能。我国《宪法》规定，检察机关是国家法律监督机关，检察机关具有维护宪法法律统一正确行使的法律监督职能。而国家和社会公共利益，体现的是人民群众的共同利益，该利益通过立法反映为法律，检察机关维护宪法法律统一正确行使的职能本身内含了维护国家和社会公共利益的目的，因此，检察机关提起公益诉讼以维护国家和社会公共利益是履行法律监督职能的重要体现。《试点决定》中也已明确，试点工作应当充分发挥法律监督职能作用，促进依法行政、严格执法，维护宪法法律权威，维护国家和社会公共利益。具体而言，检察机关提起民事公益诉讼是基于个人利益侵害到公共利益，检察机关经过督促相关公益保护主体提起诉讼而没有提起情形下，提起公益诉讼以追究侵权人责任从而达到保护公共利益的目的；检察机关提起行政公益诉讼则是通过启动诉讼程序督促检察机关纠正违法行为以达到保护公共利益的目的。

当然，我国检察机关的法律监督也并非“一般监督”，对所有侵害公共利益的行为均提起公益诉讼，检察机关行使监督职权应当秉持谦抑、比例原则①。具体而言，在检察机关提起公益诉讼制度中，检察机关监督的案件范围是检察机关履行职责过程中发现个体利益侵害社会公共利益或者行政机关违法行政导致国家和社会公共利益受到侵害的案件，监督的方式是在督促、支持法定机关或者组织提起诉讼而法定机关或者组织没有提起诉讼，或者督促行政机

① 谦抑原则是指检察机关在行使法律监督职权时应当保持应有的克制，遵循司法权与行政权的运行规律，恪守不同权力的边界范围，在法律授权的前提下规范行使，予以有限监督。比例原则是现代行政法的重要原则，它是指立法者或者行政机关为达到某一个目的，在有多种适合的手段可供选择的情况下，应选择对人民利益损害最小的手段。参见城仲模：《行政法之一般法律原则》，台湾三民书局1999年版，第142页。

关自行纠错或者依法履职而行政机关拒绝情况下才提起公益诉讼，亦即检察机关提起公益诉讼是在缺乏行政保护以及其他司法保护途径情形下的最终选择。因此，也就不存在所谓检察机关对于国家和社会公共利益受到损害即提起公益诉讼的“滥诉”现象，这并不符合我国的司法实际，毕竟维护公共利益的最大责任主体还是行政机关。

（二）检察机关在诉讼中具备程序原告及法律监督者的双重身份

1. 检察机关主体资格理论概述

对于检察机关的诉讼主体资格，理论界存在多种学说，具有代表性的主要有以下五种：（1）“当事人”说，认为提起公益诉讼的检察机关身份是原告，理由是认为按照民事诉讼规则，只有原告起诉才能提出被告。（2）“代理人”说，认为检察机关并非实体上的利害关系人，只能作为原告的代理人起诉。（3）“国家监诉人”说，认为检察机关作为法律监督机关，起诉权包含在监督权之内，因此，检察机关的身份是国家监诉人。（4）“公益代表人”说，认为检察机关在公益诉讼中代表国家对实体法、程序法进行监督。（5）“双重地位”说，认为检察机关具有法律监督者和程序当事人的双重身份，检察机关既履行监督职能，也享有原告的权利义务。

从上述学说可以看出，对于检察机关诉讼主体资格的观点存在较大差异，而检察机关的诉讼地位直接决定了检察机关在诉讼中享有的权利以及应当履行的义务，检察机关以及被告、其他当事人的诉讼权利义务体系又是诉讼程序构建的主要影响因素，因此，只有准确定位检察机关的诉讼地位，才能构建符合检察机关提起公益诉讼目的的诉讼程序。

2. 检察机关具备不同于普通原告的“程序原告”身份

就普通私益诉讼而言，提起诉讼的主体即“原告”是与诉具有直接利害关系者，即传统的当事人角色，诉讼的结果直接影响其实体权利义务。而在一般公益诉讼中，《民事诉讼法》授权“法定机关和有关组织”提起公益诉讼突破了传统当事人理论，扩张了作为原告的资格范围，使与案件没有直接利害关系的主体也可以以原告身份启动诉讼程序，但诉讼的结果由直接利害关系人承担。其中，作为“法定机关”的海洋环境监督管理部门基于行政管理职责而提起诉讼，作为“法定组织”的消费者协会及提起环境民事公益诉讼的社会组织基于行业职责而提起诉讼，他们的诉讼地位同样是“原告”。为了与私益诉讼中实体权利义务与诉讼结果息息相关的“原告”有所区别，我们且可以称一般公益诉讼中的提起主体为“程序原告”。

在检察机关提起公益诉讼制度中，检察机关与一般公益诉讼的提起主体一样，作为诉讼的启动者，同样具备“程序原告”的身份，需要提交起诉书或者诉状、参与庭审并举证、质证，不服一审判决的可以提出抗诉或者提起上诉，享有“原告”的程序权利及义务。而在实体上，检察机关与诉讼亦并无直接利害关系，检察机关基于法律监督的职责而提起公益诉讼，检察机关在诉讼中不享有损害公共利益的实体处分权，也不存在承担败诉不利后果的情形。

虽然检察机关与同样作为公益诉讼提起主体的“法定机关和有关组织”都是“程序原告”，但是他们还是存在较为明显的差异，检察机关是法律监督职责要求而提起公益诉讼，“法定有关组织”是法律授权而提起诉讼，前者是职责性的、必须做的，后者是权利性的、可选择的。同时，检察机关属于司法机关，“法定机关”属于行政机关，“法定有关组织”属于社会团体，检察机关提起公益诉讼相较于后两者会更有优势性。第一，检察机关的职责性保障提起主体不出现缺失。第二，检察机关的独立性保障提起公益诉讼更有实效。第三，检察机关拥有独立的调查权，能够更有力地调查取证，解决举证困难问题。第四，检察机关的专业性保障提起公益诉讼更有的放矢，检察机关作为司法机关，在履行职责过程中更容易发现侵害国家和公共利益的问题，且检察机关拥有专业的法律监督队伍，在专业法律知识和诉讼技能上相较于社会团体和组织更有优势，在提起公益诉讼上更加能够有的放矢，保证了诉讼进程的顺畅性和高效性。因此，虽然都是“程序原告”，检察机关的诉讼权利义务与“法定机关和有关组织”应当有所区别。

3. 检察机关提起公益诉讼兼具法律监督者身份

作为法律监督机关，检察机关在公益诉讼中还应当担负对诉讼活动进行法律监督的职责，在参与公益诉讼的同时也要对整个诉讼活动依法进行监督。因此，检察机关提起公益诉讼中，检察机关具备程序原告及法律监督者的双重身份。有学者因此而提出，检察机关在公益诉讼中有既做“运动员”又当“裁判”的嫌疑，有损司法公正。然而，这种质疑是不恰当的，正如刑事诉讼中，检察机关既有公诉权也有抗诉权，既可以提起公诉追究犯罪也可以通过抗诉对刑事诉讼活动进行监督一样，检察机关在公益诉讼中提起诉讼与监督诉讼活动是可以并行的，因为两者都是基于法律监督职能，是通过启动法律程序监督纠正违法行为，属于监督权能范畴，而并不在处置权范畴，审判机关才是真正的裁判员，而且运动员基于私益参加运动，检察机关提起公益诉讼完全出于职责要求，因此，两者不具有可比性。

4. “公益诉讼人”称谓恰当体现了检察机关的特殊诉讼地位

鉴于检察机关与私益诉讼原告、一般公益诉讼提起主体的区别，《试点方案》赋予检察机关以“公益诉讼人”的身份提起公益诉讼，而不使用“原告”或者“公益代表人”等其他称谓，一则体现了检察机关不等同于一般原告的特殊诉讼地位，二则作为公共利益代表人的更应当是依法行政以维护公共利益的行政机关，再则“公益诉讼人”称谓与检察机关在刑事诉讼中提起公诉的“公诉人”称谓能有所区分但又保持内在统一性。检察机关以“公益诉讼人”身份提起公益诉讼以及以“公诉人”提起公诉，都是基于法律监督职责而启动诉讼程序，只是检察机关提起公益诉讼是为了维护国家和社会公共利益，而检察机关提起刑事公诉是为了维护国家利益。

二、试点探索对检察机关提起公益诉讼程序的设计

基于检察机关兼具程序原告和法律监督者的特殊诉讼地位，检察机关提起公益诉讼制度的程序设计应当与普通私益诉讼制度、有关组织或者机关提起公益诉讼制度有所区别、突破。《试点方案》、《试点办法》以及最高人民法院颁布的《人民法院审理人民检察院提起公益诉讼案件试点工作实施办法》（以下简称《审理办法》），就检察机关提起公益诉讼程序规定了管辖、诉前程序、反诉权、保全、和解、调解、撤回起诉、举证、上诉或抗诉、诉讼费用等内容。其中，诉前程序、免交诉讼费等均是对原有诉讼制度的突破。

（一）诉前程序

诉前程序是原有诉讼制度所没有的全新制度，检察机关提起公益诉讼需要经过诉前程序是基于检察机关履行法律监督职责应当遵循谦抑原则。检察机关在提起民事公益诉讼前应当督促或者支持法定机关或者有关组织提起民事公益诉讼，或者提起行政公益诉讼前应当督促相关行政机关纠正违法行为或者依法履行职责。对于前者，检察机关与法定机关应该是督促与被督促关系，与有关组织是支持与被支持的关系，因为有关组织是否提起公益诉讼是其权利，法定机关则是职责，检察机关对法定机关具有监督权，同理，对于后者，检察机关与行政机关也是督促与被督促的关系。为了提高效率，试点规定对法定机关和有关组织、有关行政机关收到检察机关的支持或者督促意见后是否及时办理设定了一个月的期限，一个月不能及时办理的，检察机关便可提起公益诉讼。

（二）诉讼费缴纳制度

不同于普通私益诉讼中原告为了私益而提起诉讼以及“法定有关组织”

提起公益诉讼需要依法缴纳诉讼费，《试点方案》明确，检察机关提起公益诉讼免缴诉讼费。检察机关是《宪法》明确的法律监督机关，为了维护国家和社会公共利益而提起公益诉讼，属于国家机关履行公权力的范畴，与检察机关提起刑事公诉一样，检察机关不应缴纳诉讼费。退一步讲，即使检察机关需要交纳诉讼费，这些费用需要从国库中支出，但最终还是通过法院上缴国库，因此也就没有必要交纳了。

（三）保全制度

根据《试点办法》第20条规定，检察机关建议审判机关采取保全措施的，检察机关无须提供担保。这是针对检察机关提起民事公益诉讼情形的诉讼保全规定，该规定与普通民事诉讼有一定的区别，在普通民事诉讼中，当事人申请诉讼保全措施的，人民法院可以责令申请人提供担保；而在诉前保全中，申请人必须提供担保，否则驳回保全申请。检察机关建议诉讼保全之所以不需要提供担保，原因在于检察机关出于避免公共利益免受损害而建议保全，而普通民事诉讼当事人申请诉讼保全要求提供担保，原因在于申请人基于私益而申请保全，对于保全错误可能造成的损失应当承担风险赔偿。

（四）反诉权制度

根据《试点办法》第18条规定，民事公益诉讼被告没有反诉权，区别于普通民事诉讼被告有反诉权的规定。普通民事诉讼中，原告与被告具有平等的诉讼地位，原告为了己益有权提出诉讼请求，被告也同样享有为了己益提出诉讼请求的权利，为了提高诉讼效率，对于被告的反诉，可以与原告的原诉合并审理。而在民事公益诉讼中，检察机关与一般公益诉讼提起主体一样是为公共利益提出诉讼请求，检察机关只是程序原告，对被告而言并没有反诉的实体利害关系。因此，在检察机关提起公益诉讼中被告没有反诉权。

（五）调解制度

根据《试点办法》第48条规定，行政公益诉讼案件不适用调解。而在普通行政诉讼中，行政赔偿、补偿以及行政机关行使法律、法规规定的自由裁量权的案件可以调解。检察机关提起行政公益诉讼的案件中有关行政机关具有违法行政或者不依法履行职责的行为，属于对行政机关的行为是否合法的评判，故不适用调解，而普通行政诉讼中适用调解的案件是行政机关有自由裁量权的案件，属于行政机关合理行政的范畴，故可以适用调解。虽然说检察机关只是程序原告，不能作出有损公共利益的处分行为，因此，在公益诉讼中理应不适用调解，但是，在检察机关提起民事公益诉讼中，试点规定是允许检察机关与被告调解的，这个调解其实也是建立在不损害公共利益及具有可调解性的前提下才可以进行，换个角度，调解也是为了更好地提高诉讼效率，减少侵害行为继续对公共利益的损害。

（六）抗诉程序

根据《试点办法》第25条、第27条及第51条、第53条的规定，检察机关认为一审未生效裁判错误的应当提出抗诉；对于抗诉案件或者上诉案件，同级检察机关派员出席二审法庭。在普通民事、行政诉讼中，原告不服未生效裁判的可以提出上诉。之所以规定检察机关以抗诉形式对一审未生效裁判而不以上诉形式提出异议，原因在于如果适用普通民事、行政诉讼中的上诉制度，提起公益诉讼的检察机关就要出席上级法院的二审法庭，这与同级抗诉、同级审理的原则是相违背的。

三、检察机关提起公益诉讼程序的相关设计

《试点方案》、《试点办法》、《审理办法》虽然规定了许多检察机关提起公益诉讼的程序，对于未作出规定的程序是否应当突破创设或者适用普通民事、行政诉讼的规定，还有待试点实践的探索和检验，《试点方案》也已明确，“鼓励试点地区发挥首创精神，推动制度创新”。当然，创新并不意味着随意发挥，还应当秉持务实的态度，设计符合检察机关特殊诉讼地位以更好维护公共利益目的的程序规则。

（一）办理期限

根据《试点办法》第11条、第38条规定，检察机关办理公益诉讼案件，拟作出终结审查或者履行诉前程序决定的，办理期限为3个月，拟作出提起公益诉讼决定的，办理期限为6个月。按照该规定，办理期限需要根据拟作出的决定来确定，有前后颠倒的嫌疑，而且如果能够作出终结审查或者履行诉前程序决定的，那么就能确定是否能够提起公益诉讼了。因此，不应当分别作出两个不同的办理期限，只需统一作出一个办理期限即可。①

（二）诉前程序

就《试点方案》规定的检察机关提起民事公益诉讼的诉前程序中，要求检察机关在督促或者支持适格主体提起民事公益诉讼，适格主体没有提起公益

① 参见杨解君、李俊宏：《公益诉讼试点的若干重大实践问题探讨》，载《行政法学研究》2016年第4期。

诉讼情形下才能提起民事公益诉讼，但是在没有符合法律规定的适格主体情形下，检察机关是否就不能提起民事公益诉讼了？对此，可以借鉴最高人民法院《关于审理环境民事公益诉讼案件适用法律若干问题的解释》规定的公告制度①，将侵害社会公共利益的违法行为及后果予以公告，催告有关机关或者组织提起民事公益诉讼，有关机关或者组织超过公告期没有提起的，检察机关便可以自行提起。

（三）上诉、再审案件适用程序

根据《审理办法》第10条规定，对于当事人提起上诉的案件，按照《民事诉讼法》规定的二审程序审理。而按照《民事诉讼法》规定的二审程序，被上诉人需要参加到二审程序中。在公益诉讼案件中，如果提起公益诉讼的检察机关需要参加到上级法院的二审程序中，就会出现上文提到的违反检察机关与审判机关同级诉审问题。因此，应当明确，对于人民法院决定开庭审理的上诉案件，由同级检察机关派员出席法庭。同理，对于人民法院决定再审的案件，不管按照一审还是二审程序审理，均应明确由同级检察机关派员出席同级法庭。

（四）裁判形式

在普通民事、行政诉讼中，对于原告的起诉，审判机关可以依法裁定不予受理、驳回起诉或者判决驳回诉讼请求，对于检察机关提起的公益诉讼，审判机关能否作出上述否定式裁判？问题的答案应该回归到检察机关的诉讼地位这个逻辑起点来思量。与为私益而提起诉讼的普通原告不同，检察机关履行《宪法》规定的法律监督职能，为维护公共利益而提起公益诉讼，本质是依照法定职权启动一种诉讼程序，由审判机关对被诉行为是否合法进行评判，因此，审判机关不宜对检察机关所提起的诉讼不予受理或者驳回检察机关的起诉权力，也不宜判决驳回诉讼请求，而应该直接对被诉行为合法与否、应否赔偿等进行判决，就如同刑事诉讼中，审判机关只对被告人是否构成犯罪、应当作

① 最高人民法院《关于审理环境民事公益诉讼案件适用法律若干问题的解释》第10条：“人民法院受理环境民事公益诉讼后，应当在立案之日起五日内将起诉状副本发送被告，并公告案件受理情况。有权提起诉讼的其他机关和社会组织在公告之日起三十日内申请参加诉讼，经审查符合法定条件的，人民法院应当将其列为共同原告；逾期申请的，不予准许。公民、法人和其他组织以人身、财产受到损害为由申请参加诉讼的，告知其另行起诉。”

出何种处罚等作出判决。

（五）启动执行程序

在普通民事、行政诉讼中，对于生效裁判，当事人拒绝履行的，虽然规定可以由另一方当事人申请或者由法院直接强制执行，但是司法实践中，一般由当事人自行申请强制执行。而对于检察机关提起的公益诉讼，人民法院作出生效裁判后当事人拒绝履行的，应当由人民法院直接依法强制执行，因为检察机关提起的公益诉讼是履行国家职权的司法行为，目的是维护国家和社会公共利益，人民法院同样作为国家机关，也负有维护公共利益的职责，通过行使审判权、强制执行权的方式保护公共利益。因此，对于检察机关提起公益诉讼所作出的裁判，为了更好地维护公共利益，在当事人拒绝履行情形下，应当及时依法强制执行，而不应当规定由检察机关申请执行，就如同刑事诉讼中，对于具有执行内容的刑事判决，应当由刑事审判部门直接移交执行部门强制执行。

（六）强制措施

在普通民事、行政诉讼中，人民法院可以对当事人采取罚款、拘留等强制措施，但是在检察机关提起的公益诉讼中，对于检察机关不宜适用强制措施。在检察机关提起的公益诉讼中，检察机关与审判机关分别履行国家职权，两者是平等的关系，对于诉讼中的行为，审判机关可以根据提起司法建议的有关规定对检察机关提出司法建议，不宜对履行法律监督职权的检察机关及其出庭人员直接采取罚款、拘留等强制措施。

［制度完善］

未成年人司法一体化模式的探索与思考

——以“钦南模式”为视角

◎苏　慧*

内容摘要：以颇具知名度的“钦南模式”为调研对象，研究发现当前司法机关办理未成年人犯罪案件下降趋势明显，但未成年人犯罪形势依然严峻；案件类型多元，侵财型案件、毒品案件突出；地域特征突出、文化程度不高、家庭问题突出等。其主要原因有对涉罪未成年人司法保护落实不到位，未成年人专门机构和专业化建设相对滞后，未成年司法组织配套体系比较滞后，未成年人犯罪社会化预防帮教体系比较滞后等。建议加强未成年人司法专门机构和专业化队伍建设，加强规范化建设，促进未成年人司法一体化建设，多方联动，促进未成年人社会支持一体化建设。

关键词：未成年人；司法；一体化；钦南模式

广西钦州市钦南区未成年人司法一体化建设起步较晚。自2012年6月钦南区检察院成立广西首个具有独立编制的未成年人检察科以来，2013年公安、法院、共青团成立了未成年人保护专门机构，逐步配备专人，各机构之间签署配套协作机制，多种国家力量和社会力量共同参与预防青少年犯罪体系①，几

* 广西壮族自治区钦州市钦南区人民检察院副检察长。

① “钦南模式”获中央综治委高度肯定。参见王丽丽、梁洪：《办案机构专门化、工作模式规范化、帮教预防一体化——预防未成年人犯罪“钦南模式”值得关注》，载《检察日报》2013年9月5日第1版。2013年钦州以“三个一体化”保障未成年人权益（“钦南模式”）获中央综治办“保障未成年人创新事例”，2016年钦州获评“全国社会治理创新优秀城市”；“钦南模式”多次受邀参加全国研讨会作经验发言，2015年8月，钦南检察院作为全国唯一县（区）级检察院代表出席全国检察机关未成年人刑事检察工作座谈会；未检工作获全国、自治区级多项荣誉。

年来在预防和控制未成年人犯罪工作方面取得了一定成效，被誉为“钦南模式”。笔者根据钦南对未成年人司法一体化的探索，调研钦南区未成年人犯罪的基本情况，分析存在的问题和现实困难，提出想法和建议供讨论和参考，以促进未成年人司法一体化科学发展。

一、未成年人司法一体化的价值内涵及“钦南模式”概况

（一）价值内涵

所谓“未成年人司法一体化”①，理论界和实务界尚无统一概念，通说认为，其是由三个“一条龙”搭建的立体化保护网络，即“政法机关机构内部一条龙”、“政法一条龙”以及“社会支持一条龙”。基本内涵包括三个方面：一是政法机构职能一体化，即将与未成年人权益保护有关的职能进行整合，统归未成年人专门机构。二是未成年人司法一体化，即政法机关均形成未成年人案件专办机制，加强衔接配合，实现未成年人案件办理的无缝对接。三是社会支持一体化，即聚集国家力量（民政、教育、文化、妇联、共青团等）和社会力量（学校、企业、非政府组织、社会团体、社工、志愿者等），建立健全未成年人司法的社会支持体系。未成年人司法一体化的发展，有利于实现“儿童利益最大化”原则，是贯彻落实我国法律规定②的需要，也是顺应世界少年司法制度③发展的需要，建立专业化、专门机构早已被联合国《儿童权利公约》等国际性法律文件所认可，综观发达国家，无不建立了较为完善的少年司法制度。

（二）“钦南模式”概况

2012年，广西钦州市钦南区开始了对未成年人司法一体化的探索。钦南

---

① 姚建龙：《“一体化”是未成年人检察改革基本方向》，载《检察日报》2010年11月1日。未检一体化的核心内涵应包括以下三个方面：一是未检机构职能一体化，二是未成年人司法一体化，三是社会支持一体化。

② 《未成年人保护法》、《刑事诉讼法》、中央六部门《关于进一步建立和完善办理未成年人刑事案件配套工作体系的若干意见》等法律和文件，对于设立专门机构或者指定专人办理未成年人案件，加强未成年人司法保护，有了专门规定。

③ 各种少年司法制度的定义可参见于姚建龙的著作——《少年司法制度概念论》。少年司法制度是指国家司法机关和司法性组织应用法律处理涉及未成年人的诉讼案件和非诉讼事件，以保护和教育青少年健康成长的专门司法制度，它是这些机关和组织的性质、任务、组织体系、活动原则和工作制度的总称。

是中国北部湾城市中心区，随着城镇化、工业化、信息化的推进，流动、闲散和留守未成年人犯罪、未成年人涉网犯罪问题日益突出，未成年人犯罪组织化程度增强，犯罪低龄化和作案手段成人化、暴力化倾向明显，恶性极端案件时有发生，给社会和谐稳定带来了消极影响，特别是侵害未成年人权益的犯罪频发，社会各界对加强未成年人司法保护的呼声也日益强烈。在这样的背景下，钦州市党委政府以适应《刑事诉讼法》施行为契机，以政法机关机构建设和专业化建设为抓手，通过公、检、法、司的职能衔接，实现未成年人司法保护的无缝对接，并选择钦南区作为试点，打造未成年人司法一体化的“钦南模式”。

1. 未成年人专门机构建设：成立专门机构和配备专人，以保证力量能够集中精力落实法律关于未成年人工作的特殊程序和特殊要求，与此同时，内部机构职能整合，专业化建设逐步推进。

（1）检察：2012 年 6 月，钦南区人民检察院成立广西首个具有独立编制的未成年人刑事检察科，配备专职人员，初期以“捕诉监防”一体化的模式开展未成年人刑事检察工作，2013 年扩展社区矫正监督、民事行政检察工作，2014 年经区编办批复，“未成年人刑事检察科”正式更名为“未成年人检察科”，实现职能一体化。

（2）法院：2013 年，钦南法院成立少年审判庭，配备专人，办理未成年人刑事、民事、行政案件，是未成年人综合保护部门，也实现职能一体化。

（3）公安：2013 年钦南公安成立全国首个未成年人警务大队，2016 年落实专人，目前负责分局未成年人警务工作的综合业务指导，负责未成年人涉嫌犯罪案件、侵害未成年人人身权利犯罪案件办理以及涉及未成年人的刑事、民事、行政诉讼活动的个案指导等工作。

（4）共青团：2013 年共青团成立全国首个合适成年人办公室，2014 年落实专人，专职干部领导 160 多名兼职干部从事合适成年人工作，全程参与未成年人刑事诉讼。

2. 未成年人司法配套体系建设：各政法机关加强自身规范建设，制定实施细则，规范未成年人案件执法行为，同时加强与其他政法部门的沟通配合，严格落实未成年人特殊诉讼程序，促进在证据收集、证据采信、法律适用和社会调查、法律援助、分案处理、犯罪记录封存等方面进一步达成共识，做到责任明晰、配合有力、监督制约到位，实现对涉案未成年人全程、及时、有效的司法保护。

3. 未成年人社会支持体系建设：自觉融入党委领导、政府支持、社会协同、公众参与的未成年人犯罪预防帮教社会化大格局，加大与其他政府部门和有关社会力量的联系配合力度，合力推动工作，初步形成教育、感化、挽救失足未成年人的合力。

二、基线调研——广西钦州市钦南区未成年人犯罪的基本情况

（一）司法机关办理未成年人犯罪案件下降趋势明显，但未成年人犯罪形势依然严峻

表1　钦南公安2014～2016年办理未成年人犯罪案件情况表

年份	抓获涉罪未成年人	比上年升降比例	教育释放	刑事拘留	比上年升降比例	逮捕	移送起诉	取保候审	行政处罚
2014年	90人	-	41人	47人	—	40人	45人	5人	3人
2015年	31人	-65.56%	13人	13人	-72.34%	9人	11人	5人	4人
2016年1～6月	23人	-25.81%	18人	5人	-61.54%	2人	2人	3人	—

表2　钦南检察2014～2016年办理未成年人犯罪案件（含钦州港）情况表

年份	审查逮捕	比上年升降比例	批准逮捕	不捕	审查起诉	比上年升降比例	提起公诉	附条件不起诉	不起诉
2014年	62人	-	51人	11人	61人		48人	7人	9人
2015年	34人	-45.16%	18人	16人	31人	-49.18%	43人	6人	7人
2016年1～6月	5人	-85.29%	3人	2人	18人	-41.94%	7人	2人	2人

表3　钦南法院2014～2016年办理未成年人犯罪案件（含钦州港）情况表

年份	受理未成年人刑事案件	比上年升降比例	免予刑事处罚	缓刑	3年以上有期徒刑
2014年	48人		0	1人	5人
2015年	43人	-10.42%	0	0	5人
2016年1～6月	7人	-83.72%	0	1人	0

表 4　钦南司法 2014～2016 年办理未成年人犯罪案件情况表

年份	接收未成年人社区服刑人员	解除未成年人社区服刑人员	接受未成年人社区服刑人员
2014 年	6 人	6 人	8 人
2015 年	7 人	7 人	8 人
2016 年 1～6 月	1 人	3 人	6 人

表 5　钦南公安 2013～2015 年办理的未成年犯罪嫌疑人占全部犯罪嫌疑人的比例

年份	刑事拘留未成年犯罪嫌疑人	刑事拘留犯罪嫌疑人	占全部犯罪嫌疑人比例	逮捕未成年犯罪嫌疑人	逮捕犯罪嫌疑人	占全部犯罪嫌疑人比例
2013 年	32 人	556 人	5.76%	30 人	521 人	5.76%
2014 年	47 人	572 人	8.22%	40 人	546 人	7.33%
2015 年	13 人	508 人	2.60%	9 人	453 人	1.99%

表 6　钦南检察 2013～2015 年办理的未成年犯罪嫌疑人占全部犯罪嫌疑人的比例

年份	审查逮捕未成年犯罪嫌疑人	审查逮捕犯罪嫌疑人	占全部犯罪嫌疑人比例	审查起诉未成年犯罪嫌疑人	审查起诉犯罪嫌疑人	占全部犯罪嫌疑人比例
2013 年	59 人	696 人	8.48%	75 人	666 人	11.26%
2014 年	62 人	704 人	8.81%	61 人	698 人	8.74%
2015 年	34 人	652 人	5.21%	31 人	610 人	5.08%

从系统数据上反映，2014～2016 年未成年人犯罪人数大幅度下降，2013～2015 年未成年人犯罪占比逐步下降。从这些数据和趋势来看，未成年人犯罪形势明显好转，但是如果分析一下未成年人犯罪下降的原因，形势其实不如数据显示的那么乐观。一方面，这种下降趋势是“宽严相济”刑事政策贯彻和实施的结果。针对未成年人犯罪，坚持“教育、感化、挽救”和“教育为主、惩罚为辅”的方针、原则，具体到司法实践中，主要表现为行政处罚、刑事和解、对未成年人犯罪适用附条件不起诉、慎用监禁刑、非刑罚化等，这就会导致未成年人犯罪案件在刑事司法程序中被“分流”的现象比较突出，也就是说，最终被人民法院判处刑罚的未成年人可能仅占公安机关发现

的未成年人犯罪案件的五分之一。因此，从未成年人犯罪的绝对数量上看，未成年人的犯罪形势不容乐观，未成年人犯罪形势依然严峻。另一方面，司法机关对于未成年人案件办理不同的评价体系，执法尺度不统一，检察院、法院贯彻“少捕慎诉少监禁”的政策，而公安机关以打击破案为主，在西部地区人少事多矛盾高度突出、工作任务非常繁重的情况下，对比成年人不同考核标准的未成年人案件，很多公安人员有怠于侦查、办案的心理和行为。

（二）案件类型多元，侵财型案件、毒品案件突出

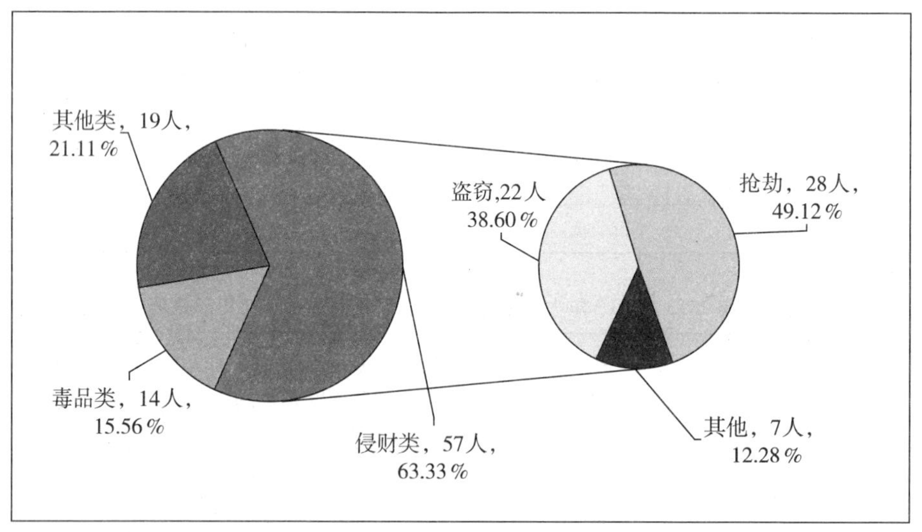

图1　2014年钦南区未成年人犯罪案件类型比例图

未成年人犯罪类型向多元化方向发展，有侵财类型、侵犯人身自由和民主权利、妨害社会管理秩序等，与全国其他地区一样，以抢劫罪和盗窃罪为主的侵财类犯罪属于高发的犯罪类型。而广西属于边境地区，毒品犯罪的高发地带，毒品的危害也深深影响着未成年人，使未成年人走上犯罪道路。

从行为方式上看，暴力性仍是突出手段之一。在未成年人犯罪中，团伙作案越来越突出，犯罪组织程度趋于严密，社会危害性加重。由于未成年人的体力、智力、经验有限，并存有畏惧心理，常结成团伙实施盗窃、抢劫、寻衅滋事、聚众斗殴等犯罪活动。

此外，网络对未成年人犯罪的影响越来越大。网络的不良影响已成为未成年人犯罪的重要诱因，网络游戏、网络色情、暴力文化等一些低俗、不健康的

内容，对未成年人的危害极大，容易引发未成年人结伙斗殴、故意伤害、性犯罪。

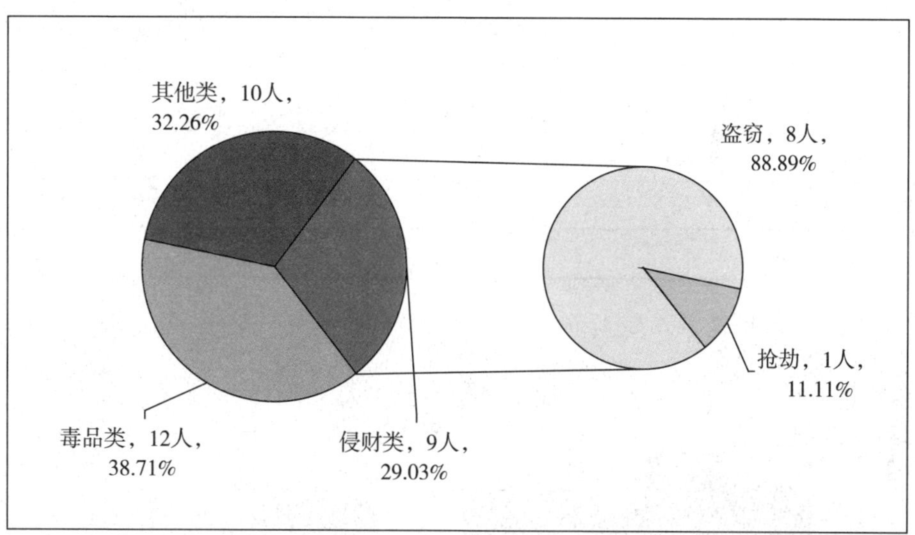

图 2　2015 年钦南区未成年人犯罪案件类型比例图

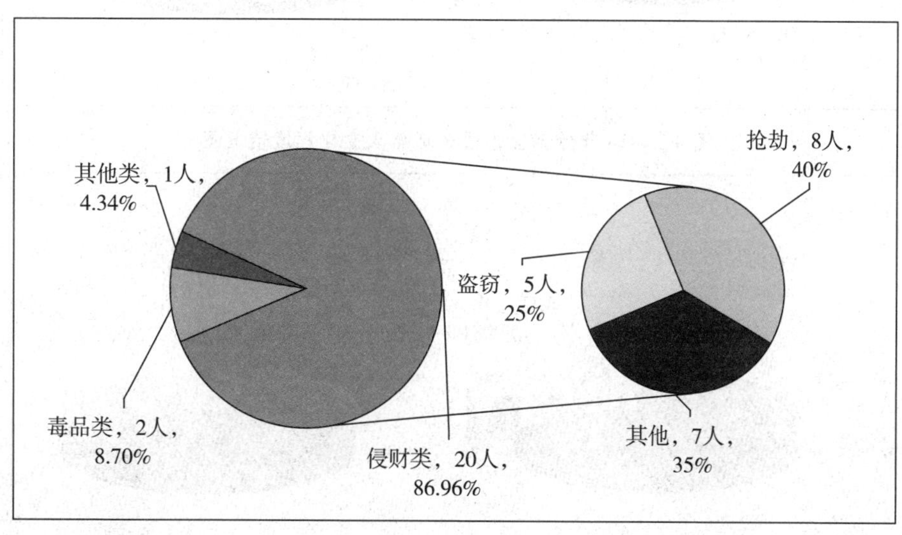

图 3　2016 年上半年钦南区未成年人犯罪案件类型比例图

（三）地域特征突出、文化程度不高、家庭问题突出

表 7　钦南区涉罪未成年人户籍来源地分布表

年份		钦南区	钦州市（钦南区其他县区）	广西（钦州市外其他地市）	省外	农村户籍
2014 年	90 人	58 人	16 人	13 人	3 人	74 人
2015 年	31 人	25 人	3 人	2 人	1 人	23 人
2016 年 1～6 月	23 人	14 人	7 人	1 人	1 人	14 人

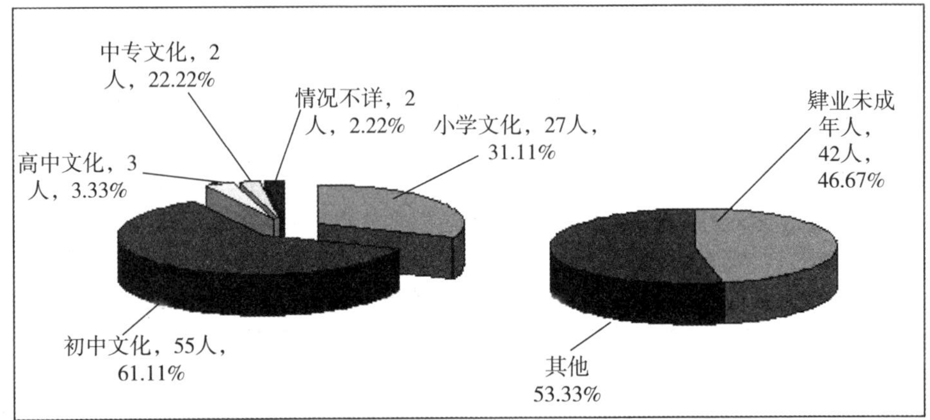

图 4　2014 年钦南区涉罪未成年人文化程度情况图

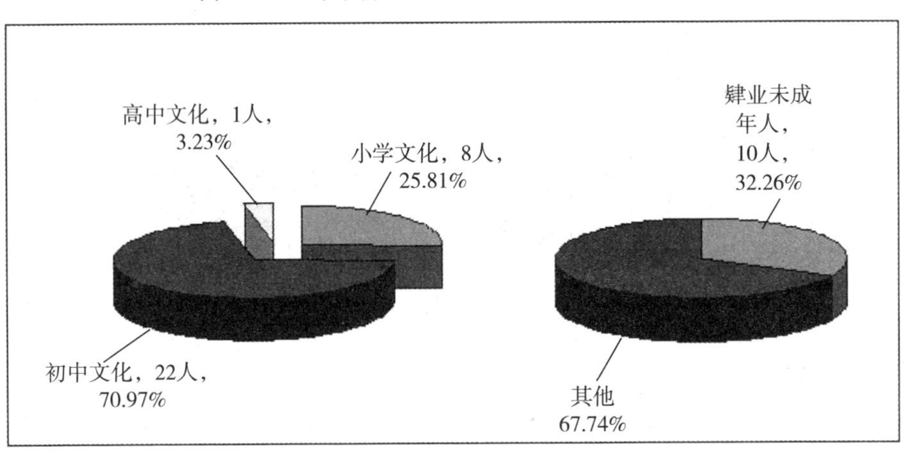

图 5　2015 年钦南区涉罪未成年人文化程度情况图

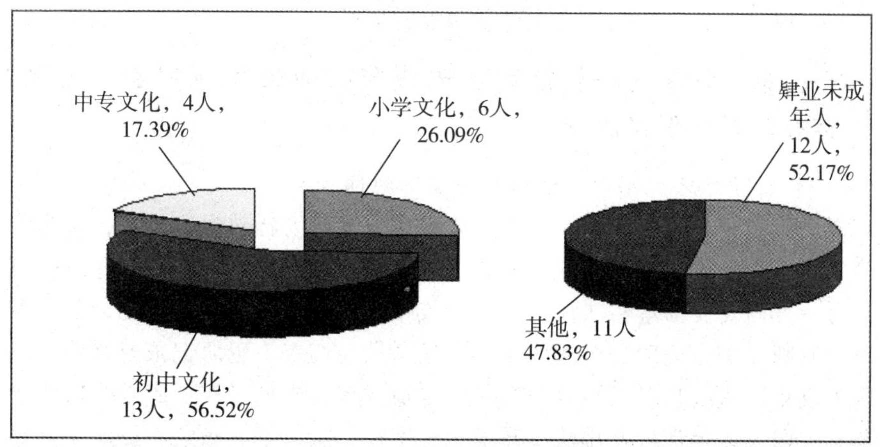

图6　2016年上半年钦南区涉罪未成年人文化程度情况图

从户籍来看，钦南区未成年人犯罪地域特征突出，以本地户籍的未成年人为主，2014年钦州户籍占比为74.44%，2015年为90%，2016年上半年度为86.96%，农村户籍所占比例很高，2014年、2015年、2016年上半年分别为82.22%、74.19%、60.87%。在未成年农民犯罪中，农村留守未成年人犯罪也明显增多，虽然义务教育制度实施多年，但是农村地区的失学现象仍比较严重，新"读书无用论"在农村地区兴起，学校教育、亲职教育的缺失是违法犯罪的主要原因之一。

从文化程度来看，初中文化程度占绝大多数，肄业的（中途辍学）占比例也高。这反映出，大部分涉罪未成年人主要来自闲散未成年人，他们过早辍学，过早步入社会，成为闲散人员。他们尚未具备一定的生存技能，只能靠自己的体力去打工，在社会上很难立足。再加上未成年人具有心理脆弱、意志不够坚定、友伴关系不确定、容易受蛊惑等特点，更容易走上违法犯罪的道路。

而80%左右的涉罪未成年人来自健全的家庭，但他们却走上了犯罪的道路，可见，以往我们普遍认知的父母离异或者是单方去世导致的单亲家庭结构，并非是未成年人失足走向违法犯罪的最主要因素。亲职教育缺失、父母缺少对子女的监管是导致未成年人犯罪产生的重要因素。在对未成年人犯罪的影响方式上，父母监管缺失、不当的家庭教育方式，直接降低了家庭对于未成年人的行为控制能力，未成年子女与家庭之间联系弱化，使其容易受到家庭以外不良同伴的影响，此外，父母监管缺失也削弱了未成年人与父母之间的依恋，降低了未成年人的自我控制力，容易引发犯罪。

三、原因分析——从钦南区未成年人犯罪概况探究“钦南模式”存在问题和现实困难

（一）对涉罪未成年人司法保护落实不到位

未成年犯罪人司法保护，一方面要贯彻未成年人特殊司法政策，对违法犯罪的未成年人实行教育、感化、挽救的方针，坚持教育为主、惩罚为辅的原则；另一方面要贯彻落实法律法规对未成年人特殊程序的有关规定，坚持不公开审理原则，法律援助、合适成年人到场、社会调查、犯罪记录封存等。但钦南区未成年人执法状况仍不容乐观，如合适成年人到场工作，团委合适成年人办公室专职人员经常被安排从事政府中心工作，队伍不太稳定，影响了合适成年人的专业性工作；社会调查，钦南区由司法局社区矫正部门负责，社区矫正工作本身就很辛苦，疲于应付社会调查工作，一定程度上影响了工作的水平。

有些办案人员在办理未成年人案件中，未能严格落实中央有关未成年人的特殊司法政策，对未成年人特别程序并不理解，不了解未成年人的身心特点，大多按照成年人思维办理未成年人案件，更加谈不上有效地开展对涉案未成年人的心理抚慰和帮教工作。对于有些认为检察机关不捕不诉、审判机关非监禁刑判决从而司法分流的案件，甚至存在“不教而宽”的情况，也就是说被司法分流的未成年人，放了就是放了，没有在司法环节中受到教育，没有受监管，回到社会后有可能会继续违法犯罪，影响社会和谐稳定。另外，钦州属于群众安全感指数低的城市，在未成年人犯罪案件严峻、民众对社会生活安全的需求迫切的现实下，对未成年人实行非犯罪化、非羁押化、非监禁化措施，是否与保障社会稳定矛盾？宽容是否走向“纵容”？这些理念误区的存在，不可避免地对办案实践中对未成年人实行特殊保护产生了不利的影响。

（二）未成年人专门机构和专业化建设相对滞后

一是广西政法机关尚未形成自上而下的体系化的专门机构，自治区、地市一级未成立专门机构，缺乏统一指导和宏观推动，组建专门机构的部门在案件办理、上下协调、业绩考核等方面都受到一定的制约和影响，“钦南模式”一直在单打独斗，艰难前行。二是专门机构建设发展不平衡。钦南区公检法实现了专门机构、专职人员办理，但检察机关起步要早些，发展要好些，已经在探索社会支持体系构建的工作，而公安机关正在进行自身专业化建设，未成年人职能内部整合工作；司法行政机关未成立专门机构，目前也未实现专人化。三

是高素质的未成年司法工作人员欠缺，警力严重不足。全国警力配备平均值是万分之十二，广西是万分之八，钦南仅有万分之四点五，在理念较为滞后的地区，没能安排多少警力从事未成年人保护工作，参与专门的少年司法培训的机会也少。

（三）未成年司法组织配套体系比较滞后

当前，钦南各个政法机关在综治委的积极领导、统筹协调下，会签文件建立健全未成年人工作的特殊制度体系，定期不定期召开联席会议，共同研究未成年人司法政策贯彻落实情况及共同开展未成年人相关活动。

但钦南区会签文件落实特殊制度原则性太强，不够细化，不够规范，操作性还是不强。钦南区无针对未成年人的专门科学的考评体系，司法机关尚未形成有效的未成年人工作合力。钦州市公安局钦南分局未成年人警务大队作为全国首个具有独立编制的未成年人警务部门，无疑在专业化建设方面取得了突破，但今年才实现专人办理，政法机关不均衡，不能同步发展，未成年人司法工作很难扎实、稳步有效推进。

（四）未成年人犯罪社会化预防帮教体系比较滞后

各个政法机关积极参与未成年人社会支持体系建设，开始了未成年人观护帮教工作的探索。其中，2014 年检察院联合北京师范大学刑事法律科学研究院开展涉罪未成年人审前管护项目取得了阶段性成果，即在钦州市儿童福利院、爱心企业建立管护基地，在职业教育中心、学校、乡镇、街道办司法所建立管护站，通过为涉罪未成年人提供适用非羁押措施的保证条件，对其进行监管并提供社会服务，促使管护对象不良心理和行为得到有效矫正。

但钦南区、钦州市社会支持保障体系比较滞后，而随着司法机关未成年人保护工作的发展，司法机关对于整合社会资源，调动社会力量参与未成年人预防帮教体系工作，尤其是引入专业社会工作者介入未成年人司法工作的需求日趋强烈，虽然这几年政法机关也在努力推进政府购买社会服务机制，目前钦州市仅有两个社工组织，有社工证的仅有三十几名，从未开展专业社会工作事务，社会工作任重道远。

四、思考与应对——未成年人司法一体化的发展和完善

（一）加强未成年人司法专门机构和专业化队伍建设

专门机构和专业化队伍建设，是做好未成年人司法工作的前提和基础。（1）科学界定合理的工作范围，对司法机关内部的未成年人工作进行有效整

合，并且司法机关之间能衔接对应；（2）系统化的工作模式，高效、规范运作，确保未成年人权益最大化；（3）建设一支专业化的工作人员队伍，既需要法律专业知识扎实，又需要社会学、心理学、犯罪学和行为科学等方面的知识，还需要一定的社会阅历、强烈的责任感和工作热情。

而当中，加强未成年人警务建设显得极为迫切。公安机关成立专门机构或者专职人员办理未成年人案件，我国法律就有明确规定。加强未成年人警务建设也符合世界警务改革的发展趋势。我国已经签署、或加入了一系列涉及少年司法的国际公约①，有义务履行这些公约的具体条款。多个公约都要求政府为少年司法提供适应、专门的处理体系，许多国家的少年司法与成人司法截然不同，自成体系，有专门、独立的机构来办理未成年人案件。我国实务界和理论界对加强公安机关未成年人专门机构建设的呼声日趋强烈，这由此也奠定了我们开展未成年人警务工作的信心。

（二）加强规范化建设，促进未成年人司法一体化建设

1. 科学完备的制度机制是开展未成年人司法工作的重要保障：一是司法机关内部认真落实未成年人案件办理的各项工作制度，细化、规范内部未成年人工作实施细则；二是司法机关之间加强工作衔接配合，继续修订、完善未成年人特殊程序会签制度；三是与政府多部门建立开展未成年保护相关工作机制，探索选聘社工组织、爱心人士等社会力量共建合作机制，开展未成年人犯罪预防、帮教活动，形成工作体系和有效合力；四是建立符合未成年人工作特点的考评机制，除了要考查办案数量和质量，还要评价办理的每一个案件落实特殊程序及教育矫治、帮扶工作情况，激励、提升未成年人司法工作人员的积极性和责任感，以更好地促进未成年人工作科学、健康发展。钦南公安今年开始，把未成年人工作考核指标列入分局的绩效考核体系，鼓励基层办案部门转变执法理念，贯彻落实未成年人特殊制度。

2. 未成年人司法一体化是未成年人司法改革基本方向，公安机关应有更大的使命和担当。公安机关在未成年人司法配套体系的使命和责任重大，在落实未成年人特殊司法政策、加强未成年人司法保护方面会有更大的作为。公安

① 例如，《儿童权利公约》第40条第3款规定，缔约国应致力于促进规定或建立专门适用于被指称、指控或确认为触犯刑法的儿童的法律、程序、当局和机构。《北京规则》第2条第3款规定，应努力在每个国家司法管辖权范围内制定一套专门适用于少年犯的法律、规则和规定，并建立授权实施少年司法的机构和机关。

机关侦查环节对于未成年人刑事案件往往具有决定性意义，对于提高办案质量和教育、感化、挽救未成年人非常重要。钦南在贯彻未成年人刑事诉讼程序过程中，教育、感化、挽救了一部分未成年人，更多的涉罪未成年人没有在诉讼环节，特别是公安侦查环节得到教育和挽救，若帮教关口前移到侦查阶段，办案人员可以从案件初次受理直至诉讼终结，有针对性地教育和挽救涉罪未成年人，实施全程化的教育矫治，增强未成年人教育和帮教的效果。

3. 只有司法机关同步发展，才能使未成年人的最大效益得以实现。保障未成年人刑事诉讼顺利进行的理想的组织形式，应当是一个完备的办理未成年人刑事案件的机构体系，公安、检察、法院、司法等部门配套进行未成年人刑事司法改革，同步发展，未成年人特殊制度的施行也只有在未成年人司法一体化的条件下才能实现和更好地发挥作用，全程教育、感化、挽救失足未成年人，未成年人的最大效益得以实现。

（三）多方联动，促进未成年人社会支持一体化建设

当前，倡导社会专业力量介入未成年人司法过程，帮助涉罪未成年人顺利回归社会成为国内外少年立法和司法的普遍要求。未成年人司法工作的社会化特点比较明显，工作职能、触角要向社会延伸，需要做一些社会工作。对于专业知识和技能要求很高的社会支持工作，要善于动员社会力量来完成。今后，要努力推动建立政府主导的未成年人司法社会服务机制，将司法程序中需要借助社会力量得以实现的需求，转介至相关的专业社会组织或政府职能部门，建立健全司法借助社会力量的配套衔接机制，厘清边界，密切衔接，从而做好涉罪未成年人帮教考察和犯罪预防工作。

同时认真落实社会管理综合治理各项措施。坚持以担任法治副校长、辅导员等形式，开展对未成年人的法治宣传教育工作；积极参与校园周边环境整治，突出源头治理，重点预防；深入开展整治网络色情暴力等违法有害信息和不良信息、非法少儿出版物等行动；加强重点青少年群体教育管理工作；深挖和严厉打击成年人侵害未成年人权益，引诱、胁迫、组织未成年人犯罪等犯罪行为，为未成年人健康成长营造良好环境。

检察机关案件质量评查及其运行机制探究

——以司法责任制为理论视野

◎黄德辉 *

内容摘要： 司法责任制的构建须以统一案件质量认定标准为前提，办案质量好坏直接关系到检察官责任的追究，因此，建立科学的案件质量评价体系是改革关键。在司法责任制理论视野下，提升检察机关案件质量评查效果，一是要树立评查权威，可考虑建立案管部门的案件质量考评工作专职报告制度；配强案管部门人员，提升监督能力；加大现有案管人员业务的培训力度，提高监督水平。二是要完善案件质量评查运行机制，重点应当建立健全工作联系、情况通报和监督整改等方面的配套规章制度。三是要明确统一的案件质量评查标准，设定科学的案件质量评查步骤、遵循原则。此外，还应重视评查结果的充分运用。

关键词： 司法责任制；检察机关；案件质量评查；运行机制

当前，司法责任制改革正处于全面推开的重要时刻，权责匹配是其核心内容，对司法主体的检察官实行案件责任终身制和责任倒查机制，既符合司法规律的内在要求，也是根治检察权运行中权责不明问题的治本之方。而办案质量评价结果在很大程度上是检察官在司法过程中是否需要责任追究的主要依据。案件质量也是衡量检察办案工作好坏的硬指标，抓好案件质量是检察机关维护执法公信力、促进公正廉洁执法、规范执法行为的根本要求，是体现司法公正的有效途径。① 在当前的检察实践中，各地的案件质量评查存在诸多问题，要推进案件质量评查活动良性运作，其运行机制亟待调整、修正、革新。

---

* 广西壮族自治区人民检察院案件监督管理处助理检察员。

① 参见农兴山：《浅论检察机关案件质量评查工作机制的构建》，载《中国检察官》2014 年第 3 期。

一、案件质量评查运行机制概述

案件质量评查运行机制主要包括评查的案件种类和范围、评查机构和人员组成、评查的标准、评查工作原则以及评查的流程等几个方面。在案件管理部门成立前后，案件质量评查运行模式各有不同。

（一）传统模式

在传统司法实践中，具有实质意义的案件质量考核评查形式主要有两类：一是靠办案人员自我约束以及部门负责人、分管领导的审查监督来维系各办案部门的案件质量，重点疑难案件交由本院检察委员会审核把关，案后小范围的研讨总结某类案件的过错得失；二是每年上级对口业务部门组织的定期或不定期业务检查，以及上级检察院对下级检察院绩效工作的考核验收，其评查的方式仍是各自对口业务条线的上下级评审督查，或者同级检察院之间的交叉评查。

（二）现行模式

修订后的《人民检察院刑事诉讼规则（试行）》以及《最高人民检察院案件管理暂行办法》规定，人民检察院案件管理部门对检察机关办理的案件实行统一受理、流程监控、案后评查、统计分析、信息查询、综合考评等，对办案期限、办案程序、办案质量等进行管理、监督、预警。案件管理也称为司法流程管理，这一概念起源于西方国家，是20世纪70年代西方国家为了应对司法堵塞和拖延的状况而推行的一种司法改革措施，其理论基础是“接近正义”理念，目标是以程序公正保障案件的实体公正。① 我国检察机关案件管理部门的设立便以此为基础，是检察机关强化内部监督、促进办案质量提升的具象举措。随着各地案件管理部门陆续成立，开始履行其案件质量监督、考评及反馈上报工作的职能，逐步形成了全新的由案件管理部门主导的评查模式。

对于案管部门如何开展质量评查，如何确定评查主体等，目前仍存在争议，各地现行的做法各有不同。以笔者所在的A市基层检察院为例，大多采用这样的一种模式：由案管部门统一协调组织，统计整理出被评查的如每年的不捕、撤案、不诉等重点案件或者类型案件，先由各自部门开展自查，然后再临时从各业务部门抽调人员，组成考评工作小组，负责案件质量的考评，撰写评查结论，最后由案管部门归纳总结出整体评查报告。另一种模式：案件管理

---

① 参见李自民、刘路阳：《浅谈检察机关案件管理制度的完善》，载《河南社会科学》2014年第7期。

部门既是案件质量评查的组织者，也是考评的主体，实现办理和评查相分离，评查人员即为案件管理部门人员，不参与日常办案，这种运行模式只是个别检察院的尝试性做法，并非主流。

二、案件质量评查运行机制之问题

（一）传统模式存在的问题

1. 办案主体和监督主体混同影响监督约束作用的有效发挥。传统评查模式中的办案人员往往也是评查人员，各地普遍的做法是从各个业务部门当中抽调业务骨干对本业务条线（涵盖上下两级院对口部门）的案件质量开展评查，这些人员往往参与了被评查案件的审批甚至本身就是直接责任人，既是实施者也是监督者，评查案件难以避免先入为主的观念，不能发现或者不愿发现案件当中存在的质量问题，这样的监督评查效果显然达不到监督纠错的目的。

2. 评查标准缺乏科学性、合理性、统一性。各地、上下级检察院以及各业务条线之间的案件质量考评标准不统一，可操作性差。比如侦查部门往往以是否批捕、是否起诉来评判案件质量的好坏，侦监部门则通过是否提起公诉来判断案件质量，公诉部门以法院是否作出有罪判决作为衡量案件质量的标准，[①] 这样一来可能会出现两个业务部门之间的考评要求不一致甚至是矛盾的情况，也容易造成各个检察环节相互推诿的局面。

3. 评查机制缺乏横向性、持续性、长效性。传统司法实践中，各地普遍没有设立独立的案件评查常设机构。由于受绩效压力影响，案件质量评查工作基本上是上级院对下级院所办案件进行评查，本院内部的评查较少，更多的是各业务条线的上下级考评，缺乏各条线之间横向考核。在单一的条线考评模式下，长期从事某项业务的思维惯性容易导致难以自行发现案件中的程序性错误甚至是实体性错误。另外，案件质量考评通常以自我启动评查程序为主，考评的时间不固定，有些地方或者某些业务条线全年都没有组织过案件评查活动，使得案件质量评查工作如同虚设，前后连续性难以得到保障。

4. 评查信息化、精准度和效率性不足。在最高人民检察院发布全国检察机关统一业务应用系统之前，各地开发使用的软件不一致，有些地方统计数据、业务指标值仍是通过人力来收集整理，评查过程显得准确度不够，信息收

---

① 参见黄建荣、顾青：《案件质量管理体系的运作模式及架构设计》，载《检察机关案件管理工作理论与实务》，法律出版社 2013 年版，第 378 页。

集及时性有所欠缺，由此所得出的结论和反馈的信息不够全面、不够准确、不够系统。

5. 评查结果利用度和转化度不高。案件质量评查最终的落脚点是通过奖励先进、鞭策后进，从而促进规范执法，提高办案质量，实现检察业务工作的科学发展。在传统模式下，评查的结果仅作为业务条线绩效考核的凭据之一，主要体现的是对办案部门的评价。事后的分析、总结和指导不够，对办案人员的激励效果不明显，评查结果没有转化为提升案件质量的依据。另外，案件质量评查与奖惩机制的衔接不够完善，案件质量评查结果也没有作为对办案单位、部门或者人员奖励的重要依据。

（二）现行模式存在的问题

比较现行两种运行模式，笔者认为第一种模式仍没有摆脱评查主体和办案主体混同的格局，评查小组人员的临时性也必然导致评查工作的稳定性不强、深入程度不够，评查活动难免有走过场和敷衍之嫌，难免制约案件质量评查工作健康发展，也不符合当前检察改革对司法公正、强化内部监督的整体要求。相较而言，笔者更为认同第二种模式，虽然并非当前主流，但其仍具有以下一些优势：案件管理部门作为案件质量评查的常设机构，能够保证工作的常态化、制度化，履行评查职责不受其他干扰，只对检察长和检察委员会负责，评查结果更具中立性。另外，由案件管理部门统一组织办案质量评查，一方面能够统一评查标准，保持评查小组人员的稳定性；另一方面还能够充分利用依职责掌握的检察业务信息资源，增加案件质量评查活动的针对性和有效性。

作为一种全新案件质量评查模式，当前的运行机制仍不成熟完善，部分指导理念还需要经过时间检验方知优劣，其中的理论基础还需进一步夯实，部分运作手段需要推倒重来，才能符合检察改革不断深化的要求。在对运行机制进行改革调整开始讨论之前，必须先要对存在的问题有更深入的认识和研究，以下就是对第二种模式推进工作中遇到的困难和制约检察工作科学发展的因素进行讨论。

1. 案管部门缺编少人需要调整。由于这种评查模式要对每个案件进行程序性问题汇总分析，也要对案件实体性问题进行研判评定，单单是依赖信息化软件的统计分析功能是不够的，往往还要用评查人员来进行人工分析评查，而在办案力量薄弱的基层院是做不到这一点的。① 以笔者所在基层院举例，案管

① 参见马艳春：《案件质量管理模式的现状分析及发展完善》，载《检察机关案件管理工作理论与实务》，法律出版社2013年版，第392页。

部门人员编制仅为两人，日常案件受理、流转、流程监控、接待辩护人、诉讼代理人、业务统计信息管理以及其他综合行政事务已基本占去了案管人员所有的工作精力，加上有的并非检察业务出身，履行案管部门案件质量评查职责有点勉为其难。

2. 案件质量评查标准需要重新划定。就目前的情况来看，与办案质量有效衔接的评查标准还没有统一，最高人民检察院《人民检察院案件质量评查工作规定》尚在征求意见当中。况且，以案件难易程度为例，其区分仅是一个相对的标准，而非恒定标准，尤其是刑事案件，个案情况异常复杂多样，如何从实体上对案件的质量进行评价是案件质量管理机构必将面临的重要问题。

3. 监督滞后性需要革新机制来解决。案件质量评查一般采取以年度或季度为单位对已办结的案件进行综合考评，而这种考核和评估侧重于事后的评价，对出现的问题为惩罚性的，管理措施相对滞后，预防功能更是微乎其微。作为质量管理机构，如果对于案件的质量不能够及时进行监控和纠正，而仅是一种事后的评价抑或奖惩的依据，以评查促进办案规范、提升案件质量的效果将大打折扣。

4. 人为因素影响评查结果需要改变。评查活动要求评查人员严格遵守管理规程，保持职务的廉洁性，不弄虚作假，才能保证评查结果的客观性和公正性，但是在实际工作中，评查人员容易受利益和荣誉的驱使，或者是受到同事间关系等因素的干扰，难免在考核中出现偏颇，使得监督发现的问题表面化，更深层次的办案质量问题无法发现或故意疏忽，导致评查流于形式。

5. 办案部门和干警的抵触情绪需要考虑。作为在执法办案第一线的传统业务部门，很多办案人员思想上存有本岗位业务的上位感，感觉其他部门的人员没有自己懂行。新评查模式下，案管部门一旦承接案件质量评查任务，总会迎来水平不够、没有资格、无法胜任的质疑声音。而且，作为一个全新的综合性业务部门，很大部分基层检察院的案管部门被定位为综合性大于业务性的所谓“综合业务部门”，人员多以服务全院来考虑配置，缺乏业务骨干，更会遭到外行评查内行的质疑。

6. 重程序轻实体的评查理念需要摒弃。当前的实践中，案件质量评查更多地侧重于程序评查，对实体的评查较少，指导效果不够明显，这是一直以来不管是传统模式还是现行模式都存在的问题。在办案人员的传统观念中，评查活动如果触及更多的实体问题，会被认为是对办案人员执法水平的质疑和对案件办理的不当干扰。评查活动为了照顾办案人员的情绪，往往多以程序为评查主要对象，对实体的评查浅尝辄止。

三、案件质量评查运行机制之改革

随着社会思想观念转变，公众对法律监督工作的要求不断发生变化。最高人民检察院《关于进一步深化检察改革的三年实施意见》对检察改革提出总体思路，从提高检察机关法律监督能力、适应构建社会主义和谐社会的实际需要出发，积极稳妥地推进检察体制创新和工作机制创新，要重点解决当前制约检察工作发展的体制性、机制性问题，努力做到检察体制更加合理，检察工作机制更加完善。① 作为检察工作机制重要的组成部分，案件质量评查运行机制势必顺应改革脉络调整革新，改革方向主要从其体现的价值对司法公正、权利制约等司法需求是否起到积极作用来权衡，框架可以在现有运行模式下进行取舍选优，对起积极作用的做法和理念予以保留并逐步完善，对制约检察工作发展的予以舍弃。在实行司法责任制的背景下，现行的第二种模式在强化检察机关内部监督，有效提高办案质量，提升司法公正社会认同度方面体现得更明显，虽然存在不少的问题，但仍可以作为案件质量评查运行机制改革创新的重点方向，以此为架构逐步成型、成熟。

（一）树立评查权威

案管部门要真正履行案件质量评查职责，还应具备相应的职能权威性。权威树立不起来，“管理、监督”就无从实现，更谈不上其他业务部门的配合支持，监督促使案件质量提升也就成为一句空话。② 而在现实情况下，案管部门作为新兴部门，其工作权威没有经过足够的时间沉淀，监督、管理职能机制还有待进一步完善，目前还无法与反贪、公诉等老牌业务部门相提并论。因此，要切实扭转改变现状，可以按照以下设想来逐步建立案管履职权威。

首先，明文规定案管部门的案件质量考评工作仅向检察长和检委会报告，其他部门不得参与、干预其中的监督、管理事务。只有这样案管部门案件质量评查机构的地位才能凸显出来，才能保证案件评查的效果。另外，各级院领导还需引导检察干警改变传统观念，纠正其不愿接受监督的思想，真正树立案管

---

① 参见何雄伟、张毅：《检察改革与案件科学管理》，载《人民检察》2012 年第 17 期。

② 参见陈胜才、刘昕、张衍路：《试析案管部门的中心任务》，载《人民检察》2012 年第 12 期。

部门作为案件质量评查常设机构的权威，为案件评查工作的开展创造良好的氛围环境。

其次，需要进一步配强案管部门人员，提升监督能力。切实提高案管部门选人用人标准，把业务精通、责任心强、坚持原则的同志充实到案管部门中。业务精通是重中之重，需要评查人员具备的业务素能不仅包括自侦、公诉、侦监、控申、民行等业务知识，也包括对信息化技能和文字理论功底。一般认为，具有在公诉工作经历，具有检察官资格的人员是第一选择，因为公诉办案核定证据的标准在各检察业务当中是最严格的，有公诉工作经验的检察人员评查案件质量的能力相对更高，语言组织能力和文字表达能力更强。

最后，还需要加大现有案管人员业务的培训力度，提高监督水平。在当前的司法实践中，检察机关特别是基层检察院人少案多的情况比较普遍，配强案管人员仍显得比较困难。在这种情况下，更需要现有案管部门人员提升业务素质和评查技能。在培训内容的选择上，应该突出两个方面：一是邀请业务专家对案管人员进行检察业务流程、标准、环节等方面内容的培训讲授，使得案管人员对检察业务有更深的认识了解，平时案管人员也需要通过书籍或者多向本院业务部门骨干学习，增强审查案件质量的能力；二是要突出对检察业务应用系统软件的培训，通过信息化手段办理案件已经成为必然趋势，各个诉讼环节均在软件系统中流转，各种法律文书、工作文书均附在系统信息当中，这就相应地要求案管人员具备信息化应用能力，要善于利用软件系统中反映的办案细节找出案件当中存在的程序瑕疵或者实体质量问题。因此在开展案管人员培训时，也要注重计算机系统应用技能的培训。

（二）重构运作机制

1. 划定案件质量评查标准。在司法责任制层面，如果不以一定案件质量认定标准来确定是否需要对检察官进行追究，检察官司法责任制的构建将形同虚设。在以往的司法实践中，因案件质量标准的认定过于原则、简单、模糊，致使检察官责任追究难以落到实处。这就更加体现了统一案件质量标准认定的迫切性和必要性。评查标准必须合理、科学、准确，具有可操作性和针对性。由某个部门某个人来拟定都过于片面，因而应由案管部门会同各业务部门或者联系上级院业务精英，共同开展调研并制定程序和实体两方面的详细评查标准。程序标准方面，重点是各个诉讼阶段的办案期限是否符合规定、告知等应当履行的法律义务是否履行、法律文书是否齐备、文书格式是否符合标准。实体标准方面，包括刑事案件的立案标准是否符合刑法规定；民事行政抗诉案件的立案标准是否属于判决和裁定已经发生法律效力且确有错误的情形；审查逮捕阶段的标准主要是作出批准逮捕决定的依据是否有证据，案由定性是否符合犯罪事实，有无逮捕必要性，作出不批准逮捕决定的法律依据是否合理等；审查起诉阶段的标准包括基本犯罪事实、情节是否清楚，定案证据是否确实、充分，定性和罪名是否准确等。

2. 明确案件质量评查方式。可采取重点评查、随机评查、专项评查、个案评查的方式进行。重点评查是对一些重点类型的案件所进行的评查。对属于下列范围的重点案件，应当逐案评查：人民检察院直接受理立案侦查的案件，决定撤销案件、不起诉或者法院判决无罪的；批准或者决定逮捕后，决定撤销案件、不起诉或者法院判决无罪的；提起公诉后又撤回起诉或者法院判决无罪的；检察委员会或者检察长决定作为重点案件应当逐案评查的其他案件。随机评查是对除重点评查以外的案件，按照一定比例随机抽选相应数量案件所进行的评查。对下级人民检察院或者本院各办案部门办结的案件，上级人民检察院或者本院可以采取随机评查的方式进行评查。有条件的地方，可以对办结的全部案件进行评查。随机评查案件的抽选范围，每年度应当覆盖到主要类型案件以及每名办案人员，兼顾评查案件的全面性和代表性。专项评查是对特定范围、特定类型的案件所进行的专门评查。各级人民检察院可以根据一段时期内司法办案情况或者专项司法活动等，开展专项评查。个案评查是对特定的个案所进行的评查。对于反映下级人民检察院或者本院有关办案部门办案质量问题，且不宜纳入复议、复核、刑事申诉复查等法定救济程序的案件，可以根据检察长的批准，由相关部门进行个案评查。

3. 设定案件质量评查节点。案件质量评查的具体步骤如下：（1）明确评查的案件范围。视两种情况划分，对于事中监管的，应当将本院所有受理的案件纳入个案考评范围，通过出入口管理及流程监管等手段同步跟踪审查办案质量；对于案后评查的，主要是开展专项评查活动，应将判无罪、不起诉、不批捕、撤回起诉、撤案、复议复核改变原决定等重点案件纳入专项评查范围。（2）设置评查的方式。先由案件承办人对纳入评查范围的案件进行自查，填写自评表，再由评查人员评查，其间评查人员可以听取案件承办人对于办理时的情况汇报。评查人员通过阅卷的方式，对案卷进行评查，撰写评查报告详细阐述评查的过程，以及实体审查存在的问题、程序审查存在的问题，卷宗内的法律文书是否规范等，就案件质量作出最终结论。（3）将案件质量评查结果做等级划分。根据奖励先进、激励后进的原则，将案件质量评查结果分为优秀、一般、不合格和错误案件四个等级，为奖惩制度落实提供依据。对于评定的标准还需要案管部门牵头，各业务部门与评查人员一起共同商讨确定。

案件质量评查的遵循原则：坚持实体与程序并重的原则。事中监管的个案评查，由于并没有作出最终的实体性决定，应以监督审查程序是否合法、法律文书是否规范为主；案后评查工作则应实体与程序并重。案件的实体质量对案件的总体质量起着决定性作用，而程序质量又是实体质量的重要保证，两者缺一不可。① 因此作为最终的整体质量评价，案后评查须实体与程序共同考评。

案件质量评查的常规手段：指实现案件质量评查工作信息化的方式方法。一般应通过全国检察机关统一业务应用系统开展评查工作，实现办案流程网上管理、网上监督、网上预警，充分发挥系统内业务信息及时、准确、全面的优势，深度挖掘系统内共享的信息资源，从数据库中提取隐含的、潜在有用的案件质量管理信息，及时发现案件质量存在的苗头性、倾向性、深层次问题，积极提出加强和改进工作的对策建议。

（三）健全配套制度

1. 制定工作联系制度。必须建立一套有效的内部联系制度，案管部门一旦在案中监管或案后评查中发现问题，通过内部联系制度，及时将问题反馈到业务部门，让业务部门能及时了解并补正，不至于影响后续诉讼程序的进行。

2. 制定科学合理的通报制度。案管部门作为常设案件质量评查机构，每季度或每半年对案件质量开展评查，对评查的案件数量、存在问题的案件、存在问题的种类、原因及承办人等进行及时通报。此类通报可以是多种形式的，例如内网公布、会议通报等。除此之外，对于评查活动中的重大事项、评查出的优秀案件、优秀法律文书也要进行通报。

3. 制定监督、预警、整改工作办法。设定预警标准，对于达到预警标准的案件，案管部门应及时发出预警，并重点关注不批捕、不起诉、无罪判决、撤诉、撤案等案件动态发展情况，监督各办案部门的整改情况，及时接受反馈。办案部门整改措施落实不到位，经书面纠正仍不落实的，由案管部门直接跟检察长汇报，并跟踪后续处理。

4. 制定总结分析制度。要使总结分析常态化、制度化，案管部门要针对评查工作中发现的问题定期开展总结分析，提出解决方法，对发现的典型错误

---

① 参见夏登俊：《案件质量考评机制的现状与完善建议》，载《人民检察》2013 年第 7 期。

和主要问题，要找准倾向和苗头，形成分析和建议均具备的案件质量专题调研报告，汇总交由检察委员会讨论后予以公布。

5. 制定奖惩制度。建立办案奖惩制度，提高办案人员的积极性。通过奖惩，树立办案人员责任意识，促进廉洁办案，提升办案人员的执法规范意识。①

（四）革新结果运用

案件评查的最终目的在于提高检察机关整体的办案质量。要改变评查结果运用方向应当从下面几个方面充分考虑：

1. 用于解决问题、纠正错误、整改完善。评查中发现的问题和错误，评查报告当中可以提出意见和建议。对于由于工作失误导致的，要及时进行处理；对于存在一般错误的，要反馈办案部门敦促其整改纠正；对于十分严重的错误，由评查机构报检察长决定。评查人员提出意见、建议的方式可以是口头也可以是书面形式。

2. 用于为领导提供决策作参考依据。案件质量评查结果作为执法办案运行情况分析的重要材料，对检察工作部署具有重要的参考价值。通过研究问题发生的原因、发展的规律，为下一步工作部署提供参照。

3. 用于促进办案人员提高执法办案水平。一方面，将评查结果纳入执法档案，能促使办案人员加强业务学习，提高办案能力。另一方面，把评查结果作为评价办案人员工作实绩，进行奖励、晋升的依据之一，调动办案人员的积极性，自觉提高办案质量和办案效率。最后评查结果以档案形式永久保存，还可以使评查活动务实避虚，不走过场，不流于形式，切实发挥其实质作用。

总之，案件质量评查工作是一项长期、系统的工程，规范化、专业化还需进一步探索和完善，运行机制还有很大改进空间，制度建设还面临很大困难，评查的原则、内容、标准和方法都需要通过提出、否定、再提出、再否定的不断循环实践来完善。只有坚持实践才能检验并探索出一条符合科学发展规律，与司法改革、检察改革同步，促进案件质量评查工作健康、可持续性发展的道路。

① 参见莫孙华、周恺：《完善案件质量评查机制初探》，载《人民检察》2012 年第 20 期。

中国—东盟国家新型刑事司法协助制度探究

——兼议统一逮捕令制度的构建

◎韦铸倪*

内容摘要：当前中国—东盟国家之间跨国犯罪呈现高发态势，中国—东盟国家合作打击跨国犯罪的形势需求迫切。由于当前中国与东盟国家刑事司法协助需要经过行政和司法的双重审查，程序烦琐，耗时漫长，严重制约了打击跨国犯罪的时效性。在借鉴欧盟国家的"统一逮捕令"经验做法基础上，从统一逮捕令制度的理论基础及程序、机构设计两方面展开论述，探究适合中国—东盟国家的新型刑事司法协助类型，以期不断促进中国与东盟国家建立健全打击跨国犯罪机制，达到简化司法协助审批手续、减少沟通成本，迅速有效地打击跨国犯罪的目的。

关键词：中国—东盟国家；刑事司法协助；统一逮捕令；制度

2016年1月8日下午，随着300名涉嫌电信网络诈骗的主要犯罪嫌疑人被从中老边境押解至福建，中国警方与老挝警方联合侦破了"12·22"特大跨国电信网络诈骗案①。该案系在中国驻老挝大使馆的协调下，由中老两国警方制定了抓捕工作计划和犯罪嫌疑人、证据移交方案后开展的警务执法合作。行动当晚，中老两国警方即完成了全部犯罪嫌疑人的移交。近年来，借助中国与东盟国家的刑事司法协助制度，中国成功破获多起特大跨国犯罪，引渡了大量潜伏国外的犯罪嫌疑人。因此，进一步完善中国与东盟国家刑事司法协助机制就显得尤为重要。

---

* 广西壮族自治区南宁铁路运输检察院公诉科干部。

① 参见袁国礼：《包机押解300名"12·22"特大跨国电信网络诈骗案嫌犯》，载《京华时报》2016年1月10日。

一、中国与东盟国家刑事司法协助的现状

目前，中国与东盟国家开展刑事司法协助的法律依据主要包括：(1) 共同参加的国际条约等，主要有《联合国打击有组织犯罪公约》、《关于制止劫持航空器的公约》、《反对劫持人质国际公约》、《联合国禁止非法贩运麻醉药品和精神药物公约》、《联合国反腐败公约》等；(2) 中国与东盟国家缔结的区域性条约、双边条约等，主要有《关于非传统安全领域合作联合宣言》、《非传统安全领域合作谅解备忘录》等区域性条约，与柬埔寨王国、泰王国、老挝人民民主共和国、菲律宾共和国等东盟国家缔结的双边引渡条约；(3) 中国关于国际刑事司法协助的法律文件，主要有《引渡法》、《反洗钱法》、《关于检察机关办理司法协助案件有关问题的通知》、《人民检察院反贪污贿赂部门开展境外缉捕、追赃及取证程序概述》等。

学术界关于刑事司法协助的范围有狭义、广义、最广义三种不同的理解。① 从当前中国与东盟国家司法协助的法律依据及实践来看，中国与东盟国家间主要是进行送达文书、委托调查取证、诉讼手续及缉拿罪犯、引渡罪犯等广义的司法协助。中国与外国开展引渡合作的历史虽短，但发展较快，现有协助制度都需要经过行政和司法的双重审查，仍存在程序烦琐、时间冗长、需要请求方和被请求方投入大量人力物力。虽然中国和东盟国家已经在联合打击跨国犯罪方面取得了一定成就，但是，面对日益频发的跨国犯罪，现有协助模式仍然难以应对。欧盟作为世界上各领域交往最为密切的区域，其建立了完善的区域性刑事司法协助制度，相关程序也日趋向灵活便捷的方向发展，其中的统一逮捕令制度更是突破了传统耗时费力的合作模式，将合作在司法机关间直接开展，简化了司法协助审批手续，解决了传统引渡代价昂贵、耗时费力的缺点。因此，本文将借鉴欧盟的成功经验，探索出符合中国与东盟国家的新型刑事司法协助制度——统一逮捕令。

---

① 参见张智辉：《国际刑法通论》（增补本），中国政法大学出版社 1999 年版，第 351 页。狭义的刑事司法协助，仅指各国或地区间委托调查取证和代为送达文书以及办理有关刑事诉讼手续等方面所进行的相互帮助与合作。广义的刑事司法协助，在狭义的刑事司法协助基础上增加了辑拿罪犯及引渡犯罪人的内容。最广义的刑事司法协助，在前两者基础上还包括了外国刑事判决承认和执行、刑事诉讼的转移管辖、有条件判刑或有条件释放罪犯的转移监督。

二、中国与东盟国家构建统一逮捕令的理论依据

中国与东盟国家需要通过共同制定区域性统一或多边的条约构建统一逮捕令制度，同时明确统一逮捕令制度的原则及适用范围。

（一）相互承认原则的确立

中国与东盟国家要构建代替传统的引渡和临时逮捕令系统的新型司法协助制度，就需要明确统一逮捕令制度的理论基础。欧盟的《关于欧洲逮捕令和欧盟成员国之间移交程序的框架决定》（以下简称《框架决定》）对统一逮捕令制度的概念进行了定义，是指一成员国为逮捕和引渡被请求人而向另一成员国发出的司法判决，目的是进行刑事诉讼或者执行监禁或拘留。统一的逮捕令制度意味着，当一方就潜逃的犯罪人发出逮捕令，案犯潜逃地的国家司法机关可以直接依据该逮捕令逮捕该犯罪人，向发出逮捕令一方移交该人。① 统一逮捕令最重要的理论基础是相互承认原则，即一国直接适用他国发出的逮捕令，意味着某国要对他国的司法决定予以认同并接受。《框架决定》第 2 款规定了各成员国应当在相互承认原则的基础上，执行统一逮捕令。

相互承认的基础是互相信任，相互信任需要不同的法律制度必须建立在相同的民主政治原则、尊重人权和人的基本自由的基础上，并且不同法律制度之间必须具有一定程度的近似性。而实际上，中国与东盟各国的法律体系不尽相同，各国的国内立法的发展也不平衡，这在某种程度上使得中国与东盟各国间的法律认同感不高，也将导致各国间难以相互承认。由于不同国家作出的司法裁决是建立在基于不同价值构建的不同法律秩序之上的，一国没有义务执行体现不属于本国价值的裁决。② 各国都把司法裁决看作是国家主权的行使，拒绝承认外国的刑事裁决，中国对外国的刑事判决也是采取的消极承认态度。③ 但是，各国在不承认外国刑事裁决的同时，却又通过引渡、执行外国刑事裁决等，对外国的刑事裁决后果给予认可。因此，要在不同法律制度的国家间确立

---

① 参见于文沛：《欧盟刑事合作进程研究》，黑龙江大学 2015 年博士学位论文。

② 参见［西］华金·冈萨雷斯·伊瓦涅斯：《作为一种新型引渡规则的欧洲逮捕令：欧盟对“禁止双重归罪原则”的政治学方法》，郭志媛译，载陈光中主编：《刑事再审程序与人权保障》，北京大学出版社 2005 年版，第 121 页。

③ 《刑法》第 10 条规定：“凡在中华人民共和国领域外犯罪，依照本法应当负刑事责任的，虽然经过外国审判，仍然可以依照本法追究，但是在外国已经受过刑罚处罚的，可以免除或者减轻处罚。”

相互承认原则并非不可能。虽然当前中国与东盟国家不足以建立一个全面的相互承认制度，但是，基于打击跨国犯罪的司法合作需要，各国在保障本国司法主权的基础上，有必要对相互承认彼此法院判决的范围做出界定。中国与东盟国家需要共同制定区域性条约，确立刑事程序中的最低权利标准和关于刑事犯罪的定义和处罚的最低规则，同时继续加强成员国法律制度的相互信任，为相互承认原则的有效运转提供具体措施。

（二）双重犯罪原则的例外

双重犯罪原则，即请求国和被请求国的法律都承认涉案的行为构成犯罪才能实行司法合作，其被视为保障本国公民权利的一项基本原则。由于相互承认原则的存在，使得一国可以直接认可另一国司法决定的效力并在本国执行，避免了双重审查，必然会对引渡、刑事诉讼移转、被判刑人移管等传统的刑事司法协助制度中不可或缺的双重犯罪原则有所影响。如果在相互承认司法判决时坚持双重犯罪原则，被请求国必然要启动确认程序，确定涉案行为依据本国刑法是否同样构成犯罪。如此一来，首先额外地增加了确认程序，其次在某些情形下，如需重新确认被请求人到底做了些什么，又可能导致该确认程序的延长。为了避免此类情况的发生，在贯彻相互承认原则时，在特定范围内有必要对双重犯罪原则进行限制，即限制在对严重犯罪的相互承认上，而这些严重犯罪又都是各国基本都承认是犯罪的，分歧不大。

对于双重犯罪原则限制的范围应当采用明示法，将适用相互承认的严重犯罪列明，所列明的这些犯罪就是双重犯罪原则的例外。如《框架决定》第2条规定了统一逮捕令中无须适用双重犯罪原则的范围，即列出了32种严重犯罪①，这些犯罪只要在签发逮捕令的国家构成犯罪且应被判处3年以上的监禁刑或羁押令，则不适用双重犯罪原则。即若根据签发国法律可以科处较重的监禁刑或羁押令，则针对这些犯罪的裁定就不需要经过双重犯罪原则验证，签发国就可以径行移交，执行国可以直接承认和执行。② 因此，中国与东盟国家若要构建统一逮捕令制度，在共同制定区域或多边条约时，可以将各国对构成犯罪分歧不大严重的行为，如参加犯罪组织、恐怖主义、走私贩卖人口、毒品等高发且对社会危害严重的犯罪行为，明确列在统一逮捕令制度适用范围内，规定这些列明的犯罪可以直接适用统一逮捕令，不需要必须符合双重犯罪原则。即只要出现了所列犯罪类型中的其中一种犯罪行为，不需要启动相关国家的国内法确认程序，有关国家就要执行统一逮捕令，这样弱化双重犯罪原则的规定，降低了不同国家之间认定犯罪的难度，减少了国家间的沟通成本，有利于迅速有效地打击犯罪，保障公共秩序和公共安全。由于条约的效力问题，中国与东盟国家若通过区域或者多边条约明确了统一逮捕令的适用范围，仍需要对相关的国内法进行修订，将条约内容转化为国内法或者直接通过国内法对条约效力予以确认。

三、统一逮捕令的制度设置

（一）统一逮捕令的具体流程

传统刑事司法合作都是在国际公约或国际组织框架下进行的，都属于政府

---

① 《框架协议》中所确定的32种犯罪类型为：（1）参与有组织犯罪；（2）恐怖主义犯罪；（3）贩卖人口犯罪；（4）儿童性剥削犯罪和儿童色情犯罪；（5）非法贩运毒品和精神药物；（6）非法走私武器、弹药和炸药；（7）腐败犯罪；（8）欺诈，包括侵犯1995年7月26日《保护财政利益的欧洲公约》规定的欧共体财政利益的行为；（9）洗钱犯罪；（10）伪造货币犯罪，包括伪造欧元；（11）与计算机相关的犯罪；（12）环境犯罪，包括非法贩卖濒危动物和濒危植物物种和品种；（13）非法入境和居留；（14）谋杀、严重身体伤害；（15）非法交易人体器官和组织；（16）绑架、非法限制人身自由和扣押人质；（17）种族主义犯罪和仇外犯罪；（18）组织或持械抢劫；（19）非法贩卖文化商品，包括古董和艺术作品；（20）诈骗犯罪；（21）敲诈勒索犯罪；（22）假冒和生产盗版的产品；（23）伪造政府公文并交易；（24）伪造支付手段；（25）非法贩卖荷尔蒙物质和其他增长促进剂；（26）非法贩运核物质或放射性物质；（27）贩卖被盗车辆；（28）强奸犯罪；（29）纵火犯罪；（30）国际刑事法院所管辖的犯罪；（31）非法扣押飞机、船舶；（32）蓄意破坏犯罪。

② 参见高秀东：《欧洲逮捕令及其对我国区际移交逃犯的启示》，载《法学杂志》2010年第4期。

间层面的合作，大多需要经过行政和司法的双重审查，程序烦琐，耗时漫长，需要请求方和被请求方投入大量人力物力。引渡一直被视为是国家的主权行为，往往通过外交途径解决，引渡中行政审查是绝大多数国家必不可少的程序，有些国家甚至赋予行政机关对司法审查的结果具有最后否决权。以中国的引渡为例，《引渡法》就明确将外交部规定为中国与外国之间引渡的联系机关，由外交部对引渡材料进行形式审查后，再提交最高人民法院指定的高级人民法院对引渡材料进行实质审查并作出裁定。① 统一逮捕令最大的创新并不是在实体方面的要求不同，而是体现在对程序根本的创新与变革。统一逮捕令制度取消了行政审查，将申请材料的审查权全部交由司法机关，增强引渡审查的司法性，从而提高了引渡合作的效率。此外，公正审判所要求的听证权、辩护权和上诉权等，是行政审查程序所无法保障的，取消行政干预后，将基于刑事追诉目的的人员移交决定权集中于司法机关，确定法院在引渡程序中的合法性地位，对保护被请求人的权利意义不言而喻。

在统一逮捕令制度下，移交逃犯不需要经过国家行政主管机关的批准，有权决定人员移交的只能是司法机关，排除了具有政治性质的行政审查机关的介入。行政机关等政治性机构在执行逮捕令时，所扮演的角色应限于实务性和行政性的协助，如果必要时可以负责传递和接收逮捕令以及其他官方通讯等工作，即仅作为单纯的联系机关，而不能决定实质性的问题。统一逮捕令简化了针对要被处决或被起诉的罪犯或犯罪嫌疑人的移交制度，由原来的行政与司法的双重程序变为单纯的司法程序，程序简化使得移交更快捷，节约司法成本和时间成本。为了确保统一逮捕令的法律效力，中国与东盟国家在设置统一逮捕令时，应当由最高审批机关作为逮捕令的签发机关，就中国而言应当是最高人民法院作为逮捕令的签发机关，对于逮捕令的传递机关，各国应指派一个职能部门，如果法律许可可以指派多个职能部门去协助司法职能当局的工作。鉴于中国当前司法协助的联系机关为外交部，且并未设置专门的职能部门进行司法

---

① 《引渡法》第 4 条规定，中华人民共和国和外国之间的引渡，通过外交途径联系。中华人民共和国外交部为指定的进行引渡的联系机关。引渡条约对联系机关有特别规定的，依照条约规定。第 16 条规定，外交部收到请求国提出的引渡请求后，应当对引渡请求书及其所附文件、材料是否符合本法第二章第二节和引渡条约的规定进行审查。最高人民法院指定的高级人民法院对请求国提出的引渡请求是否符合本法和引渡条约关于引渡条件等规定进行审查并作出裁定。最高人民法院对高级人民法院作出的裁定进行复核。

协助申请材料的传递工作，在逮捕令设置初期可用继续由外交部作为单纯的联系机关，待统一逮捕令制度逐步完善再由专门的职能部门负责逮捕令的接受与传递工作。如果需要，成员国可以将该职能部门变成司法内部系统，负责接收通缉令和做出官方的回应。各国也应当在本国法律允许的情况下，将统一逮捕令的详细情况进行通告。

（二）统一逮捕令的内容与形式

在申请材料及审查内容方面，传统的引渡等刑事司法协助需要申请国根据相关国家的要求准备大量的申请材料，由于每个国家关于引渡请求材料的标准存在一定的差别，因为不符合要求被退回的情况时有发生，这样一来就无形中增加了时间成本。而统一逮捕令制度通过对逮捕令的内容和格式进行统一规定，将需要准备的各种材料一一列明，使得请求国和被请求国执行的标准统一化。内容上，统一逮捕令不要求签发逮捕令一方提供有关犯罪事实方面的证据材料，进而也省去了执行逮捕令的国家对相关证据材料的审查，简化了材料的审查程序，节约了审批的时间。在对严重犯罪的审查方面，更是排除了双重犯罪的审查，大大简化了严重犯罪人员的移交程序，提高了打击犯罪的效率。此外，可以对逮捕令传递方式进行规定，例如由签发国直接将逮捕令递交给应逮捕之人所在地的司法机关，或者在建立统一的司法信息系统后可在该系统上发布通缉令。通过一系列具体而细致的规定，既便于签发国签发，又便于执行国进行形式审查，使统一逮捕令合作和执行的可能性增大。

（三）拒绝执行的理由

统一逮捕令制度在提高移交效力的同时，也应当注重保障执行国家的司法主权及被申请逮捕人的合法权益。因此，应当赋予执行国拒绝执行的权力及被申请逮捕人申诉的权利。《框架决定》中规定了执行国可以拒绝执行欧洲统一逮捕令的理由，包括强制性的拒绝理由以及选择性的拒绝理由。[①] 因此，中国与东盟国家在制定统一逮捕令制度时，可以从主权及人权保护两方面因素考虑，设置拒绝执行的理由。在出于主权的考虑而予以拒绝的情况下，可以包括大赦、双重犯罪原则、执行国正在起诉的罪行、时效、国民的引渡、属地管辖

① 强制性的拒绝理由，即成员国如遇此类情况必须拒绝，包括大赦、一事不再理以及年龄的限制；选择性的拒绝理由，即成员国可以选择在其立法中是否将这些情况规定为拒绝执行的理由，包括双重犯罪原则的特别规定、一事不再理、时效、国民的引渡、属地管辖与对等原则等。

与对等原则等内容；在出于人权的考虑而拒绝执行的情况下，可以包括一事不再理、年龄上的考虑等。

统一逮捕令设置的目的是解决传统引渡代价昂贵、耗时费力的缺点，因此，为了保障统一逮捕令移交的成功率，拒绝事由特别是强制性的拒绝事由，应当限制在一个较小的范围内。在充分尊重中国与东盟各地区的司法传统和司法制度的前提下，对传统刑事司法协助中政治犯罪、死刑不移交等原则可以考虑排除适用。此外，允许被请求人向执行地的司法机关提出异议，并要求得到一定的法律保护，但是提出异议的理由可以考虑限制在被羁押人不是逮捕令所针对的人、有关犯罪已过追诉时效、逮捕令所列举的犯罪不属于犯罪清单中的罪行或所列犯罪未达到严重程度等事由上。

中国式认罪量刑协商制度之构建

◎何　丹*

内容摘要：诉辩交易是兴起于美国的一项刑事诉讼制度，其本质是控辩双方围绕有罪和量刑问题展开的一种刑事责任协商机制。在我国构建本土化的认罪量刑协商制度过程中，尚存在诸如量刑的程度和幅度把握不明确，量刑建议提出或采纳与否并非必需，起诉权、辩护权权力设置的出发点不同，诉辩双方工作评价标准存在差异以及配套制度的缺失等问题。从我国司法实践出发，中国式的认罪量刑协商制度，应该是检察官和辩护律师在审查起诉阶段，针对犯罪情节轻微，事实清楚的案件或者疑难复杂，取证困难等重刑案件，围绕犯罪嫌疑人作认罪答辩，检察官向法院做出从宽处罚建议进行的磋商制度。

关键词：认罪量刑；协商制度；诉辩交易

近年来，随着案件数量激增，司法机关高负荷运转，已经成为我们急需解决的重要问题。在此背景下，推行简易程序和刑事和解制度正式提上改革日程。2016 年 1 月中央政法工作会议提出，2016 年要在借鉴诉辩交易等制度合理元素基础上，抓紧研究提出认罪认罚从宽制度试点方案。本文拟从诉辩交易制度的合理性分析出发，得出对我国引入认罪量刑从宽协商制度的有益启发，以助力构建中国式的认罪量刑从宽协商制度。

一、诉辩交易制度基础理论探析

（一）诉辩交易概念及其制度特征

诉辩交易是兴起于美国的一种刑事诉讼制度。根据《布莱克法律词典》的解释，所谓“诉辩交易是指在刑事被告人就较轻的罪名或者数项指控中的一项或者几项作有罪答辩以换取检察官的某种让步，通常是获得较轻的判决或

* 广西壮族自治区横县人民检察院办公室副主任、检察员。

者撤销其他指控的情况下，检察官和被告之间经过协商达成的协议”①。由此看来，诉辩交易是控辩双方围绕有罪和量刑展开的一种刑事责任协商机制，具有以下特征：一是以当事人主义诉讼模式为制度基础。其要求控辩双方在诉讼中的地位是平等的，诉讼权利也是平等的，法官居中裁判，形成等腰三角形的诉讼模式。二是协议的主体是控辩双方。即代表国家行使控诉职责的检察官和犯罪嫌疑人或刑事被告人或当事人的辩护律师，法官不参与交易，只对控辩双方的交易进行合理性审查。三是交易以犯罪嫌疑人或被告人承认所控犯罪为前提。检察官只在被告人作出有罪答辩条件下才决定是否对其减少或降低指控。四是控辩双方以有罪辩护和减轻处罚为核心内容。有两种形式：（1）对犯罪嫌疑人或被告人所犯罪行进行交易，检方通过减少对犯罪嫌疑人或被告人所犯罪行的指控获取他们的有罪供述，即降格指控；（2）就量刑进行交易，检方向法院提出从轻量刑建议换取犯罪嫌疑人或被告人的有罪供述。五是交易目的是通过交易使双方能获取各自利益，尽快结案。六是交易的效力需经法官确认。法官需要对双方交易进行合法性审查，确认协议是不是在犯罪嫌疑人或被告人自愿的情况下做出，协议的内容是否有损社会公共利益。如果案件中有被害人的，检察官在依法做出重大决定时（包括达成答辩协议时）需要通知被害人征求其意见，同时，法院必须允许被害人在法庭上发表反对意见。但是在被害人反对的情况下，法院仍然可以接受诉辩协议。

从刑事诉讼构造角度看，诉辩交易的启动主体、程序、范围等具有以下特征：首先，交易程序由检察官启动。诉辩交易是检察官的权力，对于是否进行诉辩交易一般由检察官决定，因此，在诉辩交易中，检察官享有十分广泛的裁量权和让步空间。其次，交易对象必须是辩护律师。美国宪法规定，律师有向被告人提供辩护帮助的义务，这是保障被告人有罪答辩是否自愿、明知和理性的关键。再次，交易的案件范围是广泛的，几乎所有案件都可以适用。此外，为了达到让犯罪嫌疑人或被告人作出有罪供述，检察官可以随意改变对他们所犯罪行的公诉，而且不会受到严格的司法监督。最后，交易可以在庭审前的阶段进行。

（二）诉辩交易制度的生发基础

诉辩交易能在美国生根发芽且蓬勃发展，除了诉辩交易能解决诉累外，美国的思想文化基础、诉讼理念、诉讼模式也影响其发展。

① 转引自陈光中：《辩诉交易在中国》，中国检察出版社 2003 年版，第 2 页。

1. 文化基础：契约精神。卢梭的社会契约论对美国的影响之深远，可以说，美国的国家和政府就是契约的产物。“随着经济契约关系的扩展，更加促进契约观念的深化，促进人们对合乎意愿的公平正义秩序的渴望，促进契约自由的法律原则化。”① 交易即为了双方达成契约，用契约的思维处理案件不足为奇。

2. 思想基础：实用主义。实用主义是美国人历来信奉的标准。当犯罪率激增，出现大量积案时，通过诉辩交易来处理案件成为了最佳选择，也是最节约司法成本的最优之选。美国对重罪案件的有罪判决中，92%是通过有罪答辩作出的，在某些地区，这一比例更高，尤其是在大城市，该比例往往高达95%以上。②

3. 诉讼模式基础：当事人主义诉讼模式。以美国为代表的英美法系国家，采用的是当事人主义诉讼模式架构。在这个框架下，控辩双方地位的平等、诉讼权利的平等，它需要控辩双方在法庭上对抗。由于对抗具有高投入、高风险，因此，诉辩交易的出现能大大弱化风险。

4. 制度保障基础：证据开示制度、沉默权制度、检察官起诉裁量主义及辩护制度保障了辩诉交易的施行。

二、借鉴诉辩交易制度的合理性分析

（一）诉辩交易本土化分析

其他国家和地区借鉴和吸收了美国诉辩交易的可取之处，发展成适合本国国情的诉辩交易制度。该制度之所以能够发展和延续，其一，尊重被告人的诉讼权益，充分体现被告人的主体价值；其二，压缩诉讼期限，能高效结案，解决诉讼爆炸的问题；其三，可以降低双方败诉的风险，尤其对一些案情复杂，证据收集困难，证明不充分的案件，被告人的供述对案件的起诉起着关键作用。

同时，诉辩交易也饱受争议。首先，该制度冲击了我国的传统思想。自古以来，杀人偿命，以牙还牙的思想根深蒂固，如果连刑罚都可以交易，公正何在？司法机关公信何在？其次，在现行法律、政策框架下，存在许多引进辩诉

① 冀祥德：《论辩诉交易制度的生命基础》，载《河北法学》2009年第11期。

② 参见龙宗智：《正义是有代价的——论我国刑事司法中的辩诉交易兼论一种新的诉讼观》，载《政法论坛》2006年第6期。

交易时所无法逾越的障碍，引入辩诉交易会对侦查、起诉和审判制度形成冲击，破坏正在逐步完善的程序法制，加剧司法腐败。①

任何制度都存在两面性，即使再好的制度也会有弊端。不可否认，诉辩交易在某种程度上冲击着我国的文化，有可能导致个别错案。但是其得以发展壮大也足以证明存在的合理性。我国其实也存在适用诉辩交易的沃土，只不过我们需要取其精华，使之成为符合我国国情的认罪量刑协商制度。

首先，我国刑法精神和刑事政策为认罪量刑协商制度提供了政策依据。刑罚的目的不仅在于使犯罪分子受到应有的法律制裁，其更高层次价值还在于让犯罪分子接受改造，真心悔悟，从而改过自新，杜绝他们再次危害社会。在这点上，和诉辩交易追求不谋而合。“坦白从宽”，既然犯罪分子已经认识到自己的错误，积极认罪，对于内心渴望从善之人，在量刑处罚上应该给予减轻。这几年，我国刑法提倡的“宽严相济”政策也体现了这个精神。

其次，现行的司法实践为认罪量刑协商提供实践依据。在我国司法实践中，诉辩交易并不是空白的，牡丹江市孟某故意伤害案就被称为我国诉辩交易第一案。而现行的一些刑法制度也有诉辩交易的影子。例如，刑事和解制度，即对于因民间纠纷引起的轻微的刑事案件，犯罪嫌疑人或被告人真诚悔罪，通过积极赔偿被害人损失、赔礼道歉等方式获得被害人谅解，双方当事人达成和解协议的，检察院可以提出量刑从宽的建议或作出不起诉决定，法院也可以从宽处罚被告人。从此可见，刑事和解也是一种交易，只不过这种交易的主体是犯罪嫌疑人和被害人，检察官和法官只能从案情出发，从中斡旋。但是实践中，刑事和解制度却遭受冷落。主要原因有三：其一，该制度限制过多，适用范围过窄②，而且在实务中，对“民间纠纷”的理解不一；其二，需要检察官和法官大量时间去调解，实践中，只有极少数案件是双方当事人自己协商好后，请求检察官或法官从宽，一般都需要检察官和法官做大量的说理释法工作，这比通过正常程序办理这类案件投入更多精力，耗费更多时间，因此，在实践中，检察官也不愿意去调解；其三，和解的主导是双方当事人，检察官和法官在和解中只充当主持人，主动权和自由裁量权很小。因此，刑事和解制度

① 参见孙长永：《珍视正当程序，拒绝辩诉交易》，载《政法论坛》2002年第6期。

② 《刑事诉讼法》第277条第1款规定了可以和解的案件范围：因民间纠纷引起，涉嫌刑法分则第四章、第五章规定的犯罪案件，可能判处3年有期徒刑以下刑罚的；除渎职犯罪以外的可能判处7年有期徒刑以下刑罚的过失犯罪案件。

在提高司法效率，解决诉讼膨胀问题上作用较小。

最后，当前的司法现状需要引入认罪量刑协商制度。笔者所在检察院近4年公诉案件受理数为2013年受理356件510人、2014年受理417件558人、2015年受理447件659人、2016年1~11月受理516件736人，犯罪率不断上升，刑事案件也逐年增加。面对有限的司法资源，案件积累越来越多，诉讼效率一直处于相对较低水平，不仅给司法机关造成困扰，使司法公信力受到质疑，久拖不决，也会给犯罪嫌疑人、被告人带来巨大的诉讼负担，使被害人不能及时获得精神安慰和经济上的补偿。因此，引入诉辩交易制度，既可以简化刑事诉讼程序，提高诉讼效率，还能促使犯罪嫌疑人改过自新，使被害人在精神上和经济上得到补救和保障。

（二）构建认罪量刑协商的实践困惑

一是量刑的程度和幅度的把握不明确。从目前的法律和司法解释看，并没有明确规定从轻或减轻的量刑幅度，例如，最高人民法院《关于适用〈中华人民共和国刑事诉讼法〉的解释》第505条中，除规定人民法院应当对达成和解协议的案件予以从轻处罚外，还指出对符合非监禁刑适用条件的应当适用监禁刑，对于判处法定最低刑仍然过重的可以减轻处罚，对于综合全案认为犯罪情节轻微不需要判处刑罚的可以免除刑事处罚。只有从轻处罚这一量刑幅度较好掌握，其他量刑幅度如何把握，在2010年出台后未修改的《人民法院量刑指导意见（试行）》里尚未明确指导性意见。

二是量刑建议提出或采纳与否并不是必需的。即使是在刑事和解案件中，对于双方当事人达成的和解协议，侦查机关和检察机关是“可以”而不是“应当”提出从宽处理建议，审判机关并不是“应当”对被告人从宽处罚。

三是起诉权、辩护权权力设置的出发点不同，诉辩双方工作评价标准有差异。① 检察机关是代表国家行使提起公诉、支持公诉的权力，在法庭上其职责在于证明犯罪嫌疑人有罪及罪轻罪重；外界对检方的评价在于能否顺利完成国家交付的提起公诉、支持公诉的任务，这点在各种考评和报告中的有罪判决率、无罪率等指标的设置和提法得以证实。而辩护方行使的是证明当事人无罪或者罪轻的辩护权。外界尤其是被告人及其家属对辩护律师水平和能力高低的评价点在于是否能够找出案件漏洞或程序错误之处，是否能为被告人最大程度

---

① 参见刘莉芬、郑剑：《论“审判为中心”视角下和谐诉辩关系的构建》，载《以审判为中心与审判工作发展——第十一届国家高级检察官论坛论文集》（2015年）。

的减轻处罚，能否争取被告人被判无罪。在利益的驱动下，一些辩护律师无视案件证据和客观情况，一味追求庭审效果最大化，甚至不惜“死磕”到底。

四是配套制度的缺失。虽然我国近年来加大对律师执业保障以及犯罪嫌疑人权益保障，但并不是每个犯罪嫌疑人都会聘请律师，而构建认罪量刑协商制度的前提是辩护律师的参与，因此，辩护律师制度的缺失制约着认罪量刑协商制度的发展。另外，缺少证据开示制度，控辩双方对证据的不透明，尤其是控方具有掌握证据的天然优势，使得控辩双方，尤其是辩方不能为犯罪嫌疑人或被告人提供较为准确的诉讼成败分析，也使得控辩双方间缺乏信任，而协商是建立在互惠互信的前提之上的。

三、中国式认罪量刑协商制度基本架构设想

中国式的认罪量刑协商制度，应该是检察官和辩护律师在审查起诉阶段，对犯罪情节轻微，事实清楚的案件或者疑难复杂，取证困难等重刑案件，双方围绕犯罪嫌疑人作认罪答辩，检察官向法院做出从宽处罚建议进行磋商的制度。

（一）认罪量刑协商制度的主体

我国的刑事诉讼是职权主义模式，检方在诉讼地位和证据采集和掌控上较犯罪嫌疑人或被告人方更具优势。这几年，冤假错案的发生，也促使立法者反思，开始注重被告人诉讼权益保护，《刑事诉讼法》的修改和十八届四中全会提出的“以审判为中心”的诉讼制度改革，都是围绕提高被告人诉讼权益及诉讼地位，法官居中裁判进行的，因此，构建我国认罪量刑协商制度，应以检察官和辩护律师作为主体，法官居中判决审查协商效力更为合理。法官不参与协商，一来确保其裁判的公正性、客观性；二来通过审查协商的自愿性、合法性，保障被告人诉讼权利正确行使；三来可以通过公开审查监督检察官在审查案件和启动认罪量刑协商制度程序的合法性。与检察官协商的对象是辩护律师而不是犯罪嫌疑人、被告人主要是从保障被告人权益方面考虑，律师能运用其专业知识，在对双方证据分析比对后，向被告人剖析诉讼胜败，给予他们客观理性的建议。

（二）认罪量刑协商制度的启动程序

在美国，诉辩交易中，检察官掌握着主导权，由检察官视案件情况启动交易。但是，如果犯罪嫌疑人主动向检察官认罪，那检察官是否主动向法庭提出从宽量刑建议呢？协商是双方自主意志的体现，检察官既然可以提出协商，犯

罪嫌疑人应当也可以提出协商请求。而且这也符合“坦白从宽”的法治精神，鼓励犯罪嫌疑人、被告人正视错误，悔过自新。

（三）认罪量刑协商制度的适用范围

在美国，诉辩交易的适用没有限制，任何类型的案件都可以适用。世界其他国家在引入诉辩交易时，多多少少都对其适用范围做了限制。限制的目的在于诉辩交易给予检察官过大的自由裁量权，而对其监督又极为有限，容易滋生司法腐败。我国在构建认罪量刑协商制度时也应该对适用范围予以限制，但又不能限定太窄，否则会失去其活力。鉴于刑事和解制度的司法现状和通过走访一些公诉检察官，认为适用范围应定在两类案件：一是案件情节轻微，社会危害不大，可能判处 3 年以下有期徒刑，犯罪嫌疑人、被告人真诚悔罪的案件；二是案件复杂、涉及面广、调查取证困难、社会影响重大的逃税漏税、毒品犯罪、破坏生态环境、贪污受贿等方面犯罪，犯罪嫌疑人、被告人真诚悔罪的。对于较轻的刑事犯罪，由于社会危害性不大，犯罪嫌疑人、被告人真诚悔罪，“宽严相济”的立法精神，应该给予其从宽处罚。而第二类的犯罪涉及面广、社会影响重大，由于取证困难等因素致使这类犯罪容易出现久拖不决，严重影响社会稳定，因此，对于这类案件更需要进行协商。

（四）认罪量刑协商制度的量刑幅度

量刑标准的明确不仅有利于司法实务操作，也有利于限制检察官自由裁量权的行使。而我国在从宽从轻处罚中，对量刑的标准并不明确、统一，这导致实务操作中容易出现偏差，严重影响司法公信。为此，可以借鉴意大利的辩诉交易程序对于量刑的一些限制：限定最高减刑幅度为法定刑的 1/3。① 根据我国的司法实践，建议最高减刑幅度为法定刑的 1/4 或 1/5 为限。

（五）认罪量刑协商制度中检察官权力制衡

任何制度都要有边界，有制约，否则在利益驱动下，容易滋生腐败。认罪量刑协商制度给予了检察官较大的自由裁量空间，除了在制度本身加以制约外，还需要一些检察内部机制加以制约，这种制约本身既是对检察官职权的限制，更多是对检察官身份的一种保护。对检察官的制衡应该体现在司法办案责任制上。首先，司法办案责任制中“谁办案谁负责、谁决定谁负责”的目标以及“坚持突出检察官办案主体地位与加强监督制约相结合；坚持权责明晰，

① 参见汪涵：《辩诉交易制度研究》，复旦大学 2012 年硕士学位论文。

权责相当；坚持主观过错与客观行为相一致，责任与处罚相适应”① 的原则要求检察官必须对所办理案件终身负责，做到了自由裁量与制约的统一；其次，在司法责任制中科学界定了内部司法办案权限，对各位检察人员的职责进行了权限限制，明确了各自职责范围，也是在检察官行使认罪量刑协商中的一种制约。

（六）认罪量刑协商制度中的配套制度

从美国的诉辩交易运行来看，除了诉辩交易制度本身，还需要一些完善的司法制度，例如，证据开示制度、辩护制度。而这些制度在我国都还尚未建立或完全建立。在此情形下，推行认罪量刑协商制度，一方面着手研究建立证据开示制度，完善辩护制度；另一方面可以先行在实践中推行诉前会议制度，控辩双方在诉前将掌握的证据向对方展示。会议过程应当记录在案，在起诉时随案移送法院。与此同时，应当建立律师评价机制。以笔者所在检察院为例，2016 年 1 ~ 11 月，在审查起诉环节共听取辩护律师意见 57 次，辩护意见都是作无罪答辩。显然，控辩双方间的信任度是极低的，在利益的驱动下，辩护律师也没能客观评价案件。律师不仅是当事人的律师，更是法律的守护者。建立律师评价制度，并将评价纳入职业年审中，不仅有助于提高律师职业水平，也有助于律师忠实信仰、忠实法律。

---

① 最高人民检察院《关于完善人民检察院司法责任制的若干意见》（2015 年 9 月 25 日）。

［问题研讨］

刑事交付执行及检察监督问题研究

◎王大春 [*]　余拥军 [**]　吴文星 [***]

内容摘要：刑事交付执行作为刑事判决、裁定、决定等司法行为与刑事执行行为的重要连接点，其执行规范与否直接影响人民群众对司法公正的评价，但此问题一直未能引起理论界和实务界的高度重视。从目前来看，刑事交付执行及检察监督存在诸如法律体系庞杂混乱，规则操作性不强；参与交付执行的机关众多，职能重叠，信息交流不畅；交付执行不规范，程序性制约机制缺乏；监督细则匮乏，手段陈旧落后，人员队伍素质不强等。建议统一立法，建立规范的刑事执行法律体系；统一刑事交付执行机构和程序，便于检察监督管理；强化刑事交付执行检察监督，明确监管职责；强化科技创新，提升刑事交付执行及检察监督的法律效率。

关键词：刑事交付执行；刑事执行；检察监督

2015年1月30日，中央批准最高人民检察院成立刑事执行检察厅，此举标志随着司法改革不断深入，传统的监所检察监督模式开始向刑事执行全面检察监督方式转变。由于法律、法规不完善，衔接配套措施不到位，司法人员认识不足等原因，当前各方对刑事执行活动的特点、规律研究远远落后于司法实践，特别是对刑事交付执行的认识仍然较为粗浅。从法理上看，刑事执行是司法机关依据《刑事诉讼法》将刑罚判决、裁定和决定等司法行为①落实的过

* 广西壮族自治区北海市人民检察院检察长。

** 广西壮族自治区北海市人民检察院检察委员会委员、法律政策研究室主任。

*** 广西壮族自治区北海市银海区人民检察院助理检察员。

① 通常认为，司法行为是司法机关从事司法活动时依法作出的法律职务行为。狭义的司法行为，在西方一般指法院的司法裁判，在我国也指法院、检察院依法作出的职务行为；广义的司法行为，在我国则指国家机关依据《刑事诉讼法》在行使刑事诉讼职务活动中所作的职务行为，既包括法院、检察院，也包括公安、司法机关依法作出的职权行为，本文所指的司法行为均为广义，司法机关和司法活动亦与此同。

程，让“纸上的法”变成“现实中的法”，实现社会公正的根本途径。刑事交付执行则是对刑罚判决、裁定、决定等司法行为交付执行的过程，如果交付依法严谨顺畅，将会进一步增进人民群众对司法的敬畏与信仰；反之，如因交付不当、违法交付造成罪犯脱管、漏管或产生冤假错案，则使司法公信力受损，严重影响社会政治稳定。

一、“刑事交付执行”之概念界定

2015年以前，“刑事交付执行”这一提法并不常见，司法研究成果也甚为寥寥。无论是《刑事诉讼法》，还是最高人民法院和最高人民检察院（以下简称“两高”）制定的司法解释，对“刑事交付执行”均未做专门规定，更多地是将其行为和表征单独分散在法律和司法解释的各章节中，以列举的方式加以规范。由此可推定，“刑事交付执行”并非严格意义上的法律专业术语，而是由一类法律行为或一系列刑事诉讼活动组合而成的司法行为。

此前，有权威学者认为，刑事执行即刑罚执行①。在相当长一段时间内，这一理念一直指导着我国刑事执行工作。体现在司法实践中，便是从最高人民检察院到最基层的县（县级市、市辖区）人民检察院，均以设置监所检察部门作为检察机关履行刑罚执行监督的职能部门，对刑罚执行以外的其他刑事执行活动则未予以足够重视。近年来，随着依法治国的深入推进，检察院作为我国《宪法》规定的法律监督机关②，依法对全部司法活动进行法律监督的理念已深入人心。对此，有学者提出：“刑事执行，就是指国家机关运用国家强制力将刑事判决、裁定、决定等生效法律文书付诸实现的活动。”③ 率先将法院刑事判决、裁定与检察院、公安等其他司法机关所做出的司法决定一并纳入刑事执行进行研究，打破了长期以来以刑罚执行代替刑事执行的片面认识和惯性思维，这一刑事创新理念迅速得到国家有关部门的高度认同，并上升为立法机关的工作指导思想。2014年12月，中央编办同意最高人民检察院监所检察厅

① 参见力康泰、韩玉胜：《刑事执行法学原理》，中国人民大学出版社1998年版，第3页。

② 《中华人民共和国宪法》（1982年12月4日第五届全国人民代表大会第五次会议通过，1982年12月4日全国人民代表大会公告公布施行）第129条规定：“中华人民共和国人民检察院是国家的法律监督机关。”

③ 袁其国、尚爱国：《试论刑事执行检察理论体系之构建》，载《河南社会科学》2015年第7期。

更名为刑事执行检察厅。2015 年 1 月，全国人大常委会授权最高人民检察院对刑事执行活动实施全面法律监督，具体范围包括“刑罚执行、刑事强制措施执行、强制医疗执行”等三项司法活动。同理，刑事交付执行也应包括上述三项司法活动的交付。

以往，学者大多认为：刑事交付执行是指刑事判决、裁定生效后，人民法院及时将交付执行法律文书送达看守所；公安机关在一个月内将罪犯交付监狱执行，或者留看守所、拘役所服刑，或者在监外执行缓刑、暂予监外执行；监狱依法将罪犯收监执行刑罚的一种刑事诉讼活动。① 这一观点直接采取列举法将刑事交付执行表述为刑罚交付执行，不但与当前最新刑事理念发展不符，也与立法和司法实践发展趋势相左。退一步看，单以刑罚交付执行而论，其表述也是十分粗糙，如对当下广受关注的“财产刑交付执行”问题就未给予足够关注，长此混淆不清势必影响司法实践发展。为了克服此弊，有学者提出：刑事交付执行应是对生效判决、裁定、决定的明示，是重要的诉讼活动之一。② 此定义虽符合当下最新刑事理念，但太过简单和笼统抽象，需要进一步完善。

本文认为，所谓刑事交付执行，即指刑事交付机关依据法律、法规、司法解释和其他具有法律效力的司法规范性文件，将生效的法律文书所确定的内容交付给刑事执行机关执行的一种司法活动。这一定义汲取了当前学界和司法各界广泛认同的观点，也符合全国人大常委会和最高人民检察院的立法和司法实践，同时也为未来立法和司法发展预留了合理空间。依据国家机关职能法定原则，本定义中的“刑事交付机关”和“刑事执行机关”必须是法律法规授权的国家机关。所谓“生效的法律文书所确定的内容”，应当既包括刑罚执行，也包括刑事强制措施执行、强制医疗执行等所有刑事执行活动。对于刑事交付执行的属性，由于目前尚未有专业权威的提法，且其既不是依法作出判决、裁定、决定的司法行为，也不是单纯的刑事执行行为，而是交付机关与执行机关交付任务的一个简短的过程。为了便于研究，本文将其作模型化处理，视为交付与执行之间的一个司法连接点。把握了刑事交付执行的这些特点和属性，就

---

① 参见杨光华：《刑罚交付执行活动中的问题与对策》，载《人民检察》2009 年第 6 期。

② 参见姜广乐：《刑事交付执行检察监督机制的构建》，载《人民检察》2015 年第 17 期。

可以更深入了解和挖掘其司法活动规律，凸显研究价值。

二、参与刑事交付执行的机关及检察监督

刑事交付执行能否依法顺畅实施，除了负有刑事交付职责的一方必须依法交付外，承担刑事执行任务的一方也应依法接收。为防止交付执行时发生扯皮和矛盾，必须着力解决好两个问题：一是准确界定刑事交付机关与刑事执行机关；二是当两者之中任何一方怠于履行职责或发生行为违法时，检察机关必须依法迅速督促纠正，修复司法公信力。

（一）刑事交付机关

首先，从刑罚执行看，人民法院依法享有刑事裁判权，是刑罚判决、裁定作出的唯一法定主体，也是工作量最大、最重要的刑事交付机关。其次，从刑事强制措施执行看，根据《刑事诉讼法》，公检法三机关均具有拘传、取保候审、监视居住决定权，公安机关和检察机关具有刑事拘留决定权，法院可以行使司法拘留决定权，检察院和法院具有逮捕决定权，国家安全机关、海关缉私警察、监狱和军队保卫部门在行使刑事侦查权时也具有与公安机关同等权力。因此，上述各机关均可成为刑事强制措施的交付机关。最后，从强制医疗执行看，法院是强制医疗唯一的交付机关。

综上可知，公检法三机关以及国家安全机关、海关缉私警察、监狱和军队保卫部门在不同的刑事诉讼环节均可成为刑事交付机关。

（二）刑事执行机关

根据《刑事诉讼法》，公检法司四机关在不同的刑事诉讼阶段均有刑事执行权，只是内容和形式不同而已。

1. 刑罚执行。依据《刑事诉讼法》、《监狱法》和《社区矫正法》等法律规定，法院是死刑立即执行、罚金、没收财产刑的执行机关；监狱负责死刑缓期两年执行、无期徒刑、有期徒刑的执行；司法行政部门负责管制、缓刑、假释、暂予监外执行等刑罚措施执行并对其实施社区矫正；公安机关包括看守所负责拘役、判处剥夺政治权利、驱逐出境等刑罚的执行，通常情况下看守所还负责余刑 3 个月以下有期徒刑的执行，以及刑事拘留、逮捕两种刑事强制措施的执行；少年犯管教所负责未成年人犯罪的刑罚执行。

2. 刑事强制措施执行。拘留、逮捕、监视居住（含指定居所监视居住）、取保候审等强制措施依法只能由公安机关执行。拘传则是公检法三机关均可决定，同时又是具体执行者，融交付和执行于一体。

3. 强制医疗执行，依法只能由强制医疗机构负责实施。

(三) 刑事交付执行及检察监督的法律渊源

大致可分为三类：一是法律、行政法规，如全国人大及其常委会制定的《刑法》、《刑事诉讼法》、《监狱法》等法律和国务院制定的《看守所条例》等行政法规。二是司法解释和部门规章，如“两高”制定的司法解释，以及“两高”联合公安部、司法部制定的《社区矫正实施办法》，公安部制定的《看守所条例实施办法》、《看守所留所执行刑罚罪犯管理办法》等部门规章。三是司法规范性文件，主要是“两高”、公安部、司法部等机关单独或联合发布的通知、规定等内部规范性法律文件，如《关于判处死刑、死缓、无期徒刑、有期徒刑、拘役的罪犯交付执行问题的通知》、《关于严格依法及时交付罪犯执行刑罚问题的通知》、《关于被判刑劳改的罪犯在交付执行时应附送结案登记表，在执行期间的变动情况应通知有关单位的通知》、《关于强制外国人出境的执行办法的规定》、《人民检察院强制医疗执行检察办法（试行）》等。以上三类既是规范刑事交付执行的法律依据和基本规则，也是检察监督的重要依据。作为国家法律监督机关，检察监督的法律渊源还包括《宪法》，这使得检察监督权威更加凸显，责任更加明确，地位更加重要，必须坚决认真履行。

三、刑事交付执行及检察监督存在的突出问题

从法律规范的角度看，影响刑事交付执行规范运行因素，既有法律规范本身的内在冲突，也有执法人员解读适用法律引起的认知冲突。

(一) 法律体系庞杂混乱，规则操作性不强

刑事交付执行法律体系混乱，既有程序法的原因，也有实体法的原因。对于程序法冲突，可按《立法法》规则进行处理，对于实体法冲突则在短期内无法消除。如看守所作为刑事交付执行最频繁、最重要的场所之一，每天都要进行收监、出所、提审、换押等工作，但执法依据发展却相对滞后。1979 年 7 月 1 日，我国首部《刑事诉讼法》在全国人大通过后，国务院即于 1990 年 3 月制定了《看守所条例》。次年，公安部亦颁布了《看守所条例实施办法》(试行)。后来《刑事诉讼法》又先后经历 1996 年和 2012 年两次重大修改，无论是立法思想，还是司法实践均有重大突破，但《看守所条例》和公安部的《看守所条例实施办法》却迟迟未改。2009 年，云南发生“躲猫猫”事件，随后又频繁曝光“冲凉死”、“喝水死”、“睡梦死”等在押人员非正常死亡事件。为此，连续多年均有全国人大代表和政协委员在“两会”上提出议

案，指《看守所条例》已过时，建议全国人大常委会立法①。但该法规至今未改，继续使用“人犯”等早已过时的法律术语，这一现状使其与其他法律法规之间难以衔接。对于看所守的检察监督，虽然2008年3月23日最高人民检察院发布了《人民检察院看守所检察办法》（高检发监字〔2008〕1号）的司法解释，后又与公安部在2010年10月19日联合发布了《关于人民检察院对看守所实施法律监督若干问题的意见》（公通字〔2010〕55号）的法律规范性文件进行补充完善，但由于其法律渊源层级不高、权威性不强、系统性不全，使检察监督依然困难重重。

此外，2012年《刑事诉讼法》修改后，对新增的指定居所监视居住、强制医疗等司法行为如何交付执行和进行法律监督亦无实施细则。又如，法院财产刑的判决执行问题，虽引起了“两高”和地方各级司法机关的高度重视，但对如何交付执行以及不依法交付执行的机关和承办人员应承担何种法律责任，也因缺乏具体法律法规和可操作的实施细则，使检察监督难以全面有效跟进。目前，有的地方在依据司法惯例进行探索，有的地方因人少事繁怠于执行，有的则因认识不足仍停于纸面，这些不正常现象严重影响了司法权威。

（二）参与交付执行的机关众多，职能重叠，信息交流不畅

目前，公检法司各机关和国家安全机关、海关缉私警察、监狱、军队保卫部门以及强制医疗机构均在不同诉讼环节参与刑事交付执行，却没有一部统一的法律规范，使刑事交付执行难于规范。对刑事交付执行检察监督而言，更大的难点还是机关职能重叠、同一机关同体交付、推诿扯皮、不依法办事等行为难以发现。面对各个交付执行机关每天产生的海量案件，如交付执行机关不主动向检察机关报告，单靠派驻检察室被动发现和监督，越来越难适应形势任务发展。以下略举两例：

1. 对刑事强制措施执行的问题。以拘传为例，公检法三机关均有权决定并执行，《人民检察院刑事诉讼规则（试行）》明确指出“两次拘传间隔的时间一般不得少于十二小时”，但公安部和最高人民法院出台的相关规则仅规定“不得以连续拘传的方式变相拘禁犯罪嫌疑人”。至于何为“连续拘传”、每次拘传后间隔多少时间才不是“连续拘传”并无明确规定，特别是面对执法人员的不当行为，刑事执行相对人如何寻求法律救济，也缺乏具体可操作的细则

① 参见正义网报道，网址：http：//www.jcrb.com/zhuanti/szzt/2011lh/yuqing/jujiao/201103/t20110310_ 509820.html。

规定。由于拘传使用条件起点低、时间短，又无备案规定，检察监督根本难以顾及，即使开展监督也无从下手。对于取保候审与监视居住问题，特别是对指定居所监视居住的交付执行问题同样存在规定不明、执行相对人缺乏司法救济操作细则、检察监督难以发现和及时介入等问题。

2. 对财产刑的执行问题。一是职能不明。法律规定财产刑由法院内设机构执行，但具体由法院哪个内设机构执行并无明确规定。实践中，有的法院规定由刑庭执行，有的法院实行审执分离，财产刑移送执行局执行，有的是审判监督庭执行。① 各地法院执行机构职能不统一现象在全国较为普遍，使检察机关统一监督的难度非常大。再加之法院刑事案件数量大、任务繁重，刑庭判决案件积压、久拖不交付执行等问题比较普遍，一些刑事案件经常出现主刑执行完毕财产刑仍未执行的情况。二是信息交流不畅。除了法律法规缺乏规定和实施细则外，还存在有关部门不向检察机关抄送交付执行信息，交付机关和执行机关之间信息无法共享、沟通协调方式原始落后等问题。目前，交付执行仍以传统的法律文书寄送和快递、电话联系、传真等方式进行送达，文书传递错误、寄送延迟等问题时有发生。一旦问题发生后，交付执行双方往往并不是以积极协调沟通的态度妥善解决，而是以执行各自上级主管部门规范性文件为由推诿、扯皮，如此极易发生罪犯脱管、漏管等现象，同时也严重伤及国家司法公信力。

（三）交付执行不规范，程序性制约机制缺乏

交付执行不规范主要体现在法律文书错误和交付迟延。法律文书错误一般指司法人员工作马虎，错记或漏记事项。如某市曾有刑满释放人员 A 于外地主刑执行完毕后，回当地公安机关交付执行剥夺政治权利的附加刑并办理入户手续，但因寄回的判决书中记载的身份证有误，无法在当地公安系统录入，致使附加刑无法备案登记，入户手续也无法办理，发生脱管、漏管问题，直至执行相对人反映至检察机关，经长时间持续监督协调才妥善解决。接到执行相对人问题反映后，本案执行机关完全可依法协调告之交付机关裁定补正司法文书，但因双方职责不明，执行方怠于告之交付方，交付方消极履责，两个机关扯皮耗费了当事人大量的时间和精力，严重伤害了司法公信力。然而由于该事件并未造成严重后果，即使检察机关介入也只能协调而难于追责，此中损耗的

---

① 参见李自民、王晓景：《关于财产刑执行检察监督工作的思考》，载《河南社会科学》第 7 期。

司法精力更是无从计算。交付迟延主要体现在执行机关对生效的法律文书和刑事执行标的交付履行迟延，其原因主要是现有法律对刑事交付执行的程序性事项规定不够严谨。如哪些法律文书需要交付、具体事项如何交付、交付的时限要求，以及拒不交付的法律责任等均未明确。上述问题之所以发生，皆缘于刑事交付执行缺乏程序性制约机制，即使检察机关发现了问题，也难以依法追究责任。

（四）监督细则匮乏，手段陈旧落后，人员队伍素质不强

从法律渊源看，《宪法》、《人民检察院组织法》明确了检察机关的法律监督职能，《刑事诉讼法》对各诉讼环节检察监督均有规定，但与当前刑事交付执行的快速发展相比，操作性仍比较原则。目前，仅有最高人民检察院通过《人民检察院刑事诉讼规则（试行）》和《人民检察院监狱检察办法》等少数司法解释进行了细化，远远无法满足实际需要。实践中，司法各方为改变规则匮乏的被动局面，制定下发了大量的规范性法律文件，这些文件在指导工作和细化法律适用上成效明显，但也有少数条文游走在法律的边缘或空白处，客观上起到了创设新法的作用。从维护法律权威，依法规范检察监督的角度看，上述问题应引起高度重视。

从检察监督手段看，运用现代科技信息提升监督能力不足。刑事执行检察监督职能扩大后，如何解决交付机关、执行机关和检察机关之间对刑事执行标的、内容，以及交付执行信息资源无法共享、同体交付难于发现、交付机关与执行机关信息报送不及时等问题；从海量的交付执行信息中全面及时准确发现问题，将所有监督事项全部纳入有效监督，确非易事。必须运用大数据分析和人工智能等现代最新科技手段，否则，检察监督只能是句空话。

从人员队伍素质看，也存在不少问题。一是思想保守，意识陈旧。目前，不少检察人员尚未建立对刑事执行活动实施全面法律监督的意识，对刑事交付执行法律监督关注不够，思路不宽，思想陈旧，仍停在原监所检察的老路子，“旧瓶装新酒”、“换汤不换药”等问题均不同程度存在。二是交付执行法律监督业务量巨大，人员数量相对不足，工作不堪重负。三是监督能力缺乏，敬业精神不强。少数检察人员执法能力弱，对刑事交付执行有关法律、司法解释和规范性法律文件学习理解不深不透，发现不了问题；有的工作态度消极，精神状态不佳，“等靠”思想严重，即使发现问题也视而不见，缺乏主动作为思想。

四、完善刑事交付执行的对策与建议

（一）统一立法，建立规范的刑事执行法律体系

当前，我国对刑事执行司法活动的调整规范主要是《刑事诉讼法》和其他相关法律，规范的方式采取法律主要管框架和方向性事项，制定预留的发展空间较大，同时以不断制定司法解释和行政规章进行补充和逐步完善。这一做法对于我国国情复杂、地域宽广、经济发展较快等局面而言，有其合理性，但由于法律缺乏整体统一规划，也会常常导致各刑事执行主体政出多门、规章制度相互冲突，问题发生后交付执行机关推诿扯皮，使执行相对人迟迟无法寻找司法救济途径，严重损害司法公信力，已广为社会诟病。20 世纪 90 年代，已有学者呼吁制定一部统一的刑事执行法①。对于未来刑事执行法的地位和作用，有学者认为，刑事执行法应是刑事法律体系中一个重要部分，可与《刑法》、《刑事诉讼法》鼎足而立②。据该思路，可双管齐下分别探索。其一，合并立法，将检察监督融入刑罚执行、刑事强制措施执行和强制医疗执行等刑事执行司法活动的每一个环节和步骤，进行统一规范调整，统称《刑事执行法》。其二，分别制定《刑事执行法》和《刑事执行监督法》，对刑事执行检察监督进行专门规范。但无论采取何种立法方式，都必须明确交付机关与执行机关职责、交付执行的标的和内容、违法行为的法律责任，以及检察监督的职责、介入方式和介入时机等内容，依法调整刑事执行及其交付过程中产生的各种法律关系。如当前尚不具备统一制定刑事执行法的条件，也可以根据形势任务发展先制定立法规划，一旦时机条件成熟立即启动立法程序。

（二）统一刑事交付执行机构和程序，便于检察监督管理

长期以来，我国一直实行执行主体多元化、审执不分的刑事执行体制，前文已论及我国法院、检察院、公安机关、司法行政机关和海关缉私警察、监狱、军队保卫部门等均可成为刑事交付主体和执行的主体。党的十八届四中全会通过的《中共中央关于全面推进依法治国若干重大问题的决定》（以下简称《决定》）提出了“优化司法职权配置，健全公安机关、检察机关、审判机关、

① 参见力康泰、韩玉胜：《刑事执行法学原理》，中国人民大学出版社 1998 年版，第 7 页。

② 参见徐静村：《〈刑事执行法〉立法刍议》，载《昆明理工大学学报（社会科学版）》2010 年第 1 期。

司法行政机关各司其职，侦查权、检察权、审判权、执行权相互配合、相互制约的体制机制”，司法体制改革的目标方向已明确。目前，中央已决定成立国家监察委员会，确定将检察院的“反贪局、反渎职侵权局”和“职务犯罪预防局”整体转隶即将成立的国家监察委员会，检察院的法律监督职能将更加凸显。根据中央要求和我国未来司法体制改革发展趋势，应将司法行政机关确定为统一的刑事执行机构，公安机关作为国家刑事侦查机关，法院作为审判机关，应剥离其刑事执行职能，实现司法的科学合理分工。具体做法：一是将看守所、拘役所的管理职能统一划归司法行政部门，实现中立管理；对强制医疗可实行医疗卫生机构与司法行政机构双层管理，以司法行政机关管理为主，医疗卫生部门负责业务领导，司法行政部门负责人员归口管理。二是实行审执分离，将财产刑和生效法律文书所确定的具有执行可能性的内容交由司法行政部门执行，如此既有利于刑事交付执行的统一衔接，明确权责分工，又便于检察机关法律监督。刑事执行主体规范统一后，应即着手制定统一、规范和完善的刑事执行交付程序，明确交付步骤、时限、要求、法律文书种类和法律责任，从制度和源头上杜绝交付执行不规范问题。同时，要注重简化交付流程，避免繁文缛节，提高司法效力。

（三）强化刑事交付执行检察监督，明确监管职责

作为国家法律监督机关，检察院应充分发挥法律监督职能，将刑事交付执行全面纳入监督范围，实现依法监督与专业监督相结合，杜绝冤假错案。一是要将包括拘留、逮捕、指定居所监视居住等具有限制人身自由的刑事强制措施交付执行纳入检察监督，加强羁押必要性审查；二是要加强对生效法律文书所确定的具有执行可能性内容的监督，确保刑事交付执行无遗漏，确保财产刑执行得到依法妥善解决；三是要进一步延伸检察监督触角，努力破除部门壁垒，在尚未对司法体制进行根本改革的情况下，将法院等部门的同体交付执行充分纳入检察监督视角，努力消除检察监督死角；四是要进一步加大对强制医疗交付执行的检察监督力度，依法维护执行相对人的合法权益。为提高刑事执行检察监督水平和质量，在检察机关内部也应采取三项有效措施：一是要加快队伍专业化建设，科学调配人员，建立高效专业的刑事执行检察监督机构；二是要进一步明确检察监督的职责和范围，做到依法履职、权责统一；三是要进一步加大财物投入力度，依靠人工智能、大数据分析等现代科技提升检察监督的质量与效能。同时，要加强对刑事执行及检察监督的法律研究，紧跟国家刑事政策发展和司法改革实践步伐，及时将新的刑事交付执行业务纳入检察监督范

围，依法及时发现问题并监督纠正，满足人民群众不断增长的司法需求，通过司法个案的办理努力提升人民群众对法治的信仰，坚决维护法律的公正权威。

（四）强化科技创新，提升刑事交付执行及检察监督的法律效率

当前，人工智能、大数据和物联网等科技信息迅猛发展，检察机关应紧跟时代步伐，充分运用现代科技创新成果提升法律监督效能，进一步增强执法公信力和公众社会满意度。以刑事交付执行为例，现在公检法司等机关均加大了经费投入，建立了各自的内部网络办案系统，信息化程度空前提高。但各司法机关之间除了国家规定的互联网信息公开外，仍缺乏互联互通，执法信息资源没有充分共享。各司法部门除了依据国家保密法要求对部分内容进行保密外，在互联网发展一日千里的当下，相互亟须的信息资源不能共享使用，不能不说是一种巨大的浪费，特别是对刑事执行检察监督而言，殊为可惜。

2016 年 3 月，谷歌制造的人工智能机器人“AlphaGO”首次以 4:1 大比分击败世界围棋顶级选手李世石①，震惊了整个世界。在极其复杂的围棋信息处理领域人工智能系统尚可达到如此高的水平，完全可以设想刑事交付执行也可以建立类似“网络巡逻”之类的信息智慧处理系统，对司法各部门提交的刑事交付执行办案信息进行巡回检查，实现检察监督的动态实时监管。为防止机器可能出现的差错和问题，同时也可以通过人工定期和不定期抽查、临检、核查等方式与智慧检察配合，对刑事交付执行的每一个具体行为进行效验，确保检察监督行为依法及时真实可靠。

为了加快实现刑事交付执行人工智能检察，首先，要建立横向互联互通机制，在严格遵守国家保密法的前提下，确保刑事执行机关和交付机关与检察机关的数据联网共享，及时发现交付与执行中存在的问题，着力解决检察监督的实时性与准确性。其次，要建立上下级检察系统信息互联互通机制，确保上下级检察机关之间层级监督无障碍，防止信息化失灵造成的工作失误和其他问题，及时消除监督死角和可能发生的安全隐患，进一步提升司法公信力。

---

① 参见《AlphaGO 挑落李世石震惊世人 经典之战永载史册》，网址：http://sports.sohu.com/20160315/n440517836.shtml。

多少检察官才算合适：从“纳什均衡”到“帕累托最优”

——基于A市3个基层检察院的模型测算与实证分析

◎蒋义红*　邓型军**

内容摘要：多少检察官才算合适，是本轮司法改革面临的一项无法回避和无法绕过的问题，也是目前大多数检察人员最关心的核心问题。为解决这一问题，依托科学严谨、全面翔实的数据分析，借鉴计量经济学与统计学的学科研究方法，通过构建检察官工作负荷模型测量检察官工作量，进而以此为基础确定检察官员额配置。建议在人口基数少，案件少的地方按照按“一名主任检察官+一名检察官助理（或者一名书记员）”；在案件数量多，人口基数大，当地经济社会发展较好的地方，按“一名主任检察官+一名检察官助理+一名书记员”或者按照“一名主任检察官+两名检察官助理”来配置。同时建议探索建立主任检察官流动办案机制，以达到“帕累托最优”。

关键词：检察官；员额制；编制；配置

多少检察官才算合适？抑或通过什么测算标准才能确定检察官的编制人数？什么比例的检察官数量才是平衡“人”与“案”之间关系的核心因素？这是本轮司法改革面临的一项无法回避和无法绕过的问题，也是目前大多数检察人员最关心的核心问题。对此，《关于深化检察改革的意见（2013—2017年工作规划）》（2015年修订）提出“建立检察官员额制度，合理确定检察官与其他人员的比例”。然而究竟如何确定检察官员额，目前还缺乏科学计算方法。在现有许多研究方法中，“纳什均衡”被普遍采用，但大部分都拘泥于定

* 广西壮族自治区桂林市人民检察院办公室副主任。

** 广西壮族自治区全州县人民检察院办公室主任。

性分析，或者注重于宏观上进行把握，没有在微观上进行对检察官员额产生影响的相关因素进行罗列，更加没有进行大而化之的测算和分析，缺乏实证的数据分析从而导致可操作性不强。有鉴于此，本文借鉴计量经济学与统计学的学科研究方法，选取A市3个基层检察院（为便于统计，增强客观性，我们按照经济发展情况和案件数量来进行收集样本，B为贫困县、C为中等县、D为城区院）为样本，通过构建检察官工作负荷模型测量检察官工作量，进而以此为基础确定检察官员额配置，达到“帕累托最优”。

一、检察官员额模型的初步建构及其检验

（一）检察官员额模型的初步建构

“只有充分的表述问题，才能有效地把问题转换为有用的计量经济模型。”① 所以在对检察官员额模型建构时，我们必须明确需要研究的核心问题是——检察官员额，为检察官员额选择解释变量。根据《检察官法》、《地方各级人民政府机构设置和编制管理条例》，在确定检察官员额时，我们要综合考虑如下因素：所在区域经济社会发展情况（X）、人口数量（R）、案件办理数量（Case Number，CN）、检察官工作量（Workload，WL）、办案保障条件（B）、检察辅助人员配置（S）这五项解释变量，从而形成关于检察官员额（Assessed Judge Need，AJN）的多变量回归分析模型：

f（AJN）=｛X，R，CN，WL，S，B｝

从检察官工作实际中提取工作任务、案件类型、任务频数、任务复杂性作为确定检察官工作量的解释变量。故而，设案件类型（Case Types）为CT，工作任务（Tasksand Activities）为TA，任务频数（Task Frequency）为TF，任务复杂性（Task Complexity）为TC，将检察官负荷模型通过函数形式表达即为：

f（WL）=（CT，TA，TF，TC）②

通过对上述四种变量的模型计算，将会得出某类案件的检察工作参考值，即案件权值。

① 仝冰：《宏观经济计量模型的新发展》，载《浙江社会科学》2009年第8期。

② Bańbura，Marta，，Domenico Giannone，Lucrezia Reichlin. Large Bayesian VARs. Working Paper Series966，European Central Bank . 2008.

（二）变量抽样及其多重共线性检验

我们是否有必要对上述五种解释变量加以区分，从而进行单独全面分析？不妨对此进行假设，这五种解释变量之间没有任何的相关性，也就是说即检察机关所在区域内的经济社会发展状况、人口数量等变量对检察官的员额确定应单独进行解释变量分析。但在司法实践中，案件的办理往往涉及政治、经济、法律现象等多个解释变量，这些解释变量之间大多都存在一定程度的相关性，且具有显著的影响。① 换句话来说，解释变量之间存在多重共线性。这些多重共线性因为经济社会发展，带来的资金、土地、人口聚集，使得发案数量变数较大，所以存在一定程度的相关性。“由于解释变量之间近似或严重的多重共线性会对因变量产生混合影响，进而掩盖每种解释变量的独立影响，从而使任何模型的预测精确性降低。”为避免上述建模缺陷，需要收集数据对变量的多重共线性予以验证。

上述五项解释变量中，案件数量、辖区内的人口数量、检察辅助人员配置这三项通过单一数据指标便可以知道，但辖区内的经济社会发展状况、检察官的工作总量、办案的保障条件并不具备单一数据指标，如辖区内的经济社会发展状况这一变量与当地的 GDP、城镇居民人均可支配收入、就业情况、财政投入、第三产业发展等诸多统计指标；检察官的工作总量与案件办理的难易程度、发案情况、上级交办案件的数量等诸多情况相关；办案保障条件遇办案车辆保障、技术设备保障、办案信息化程度、办案经费保障等诸多统计指标。应通过何种方式对这些变量进行数据抽样统计？我们在坚持必要性原则为前提的情况下，又要对可能性原则进行考虑。因此，本文选取最能体现“当地经济社会发展状况”作为变量影响的统计指标进行单独全面的分析，以下以 A 市 3 个基层院相关变量的数据样本为例②。

① 参见潘祖金：《主任检察官制度的实践探索》，载《人民检察》2013 年第 10 期。

② 数据来源于 A 市统计局、A 市统计年鉴等。

表 1　A 市 3 个基层院相关变量的数据样本

年份	基层院	地区生产总值（亿元）	人口数量（含外来人口）\ 万人	案件数量
2012 年	B 院	30.92	16.8	186 件 212 人
	C 院	129.36	81.2	314 件 368 人
	D 院	167.23	31.23	326 件 398 人
2013 年	B 院	32.56	17.22	196 件 235 人
	C 院	138.36	82.91	336 件 398 人
	D 院	170.86	32.35	356 件 421 人
2014 年	B 院	35.22	17.65	195 件 222 人
	C 院	142.65	83.22	344 件 389 人
	D 院	184.52	33.98	376 件 436 人
2015 年	B 院	44.56	17.93	206 件 242 人
	C 院	151.98	83.46	354 件 428 人
	D 院	189.65	34.23	361 件 413 人

通过上述数据分析，我们可以发现辖区状况（地区生产总值）、人口数量（含外来人口）、案件数量存在正相关关系。在司法实践中，也确实如此，经济社会发展比较快的地方，商业交易、企业发展、外来人员来往就非常多，由此产生的刑事犯罪概率就会增加，特别是传销、合同诈骗、非法经营等均与经济发展有关，而案件的增加，必然会增加检察官的工作量，一旦工作量超过原有检察官的最大负荷，必然会刺激产生增加检察官人数的办案需求。所以，辖区经济社会发展水平、人口数量（含外来人口）、案件数量与检察官工作量之间存在明显的正相关关系。

（三）员额制检察官工作量建模设想

1. 量化测算的假设条件一：检察官工作内容标准化之与辅助性工作相分离

检察工作是高度专业化和精细化的工作。“制约检察机关专业化发展的瓶颈在于内设机构过多，容易导致大量精力被行政事务所牵扯，难以实行以办案为中心。"① "建立主任检察官制度，促进分类管理和检察官职务体系的合理构。"② 要实现检察官工作内容标准化，必须与辅助性工作相分离。目前，我国检察官现担任工作中，还存在许多检察辅助工作和行政性事务，不属于检察权范畴，与检察官从事检察职能的规定相违背。所以，在检察工作流程中作为检察辅助性工作应当进行剥离（见表2）。

表2　检察工作流程表

工作流程	备注
受案	作为检察辅助性工作剥离
分案	作为检察辅助性工作剥离
向当事人送法律文书	作为检察辅助性工作剥离
审查证据材料	
讯问	部分可以作为辅助性工作进行剥离
取证	部分可以作为辅助性工作进行剥离
制作法律文书	案件审查报告、起诉书、逮捕文书由主任检察官完成，其他文书由检察官助理完成
出庭	公诉阶段
信访接待	作为检察辅助性工作剥离
其他临时、辅助性工作	作为检察辅助性工作剥离

检察官员额制度的建立实质上要求制度设计者以检察业务为中心，而机构设置的庞杂和臃肿无疑与这一制度的设计目的相违背。"以主任检察官办案组取代科层制，实现扁平化与专业化管理。"即以"检察官—主任检察官—检察长"为主线的权力载体和责任主体，将传统金字塔状的管理模式压缩成扁平状的管理模式，减少了管理层次、弱化了职能部门和机构，使案件决定权延至办案一线。③ 这就需要对现有的机构设置模式展开必要的反思和调整。主任检察官办案责任制的适用，实质上是试图通过人力优势的集中化和管理模式的扁

① 陈旭：《建立主任检察官制度的构想》，载《法学》2014年第2期。

② 龙宗智：《检察机关办案方式的适度司法化改革》，载《法学研究》2013年第1期。

③ 参见潘祖金：《主任检察官制度的实践探索》，载《人民检察》2013年第10期。

平化，实现对检察执法办案效率和质量的兼顾，这就是要主任检察官工作内容进行标准化管理（见表3）。主任检察官办案责任制在执法工作上所带来的“收益”，需以增加检察业务部门的人力资源成本为交换，这就要求改变现有的人员管理模式，以优化检察人力资源配置。

表3　检察官标准化工作内容

工作内容	备注
审查证据材料	
讯问	
取证	部分案件存在
制作法律文书	主要法律文书
出庭	存在阶段

2. 量化测算的假设条件二：检察工作量标准化之标准案件工作时间的确立

对检察官员额进行编制，首先要对检察工作量进行一个标准的测算。首先我们要澄清的是检察工作量并不是案件数量的多少，不同类型的案件存在办理难度不同，相同类型的案件也有不同的难度，其工作量必然也存在一定的差异。所以，要准确测量出某一类案件的工作量是不可能的，我们将某一类案件的工作时间参照一定标准进行统一的折算，目的是能相对准确地对检察工作量进行衡量。为此，我们采取了实证方法，选取了A市3个基层检察院56名检察官近3年办理的500件公诉案件进行统计测算，以达到一个均衡的数值，这个平均数作为该地区公诉主任检察官的检察工作量。我们选取的案件标准是结案后，正卷厚度不超过200页，不需要上检委会进行讨论，案件当事人不超过2人，不涉及外地取证、重新鉴定和二次出庭。

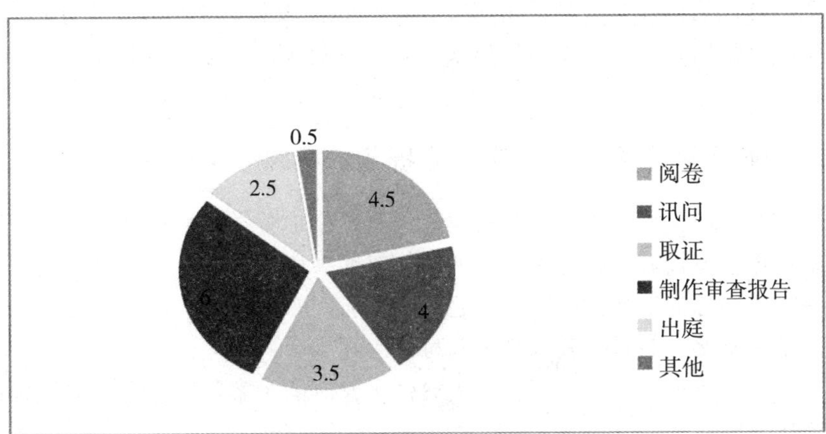

图 1　刑事个案平均耗时统计（单位：小时）

表 4　标准案件年可结案数

工作内容	所需时间（小时）	备注
阅卷	8.5	
讯问	4	
取证	3.5	包括在途时间，所有案件取平均值
制作法律文书	9	审查报告等主要法律文书
出庭	3	简易程序和普通程序平均值
其他	1.5	案件流程管理、接访等
合计	29.5	
年有效工作时间	1750	每天按照 7 小时，每年工作 250 天计算
标准案件年可结案数	59.3 件	

虽然不同地方的案件存在一定差异，填报的检察官由于办理案件的效率各有不同，所以，我们为提高真实性，对数据差异较大的检察官还采取了单独沟通，对其较大差异的原因进行了交谈，要求实事求是地认真填写，以免得到未经深思熟虑、草草了事的答卷，从而提升编制科学性。① 例如出庭，有些填报

① 参见中央编办一司：《加大政法专项编制内部挖潜保障政法机关依法履职需要》，载《中国机构改革与管理》2015 年第 12 期。

了5个小时，他说在市区经常堵车，在途时间比较长，来回要2个小时以上，我们将明显偏离常态的数据筛选出来，确保不把错误和偏差的数据带入数据分析中去。

二、时间都去哪了——实证分析范本中核心工作量的编制

通过对不同类型、不同难度的案件进行严格地分类，然后将同类案件计算出检察工作量，接着，将这类案件的工作时间乘以案件数量，得出该院办理这类案件需要的总的工作时间。根据这个工作时间来确定所需的检察官员额，即需要的主任检察官数量。其计算公式可以表述为：

某类案件所需检察官员额 = 该类案件工作时间 × 案件数量 ÷ 单位检察官年有效工作时间

下面，我们以基于A市3个基层检察院的公诉案件数据为例，进入编制检察官员额这一核心（见表5）。

表5　A市3个基层检察院2015年公诉案件各项检察指标统计

类别	结案数	所占比例
简易程序案件	421	35.77%
普通程序案件	526	44.68%
特殊程序案件（强制医疗、未成年人附条件不起诉）	9	0.76%
不起诉案件（未成年人附条件不起诉除外）	7	0.59%
疑难复杂案件	123	10.45%
合计	1177	100%

该基层检察院办理的公诉案件大部分是普通程序案件，占44.68%，也有一部分疑难复杂的案件，大约占10.45%，所以我们必须分类进行员额编制。具体编制如下：

（一）基于合理办案区间的测算

1. 办理简易程序案件需要的办案检察官

经过对G市的调查，简易程序所需要的时间表如下：（见表6）

表 6　办理简易程序案件标准时间

工作内容	所需时间（小时）	备注
审查证据材料	8	
讯问	3	
取证	4	包括在途时间，所有案件取平均值
制作法律文书	7.5	主要法律文书
出庭	1	
其他	1	
合计	24.5	
年有效工作时间	1750	每天按照 7 小时，每年 250 天计算
标准案件年可结案数	71.43 件	

办理简易程序案件需要的办案检察官我们可以用公式表述如下：

办理简易程序案件需要的办案检察官 = 办理简易程序案件标准时间 × 案件数量 ÷ 单位检察官年有效工作时间 = 15 × 421 ÷ 1750 = 5.89。

2. 办理普通程序案件需要的办案检察官

经过对 G 市的调查，普通程序所需要的时间表如下：（见表 7）

表 7　办理普通程序案件标准时间

工作内容	所需时间（小时）	备注
审查证据材料	12	
讯问	6	
取证	5	包括在途时间，所有案件取平均值
制作法律文书	11	主要法律文书
出庭	3	
其他	1.5	
合计	38.5	
年有效工作时间	1750	每天按照 7 小时，每年 250 天计算
标准案件年可结案数	45.45 件	

办理普通程序案件需要的办案检察官我们可以用公式表述如下：

办理普通程序案件需要的办案检察官 = 办理普通程序案件标准时间 × 案件数量 ÷ 单位检察官年有效工作时间 = 38.5 × 526 ÷ 1750 = 11.57

3. 办理特别程序、疑难复杂案件办案检察官

经过对 G 市的调查，特别程序、疑难复杂所需要的时间表如下：（见表 8）

表 8　办理特别程序、疑难复杂案件标准时间

工作内容	所需时间（小时）	备注
审查证据材料	22	
讯问	12	
取证（社会调查）	10	包括在途时间，所有案件取平均值
制作法律文书	29	主要法律文书
上检委会讨论	2	
出庭	11	
其他	1.5	
合计	87.5	
年有效工作时间	1750	每天按照 7 小时，每年 250 天计算
标准案件年可结案数	20 件	

同上面的公式，我们可以列式计算：

办理特别程序、疑难复杂案件需要的办案检察官 = 办理特别程序、疑难复杂案件标准时间 × 案件数量 ÷ 单位检察官年有效工作时间 = 87.5 × 9 ÷ 1750 = 0.45

4. 所需办案检察官的确定

所需总员额的确定 = 办理简易程序案件需要的员额 + 办理普通程序案件需要的员额 + 办理特别程序、疑难复杂案件员额 = 5.89 + 11.57 + 0.45 = 17.91；再按照 3 个检察院来分，每个院需要 5.97 人。

为确保有余量，满足案件不断增长的需要，同时不起诉案件不多，相对简单，没有计算员额。我们可以测算出每个院平均办理公诉案件需员额确定为 6 名办案检察官。

（二）检察官员额比例的测算

1. 实际办案数量测算

从A市3个基层检察院近3年检察官人均结案情况和基层检察院一线检察官人均结案情况来看，基层检察院检察官人均结案在50～60件左右，而一线检察官人均办案已达80件左右，甚至有个别检察官一年可结案100件以上，已远远超出检察官合理办案区间。

从静态上测算，一个检察院所需的办案检察官人数是由案件数量多少决定的。即检察官编制＝检察院案件总量÷检察官人均办案数量。对于我们举例研究的对象公诉部门来说，可以表述为“检察办案人员＝公诉案件总数量÷公诉案件工作量”。这是一种理想状态，因为实际的案件数量是在变化的，而且每年案件的复杂程度、难易程度都不一样。

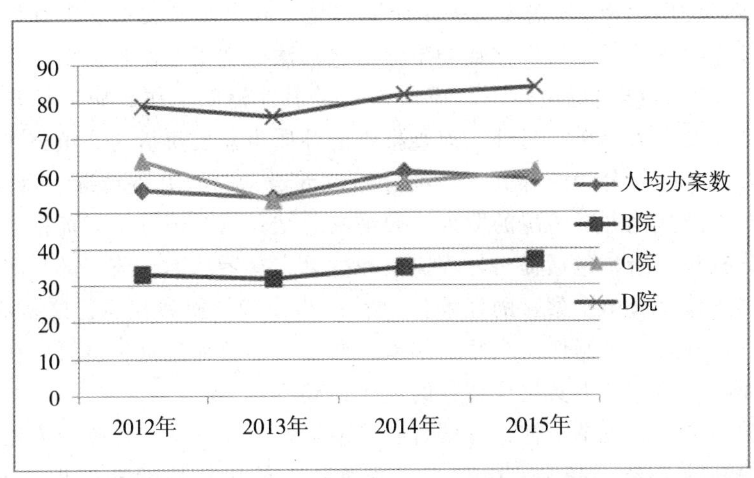

图2 近三年（2012～2014年）人均结案情况对比图

表9 B、C、D3个院人员结构表

基层院	政法编制	工勤编制	实有人数	临聘人员	公诉部门人员数	公诉部门办案人数
B院	39	0	36	4	4	4
C院	49	1	48	0	5	4
D院	53	2	51	5	6	4

根据以上测算每个院平均办理公诉案件员额确定为6名办案检察官。而目前均远远未达到该人数，所以，为了顺利结案，往往采用挂名办案的形式进

行，即没有办案资格的人员用有办案资格的人员名字进行办案现象突出。

2. 检察官助理剥离后测算

检察工作可分为检察业务工作和检察行政工作，其中业务工作又可以分为核心工作和辅助性工作。所谓核心工作，就是涉及检察权运行之决策、指挥等业务，如拟定诉讼策略、侦查计划、讯问（询问）提纲、出庭预案、提出处理决定或意见等，这些工作应当由检察官承担。对于辅助性工作，应当由检察官助理、书记员、司法警察和检察技术人员根据其自身职责分别承担。鉴于司法警察、检察技术人员的职责分工比较清晰，需要考察的是检察官助理和书记员之分工。[①] 主流观点认为，纯粹的事务性工作，如送达文书、装订卷宗、笔录记录、司法统计等应当由书记员承担，而需要法律专业知识和经验为支撑的智识性辅助工作，如接待律师及案件当事人，起草法律文书、审查报告等，应当由检察官助理承担。[②] 需要进一步研究的是，起草法律文书、审查报告到底是检察核心业务抑或是智识性辅助工作。检察法律文书有两种，对于填充式文本，如（不）批准逮捕决定书，应认为是智识性辅助工作；如果是非填充式文书，则需要具体分析。另外，审查报告的性质也需要辨析。非填充式法律文书和审查报告一般分为两部分：一部分是对诉讼参与人基本情况、诉讼程序、案件证据以及其他办案情况的罗列、归纳和总结；另一部分是对证据、事实和法律的分析和判断，包括提出处理决定和意见。笔者认为，前一部分属于智识性的辅助工作，应由检察官助理承担；后一部分涉及检察权运行之核心内容，自应当由检察官亲自制作。当然，如果检察官工作负荷过重，也可以在列明叙述要点或提纲的前提下交付检察官助理代为起草。

根据中央司法改革精神，检察官、检察辅助人员和司法行政人员比例为政法专项编制的 39%、46%、15%。检察辅助人员包括检察官助理、书记员、检察技术人员和司法警察，即使考虑改革后书记员采取聘任制，不占用政法专项编制，能够增加的检察官数量也是有限的，检察官助理数量肯定少于检察官数量。我们按照上面的检察官工作内容标准化之与辅助性工作相分离进行测算。

---

① 参见王利明：《司法改革研究》，法律出版社 2001 年版，第 151 页。

② 参见林必恒：《主任检察官办案责任制实践思考与路径选择》，载《人民检察》2014 年第 11 期。

表 10 检察官助理剥离后测算表

工作内容	所需时间	剥离内容	剥离后用时
制作法律文书	9	审查报告等主要法律文书	0.5
讯问	4	部分简单的案件可以辅助人员进行	2
取证	3	部分简单的案件可以辅助人员进行	1.5
其他	1.5	案件流程管理、接访等	0.2

根据检察官助理剥离后测算表，一般平均用时可以 13.3 个小时。差不多可以节约一半的用时，由此，我们可以确定一名主任检察官 + 检察官助理进行配置。按照《刑事诉讼法》的规定，检察机关的普通刑事案件审理一般经过案件的受理、阅卷、询问、撰写法律文书、公诉开庭、归档等环节，每一项工作的开展所耗费的时间均为工作变量，这个变量因人因事而异，没有一个非常确定的时间。假设一个工作能力强，经验丰富的检察官在理想状态下，排除客观因素的干扰，1 天时间可以办理一件公诉案件，也是完全可以理解的。

三、检察官员额编制——实现“帕累托最优”

主任检察官办案责任制的提出符合检察独立的改革趋势，与生俱来的制度价值决定了其在适用上的必然性。然而，员额制若要在基层检察机关得以普遍确立并收获切实之实效，必须遵循检察官员额编制规划思路，规范编制程序，提高编制科学性，才能确保改革成功和取得实效。①

（一）规范检察官员额编制程序

基层院应该成立编制小组，按照上级检察院的统一部署和指标要求，进行自行选任主任检察官，在规定的指标范围内计算确定检察官员额。在确定好的一定员额后，经过基层检察院检察长的批准报市、省两级检察院进行最终批准；对于编制过程不实或不符合编制要求的要发回重新编制，或者上级检察院成立编制小组进驻该基层院进行编制。

检察官员额编制完成后，要保持相对的稳定性，不能随意进行增多或者减

① 参见中央编办一司：《加大政法专项编制内部挖潜保障政法机关依法履职需要》，载《中国机构改革与管理》2015 年第 12 期。

少，但为了不机械的操作，要兼顾一定的灵活性，以满足案件动态变化的需要。[①] 一般在案件的检察工作量大于或者小于10%的情况下，可以根据需要进行员额调整，调整时也要有针对性，根据业务部门的申请，按照程序进行调整。

（二）科学配置检察官资源

基于上述合理办案区间的测算和检察官员额比例的确定，一个检察官理想状态下合理办案是每年50件左右，若按照这个测算检察官员额，必然高于司法体制改革39%左右的要求。而确定一名主任检察官+检察官助理进行配置，能更好地完成工作任务，如果增加2名检察官助理反而会出现人浮于事的现象，导致司法资源浪费。

为达到“帕累托最优”，基层检察院在进行员额配置时，可以就案件数量、辖区内的人口数量、检察辅助人员配置等情况来综合衡量，打破“纳什均衡”，从检察官工作实际中提取工作任务、案件类型、任务频数、任务复杂性作为确定检察官工作量的解释变量来考虑。建议在人口基数少，案件少的地方按照“1+1”模式来配备，即“一名主任检察官+一名检察官助理（或者一名书记员）”，在案件数量多，人口基数大，当地经济社会发展较好的地方，按照“1+1+1”模式来配备，即“一名主任检察官+一名检察官助理+一名书记员”或者按照“1+2”模式来配备，即“一名主任检察官+两名检察官助理”。

因此，笔者建议，在推进司法体制改革中，首要要根据本地的人口、案件数量、经济水平来测量出本院一线检察官合理数量，通过办案的数量测算需要的检察官员额，进而增加审判辅助人员数量配置，从而达到“帕累托最优”。

（三）探索建立主任检察官流动办案机制

检察官员额调节较为灵活实用的方式就是派遣检察官跨地区履职，当一个地方的案件较多时，我们可以从案件较少的地方派遣主任检察官办案。检察业务“发生在当地”，并非必然采用检察官“配员在当地”的方式，以削弱检察官员额的县区属地化管理。在现行法律框架内摆脱检察官县区属地化的束缚，排除跨区域司法履职的障碍，需要考虑确立新的机制，即上级人大常委会任命

① 参见李林、熊秋红：《积极稳妥有序推进司法体制改革试点》，载《求是》2014年第16期。

的检察官到下级检察院履职，不再需要下级人大常委会任命。[①] 这样，检察官员额的配置和使用更灵活有效。可考虑在交通便利的城区之间、县区之间尝试运行这种机制，主要做法是派遣检察官跨区域履职司法。当然，要考虑给接受派遣的检察官发放补助，使得从低薪地区到高薪地区办案的检察官同等享有高的待遇，从高薪地区到低薪地区办案的检察官收入不降低，这也是整合司法资源，能达到“帕累托最优”。

① 参见林必恒：《主任检察官办案责任制实践思考与路径选择》，载《人民检察》2014 年第 11 期。

放权与控权的纠结与平衡

——检察官办案责任制改革的思考与探索

◎张鋆彧 *

内容摘要：当前我国检察权配置及运行体系的主要弊端集中体现在审查权与决定权分离违背司法规律，影响办案的质量与效益；层层审批导致权责不清，责任难以落实；不利于提升队伍的专业化、职业化水平等方面。为建立一套有效确保检察权依法独立、公正、廉洁行使的检察权运行机制，应当坚持司法规律、检察规律导向，坚持适应国情，突出问题导向的原则。建议制定权力清单，给予检察官明确的法律授权；制定责任清单，强化检察官办案责任；强化对检察官权力运行的监督制约和责任追究。

关键词：办案责任制；检察权配置；运行；监督

检察责任制改革在检察体制改革中具有牵引作用和基础性地位，是检察体制改革的“牛鼻子”，而对检察官的授权和监督制约则是其核心和关键，关系到检察改革目标能否顺利实现。对检察官的授权以及监督制约，应当在适应国情下坚持规律导向和问题导向，坚持“授权”与“监督”并重，科学配置检察权力、责任，规范权力运行，推动司法改革成果更多惠及人民，“努力让人民群众在每一个司法案件中感受到公平正义”①。当前各试点单位根据自身实际情况，科学设计了试点方案，扎实推进改革，但在试点中也出现了一些问题，需要各级检察机关和检察人员共同思考。

一、改革我国既有检察权配置及运行体系的必要性

目前，我国检察机关办案普遍采取“三级审批制”模式：承办人直接审

* 广西壮族自治区防城港市人民检察院法律政策研究室主任。

① 《习近平在主持中共中央政治局就全面推进依法治国进行第四次集体学习时的讲话》，载新华网，2013 年 2 月 24 日。

查具体案件（审查、采信证据、认定事实、提出处理意见）→部门负责人逐案审核把关→分管检察长逐案审批（检察委员会审议、决策个别案件）。历史上，这种办案模式对加强检察办案的领导和监督、防止检察权滥用、保障法律的统一正确实施曾发挥了积极的作用。随着我国对司法规律的认识不断深化和法治建设不断推进，这种审查权与决定权分离的办案模式的司法性欠缺以及行政性过度缺陷日益显现，与检察机关与生俱来的司法属性严重不符，可谓是“生于司法，却无往不在行政之中”①。概括来讲，其弊端主要体现在以下三个方面：

（一）审查权与决定权分离违背司法规律，影响办案的质量、效率

司法最主要的功能就是对争议案件的是非曲直进行判断，“而司法判断离不开亲历性，做出决定的人须亲身经历程序，直接审查证据和事实并在此基础上形成正确的内心确信，方能做出合理的判断”②。而在“三级审批制”模式下，部门领导、院领导很少亲自进行证据审查和事实认定，往往根据案卷材料汇报直接拍板定案。这种办者不批、批者不办、上令下从、层级审批的行政化模式不符合司法办案规律，影响案件实际判断和质量，并因程序烦琐而拉长办案时长，降低办案效率。

（二）层层审批导致权责不清，责任难落实

承办人完成证据审查采信、事实认定和法律适用意见后，部门领导、院领导也时常会审核部分证据，检委会有时也会审议证据采信问题，案件的最终处理常常是多种意志共同作用的结果，一旦发生案件质量或错案需要追究责任，可能相互推诿责任，“由于职责职权不清，导致办案责任难以理清”③，难以客观公正有效地追究案件责任。

（三）不利于提升队伍的专业化、职业化水平

当前模式下，检察官待遇、地位与行政职级挂钩，业务骨干为提高待遇、地位和进入决策层，只能跻身部门领导和院领导，而在其晋升为领导后，就很

① 龙宗智：《检察机关办案方式的适度司法化改革》，载《法学研究》2013 年第 1 期。

② 龙宗智：《为什么要实行主诉检察官办案责任制》，载《人民检察》2000 年第 1 期。

③ 周理松、沈红波：《办案责任制改革背景下检察委员会与检察官关系的定位》，载《人民检察》2015 年第 16 期。

少直接办案，原先的一线办案岗位因空缺不得不常常补充新手，然而需要注意的是，“留在一线办案岗位的常常是资历较浅、经验不足的新人”①，其后果是一线办案队伍的稳定性、职业化难以保证。另外，部分一线办案人员实践中养成了由领导层层把关的惯性依赖，易于盲从和随大流，主动学习、积极提升业务水平的动力不足，精英化、职业化遇阻。

总之，当前模式违背了检察权运行规律，弱化了检察官在办理案件过程中的主体地位，办案权责分散、不清，不利于落实办案责任，不利于调动检察官提升业务素能的积极性、主动性，也影响了办案质量、效率，影响了检察权的良性运转和科学发展，亟待深刻性制度变革。

二、科学配置检察权力、完善检察官权责的原则

我国检察改革的目标是检察权依法独立公正行使，提高司法权威和公信力。实现上述目标，必须坚持遵循规律，适应具体国情，解决当前突出问题，建立一套能确保检察权依法独立、公正、廉洁行使的检察权运行机制。

（一）坚持司法规律、检察规律导向

“规律是事物本身所固有的本质的、必然的、稳定的联系，是事物运动变化发展中确定不移的秩序”②，是事物发展的必然趋势，“人只有在承认客观规律支配作用的基础上才能够驾驭规律、运用规律，从而发挥人的主观能动性”③。

“而司法规律也就是诉讼的规律，是司法运行过程里面的一种带有客观性的法则”④，是人类司法文明的成功经验总结和科学认识。虽然理论界和实务界对基本司法规律包含的具体内容尚不统一，但大多数都把独立性、中立性、公正性、亲历性、判断性等纳入最基本的司法规律，这些基本的司法规律具有客观性、普遍性，不以人的意志为转移。“司法有它自己运行的规律，司法改革、司法创新不能违背司法规律行事。司法改革，改什么，怎么改，都必须按

---

① 郑青：《对主办检察官办案责任制的几点思考——以湖北省检察机关的改革实践为范本》，载《人民检察》2013 年第 23 期。

② 杨俊一：《马克思主义哲学原理》，上海大学出版社 2003 年版，第 235 页。

③ 高清海、张树义：《只有依据客观规律才能发挥人的主观能动作用》，载《吉林大学人文科学学报》1958 年第 4 期。

④ 陈光中：《司法法律与司法改革》，载《中国司法》2015 年第 5 期。

照司法权运行的内在逻辑来展开。"①"司法规律是厘定司法改革基本路径的根本依归，也是描绘司法改革路线图的重要标尺。司法改革必须遵循和尊重司法规律，让司法制度的顶层设计依照司法规律的蓝图精心描绘。"② 事实上，"司法改革已经探索多年，从宏观上说，就是依照司法权的性质和司法规律，面对现实存在的问题，统筹立法、执法、司法、守法诸环节，通过顶层设计、共同推进、一体建设的方式，完善司法体制和工作机制"③。

（二）坚持适应国情，突出问题导向

我国检察机关既是国家的法律监督机关，又是重要的司法机关，承担职务犯罪侦查、审查逮捕、审查起诉和诉讼监督三大核心职能，涵盖侦查权、诉讼权、法律监督权三种性质不同的权力，其中诉讼性职能和监督性职能交织或者重叠，诉讼职能中包含有法律监督属性，监督职能主要通过诉讼职能实现，"按照刑事诉讼全程，检察官在侦查中有'司法警察官'的职能，在起诉裁量时有'审判官'的职能，莅庭实施公诉时有公益辩护人之职能，刑罚执行时有'罪犯矫正师'之职能"④。这种多样化的检察权结构，决定了检察权能既有司法属性，又有监督属性，同时还有行政性属性，这些中国特色使得检察权在职能运行上呈现出复杂性和多样性的特点，我们需要科学认识。

正是由于上述中国特色，所有我们必须坚持司法普遍规律同中国具体实际相结合，坚持司法规律的普遍性要与中国的特殊性、本土性相适应，特别注重运用规律有效解决和根除当前司法不公、司法腐败等体制和机制中存在的突出问题，这同坚持马克思主义普遍真理同中国实际、具体国情相结合的道理相通，否则，难免出现"水土不服"。因为"作为经验的司法规律，更存在着各种各样的经验条件的限制，人类的共同文明我们要去吸收，但同样并不封闭这种探索，而且作为一种司法文明的实践，它要在自身的历史、政性、法情的限定内来开展，当然也包括自身司法的历史"⑤，"所谓规律就是必须符合中国实际，探寻司法规律就是从司法工作的实际中去发现哪些因素是我们必须要考虑

① 沈开举、郑磊：《司法改革贵在尊重司法运行规律》，载《人民论坛》2014 年第 10 期。

② 刘武俊：《司法改革须遵循司法规律》，载《中国审计报》2014 年 7 月 16 日。

③ 倪寿明：《尊重司法规律 解决深层问题》，载《人民司法》2013 年第 5 期。

④ ［日］平野龙一：《刑事诉讼法概说》，有斐阁昭和 43 年。

⑤ 龙卫球：《中国司法规律的特色》，载《法制日报》2015 年 4 月 15 日。

到的因素”[①]，所以“要理性地借鉴并引进外国先进司法制度，全面了解掌握实际情况和发展趋势，判明利弊，为我所用”[②]，“必须遵循和运用好司法规律，同时要把司法的一般规律和中国的特色结合起来。有些中国特色也可以说是中国司法制度的特有规律”[③]。“必须在立足国情的基础上，正确地认识、把握、遵循和运用司法规律，坚持符合国情和遵循司法规律相结合，才能在司法体制改革中真正解决中国社会面临的问题，不断促进社会公平正义”[④]，以实际成果赢得司法公信力。

三、科学配置检察权力、完善检察官权责的设想

检察官责任制改革中保障依法独立行使检察权与加强权力的监督制约是两大难题。过度放权不符合检察工作一体化（领导体制）原则，容易权力失控，授权不充分不符合检察官独立原则，不利于权力行使（无法独立办案）和责任承担，关键是在遵循规律、适应国情中寻找两者的最佳平衡点，真正实现“有权有责有监督”，并有效解决和根除当前司法不公、司法腐败等体制和机制中存在的突出问题。坚持“授权”与“监督”并重，将检察权分权下放、赋予检察官个体一定的独立权限、强化检察官的权力、责任主体地位，这是配置检察权力、规范权力运行、监督和落实司法责任的前提和基础。

（一）制定权力清单，给予检察官明确的法律授权

检察官办案权力应来自法律或检察长具体而明确的授权，且最好采用“权力清单”模式。除重大、疑难复杂等特殊案件外，均应由检察官独立处理或办案组决定，使检察官成为有职有权的办案主体。但具体哪些权力应由检察官行使，或者哪些权力属于检察长或检委会独享，应充分考虑到现阶段各地实践中人员素质差异，目前暂时不宜由人大或最高人民检察院制定统一的规范性文件，建议由各省级院统一制定检察长、检委会独享的职权清单，除此之外的权力都可由法律或检察长授权。即根据不同岗位检察权的司法属性、监督属性、行政属性分别进行科学配置、确定不同的权力。待改革经实践检验成熟完善后，

---

① 朱苏力：《中国司法的规律》，载《国家检察官学院学报》2009 年第 2 期。

② 黄志利：《如何正确认识和把握司法规律》，载黑龙江铁力林区法院网，2011 年 9 月 25 日。

③ 胡云腾：《审判规律与中国特色》，载《法制资讯》2014 年第 9 期。

④ 《坚持符合国情和遵循司法规律相结合》，载《人民法院报》2015 年 4 月 3 日。

再坚持法定主义原则，通过修改《检察官法》、《人民检察院组织法》及《检察机关执法办案基本规范》，采取各自“权力清单”模式，赋予检察官与其岗位相适应的、更大程度的司法权限，同时进一步明确检察官、检察官助理、检察长和检察委员会在业务工作中的权责分工及界限，确保各自依照法定权限和程序行使权力，各司其职、各负其责，实现风险责任主体与办案决定主体的统一。

值得欣慰的是，最高人民检察院已于2015年9月出台了《关于完善人民检察院司法责任制的若干意见》，各试点省市也出台了相关细则，明确规定了检察长、检察官、检察官助理等不同岗位的权力、责任，初步实现了权力、责任清单化。稍微遗憾的是，相当一部分权力尚待在改革实践中进一步明确，同时应明确甚至强化主任检察官、检察官对检察官助理的领导、指挥权力，防止改革中出现未入额的干警消极怠工，无法调动所有办案资源，聚精会神、公正高效地完成办案任务。

（二）制定责任清单，强化检察官办案责任

“有权必有责”、“无责任便无责任心”这是法治的内在规律。“在关注权力下放、配备的同时，监督制约及责任惩戒也必须同时跟进。”① 在放权的同时，必须根据权责统一原则，制定责任清单和承担责任机制，同时落实办案质量终身负责和错案责任倒查问责，有效防止放权后，权力恣意、任性，以此倒逼检察官公正廉洁执法。

检察官承担办案责任的前提是权力明确、责任清晰，因此必须厘清检察机关内部以及办案层级关系不同岗位的责任，确保“谁办案、谁决定、谁负责”真正落实。根据现有试点情况看，检察机关内部办案层级包括检察长和检委会、主任检察官和部门负责人、检察官、检察官助理、书记员之间的办案职责权限。明确检察官助理、书记员服从主任检察官、检察官的领导、指挥职责，共同完成办案任务。同权力清单一样，待改革经实践检验成熟完善后，根据法定主义原则，通过修改相关法律法规司法解释，制定明确的“责任清单”，以期成为各类检察岗位人员头上的“紧箍咒”。

（三）强化对检察官权力运行的监督制约和责任追究

权力不受制约和监督，必然导致滥用和腐败。“没有监督的权力必然导致腐败，这是一条铁律。”② 检察权是负责矫正正义的重要国家权力，是公平正

---

① 葛晓燕：《检察系统司法责任制改革构想》，载《人民检察》2006年第4期。

② 习近平：《在全国组织工作会议上的讲话》（2013年6月28日）。

义的最后一道“防线”，同样离不开健全的监督制约和责任追究制度，必须通过严密、有效的责任追究制度把“达摩克利斯之剑”始终高悬。同时没有责任追究就没有制度落实，责任就会沦落为纸老虎，产生恶劣的“破窗效应”，必须严格落实办案质量终身负责和错案责任倒查问责，加强对检察权全方位、全过程的监督，实现错案必追究、必问责，确保各项责任制度真正落到实处，这是公正司法的关键要素和保障机制。因为“正当的程序能够将司法权控制在法律的范围内，用程序限制司法主体的擅断与恣意，使差错的概率降到最低”①。

同时，对检察权的监督制约，应当契合检察规律的内在要求，同步健全检察权运行监督制约机制，既能保障检察官依法独立办案，又同时压缩自由裁量空间，杜绝暗箱操作，最大限度减少权力寻租空间，确保案件质效。改革后，检察官办案责任制使原来由检察长、部门负责人行使的相当一部分职权下放到主任检察官、检察官手中，主任检察官、检察官的权力得到一定程度的扩张。当前，已有相当一部分院领导和部门领导对检察官独立办案表现出不放心、不信任，纠结于放权和控权，担心办案质量和队伍廉洁。

强化对检察权内外两个方面的监督制约，其中外部监督：法院、侦查机关（公安、边防、海关等）、党委（包括政法委、纪委）、人大、政协、新闻媒体以及当事人、社会大众等主体的监督制约；内部监督是检察机关的自我监督制约。由于我国的检察职能体系复杂、特殊，外部监督制约常难以深入，局限性强，监督效果不理想。因此，强化自身监督制约至关重要，需要对内部监督制约进行科学设置，完善程序、健全机制，确保检察权公正、高效和廉洁。

一是健全、强化案管部门的监督与管理机制，提高监督实效。案管部门作为业务监督的专职监督部门、主导部门，要科学、合理设置监管程序流程，深度运用科技手段加强对检察办案全过程的监督和管理，全面、客观记录办案流程（全程留痕），并通过动态预警提示、及时纠偏、定期通报等多种方式确保规范司法；案管部门要健全对案件办理从实体、程序、法律文书等方面进行常态化检查、实质化质量评查的制度、机制，在针对高风险案件重点评查的基础上扩大评查范围、受评概率，逐步实现全覆盖，并有权随时对执法办案中反映的问题开展专项督查，对评查、督查中发现的问题，记入检察官执法档案，并在一定范围内通报，与个人业绩考评挂钩，作为评先评优、晋职晋升的重要依

---

① 姜小川：《司法权基本属性之探析》，载《法学杂志》2007 年第 5 期。

据，形成倒逼规范、公正、廉洁司法的长效机制。

二是进一步完善、强化执法办案各业务环节之间的纵向监督制约。虽然检察责任制落实后，原有的办案模式、检察权运行方式发生了根本性变革，但案件分流、受理、立案、批捕、起诉、诉讼监督等各环节的相互监督制约的职能不仅没有改变和削弱，反倒是更加凸显和强化了监督制约，这更符合制度设计的初衷。执法办案各流程、各关键节点之间的相互监督制约必将因“谁办案谁负责、谁决定谁负责、终身负责制、错案责任倒查问责制”而更加强化，各环节、各岗位的检察官要坚守法治原则、底线，守土尽责，通过层层把关、层层过滤，及时发现和纠正案件事实认定、证据采信、法律适用以及办案程序中的问题、瑕疵，坚决依法排除非法证据，确保案件质量。

三是高风险案件实行专项检查、备案审查“双查制”。本院对不立案、不批捕、不起诉、撤销案件等处理决定及时专项检查、每案必查，上级院对下级院的上述处理决定实行备案必查制，根据相关规定，严格落实相关案件的报批制度，严禁越权做出决定。

四是改进和完善院领导、部门负责人的监督管理职责和机制。如上所述，原有的办案模式、检察权运行模式发生了根本性变革，但部门领导、院领导的监督管理职责并没有因改革而免除或削弱，“负有监督管理职责的检察人员因故意或重大过失怠于行使或不当行使监督管理权，导致司法办案工作出现严重错误的，应当承担相应的司法责任”①。因此要改进管理和监督，在不审批、不干预、不干扰办案的前提下，共同防止检察权的误用和滥用、保障法律的统一正确实施。

五是加强纪检监察和检务督查，实行“零容忍”的惩戒制度，防微杜渐。建立检察官廉政档案，对检察官遵守职业道德和职业纪律的情况进行日常监督，对反映检察官受贿、徇私枉法、滥用职权、执法不公、选择性执法等行为的举报进行及时调查处理；加强检务督查工作，通过明察暗访，定期、不定期督查，对检察官办案的质量和效率进行监督，对督查发现的倾向性问题进行通报、督促整改。检察官作为公平正义的守护神，要以司法职业的特殊性对其高标准、严要求，理应率先模范地遵纪守法。探索扩大责任追究、惩戒范围，对于因违纪违法、司法过错、司法瑕疵情形造成一定后果的，都要严格追究责任，视情节给予训诫、降薪、降低检察官等级、免除检察官职务等惩戒制度。

① 最高人民检察院《关于完善人民检察院司法责任制的若干意见》第36条。

六是建立健全一人一档的检察官执法档案。严格落实办案责任终身制、错案责任倒查问责制。通过完善常态化监督检查、案件质量评查等机制对检察官办案进行检查、考核、评估，并记入执法档案，全面记录检察官办案数量、质量、效率、效果和职业操守等绩效指标，客观公正反映检察官执法状况、业务能力和工作实绩，并将其作为评先评优、晋升、免职的重要依据。

七是创造条件，主动拓宽接受外部监督的渠道和范围。（1）广泛运用信息化手段深化检务公开，依法及时公开各检察环节执法办案的依据、流程、结果；建立终局性法律文书网上公开及查询制度，畅通并保障人民群众的知情权、监督权。（2）探索特殊案件公开审查制度，对拟不捕、不诉、刑事和解案件及申诉案件，根据当事人意愿试行公开听证。（3）主动接受人大、政协监督，邀请代表、委员参加案件听证、听庭评议等活动。（4）深化人民监督员改革，扩大监督案件范围、途径，在着重监督职务犯罪的立案、撤案、强制措施、扣押冻结财物、公诉等环节的同时，适时将不起诉的普通刑案纳入监督范围，邀请其参与案件跟踪回访、执法检查、质量评查、评议、绩效考核等活动。（5）健全当事人和律师的监督制约机制，完善监督权利告知制度；建立网络等投诉渠道，拓宽其提供监督信息、线索的途径；对当事人反映检察官的违纪违法行为的举报及时进行调查，并限期答复调查结果。

检察官身份保障的规范性研究

——基于有别于公务员的保障标准

◎代春银*

内容摘要：作为检察职业保障的重要组成部分，检察官身份保障是检察官公正履职的前提条件。司法实践中，检察机关在贯彻落实检察官身份保障方面存在司法理念滞后、构建身份保障制度可供参考的实务经验欠缺以及在构建“有别于公务员保障标准”的身份保障制度方面无法消除的对制度可行性的忧虑等问题和不足。有鉴于此，建议在革新司法理念的同时，健全“有别于公务员保障”标准，及时构建检察官转律师的身份保障、侵害检察官名誉行为的公益诉讼保障以及检察官人身特殊保护保障制度。

关键词：司法改革；检察官；身份保障；制度设计

一、引言

古人曾云：良禽择木而栖，贤臣择主而事。古人亦云：兵马未动，粮草先行。强调行业万事俱备，只欠良禽来栖、贤臣来事。观之已试点到第三批司法体制改革的检察机关，颇有备梁木，充粮草，诸生只需患业不能精，无患号寒不能冬暖，只需患行不能成，无患啼饥不能年丰之大义。诚如“饥饿的人不能很好地为国家服务，饿了不能工作；吃得太多的人容易懒惰，也不是最好的公仆，适度的饥饿者是最好的人民公仆；中等或稍高一点的法官工资收入最好”所揭示的，司法领域的检察官、法官的面包要稍高于一般人民公仆，才能达致最好。

如何把握“有别于”公务员标准？2015 年通过的《关于全面深化公安改革若干重大问题的框架意见》，最终落实人民警察的保障“高于地方，略低于军队”这一标准，将一线警察“不蔽风日，短褐穿结”的俸禄担虑抛在脑后。

* 广西壮族自治区百色市右江区人民检察院副检察长。

论及检察行业的司法体制改革，时下提出“检察辅助人员与司法行政人员的工资同列，略高于司法警察”，该保障能否落实，将拭目以待。

应当说，在囿于财政资金的限制下，时下检察官的薪资待遇物质保障不能保证有别于公务员标准，但涉及身份保障，可以有一定的进步。从形式上看，我国检察官身份保障的规范“总体上”符合检察权运行要求。但是，显见的事实是，只有《检察官法》第4条规定，检察官依法履行职责，受法律保护；第9条规定，检察官非因法定事由、非经法定程序，不被免职、降职、辞退或处分。这些原则性规定与公务员保障标准基本一致，与人大代表身份的保障规定仍有一定差距。另外，在强调“办案责任终身制”的今天，一边是不断加大、加深的错案责任追究，一边是变化不大的财产、身份保障，让检察干警办案只讲情怀，这违背权责统一性原则。为此，本文将从有别于公务员保障标准角度出发，从制度设计的规范层面，阐述检察官身份保障需达至的应然状态。

二、内涵：“身份保障”的定界

“身份保障”这一概念研究，在当前司法体制改革的背景下，与各项诸如司法责任、员额制、以审判为中心等制度研究相比，相对清冷得多。在有限的探讨中，也大多被夹杂在检察官职业保障研究这一大方向，或者干脆被与职业保障混为一谈，认为只是名称叫法不一。[①]“身份保障”到底如何理解，直接决定这一改革实践中贯彻落实的效果，要弄清其内涵究竟是何，有必要对与之被提及的几组概念进行比较区别，以准确界定其外延。

（一）概念之比较

1. 身份保障与职业保障

从目前的研究状况来看，身份保障与职业保障基本上作为包含与被包含的概念被提及、被论述。我国司法界最早提出检察官身份保障概念的当属最高人民检察院孙谦副检察长[②]。可以说，对此问题的探讨，学界或实务界都不是十分热衷，核心观点也基本一致。职业保障意在从概括全局出发，对检察官职业各个方面保障进行综合，内容包括身份、执业、待遇以及教育培训等保障。身

① 参见邴志凯、张永会：《检察官职业保障的现实问题及改进》，载《中国检察官》2016年第1期。该文提出“职业身份保障”一词，将职业保障与身份保障不作区分，作统一理解。

② 孙谦副检察长于2004年出版的《中国检察论纲》著作中，对此进行了专门章节阐述。

份保障是职业保障的一个方面，主流观点强调检察官身份的任免、晋升、退休及权利救济方面的保障，针对的是检察官这一特殊身份进行的设定。一言以蔽之，职业保障是一个比身份保障更为上位的概念，职业保障包含身份保障，身份保障是实现职业保障的一个具体细化途径。

需要注意的是，实践中也有将职业保障与身份保障等同的观点，该观点的优点在于凸显了检察身份保障的重要性，一定程度上有助于解决当前对身份保障泛泛而谈的问题，不足在于限定职业保障的范围，或者将检察官的福利待遇等财产性的保障混在身份保障概念内，导致概念不清，进而导致对身份保障的重要性有所忽略。

2. 身份保障与人身保障

有学者认为，身份保障就是人身保障，主要强调以下内容：首先，划分标准上，都基于人身依附关系；其次，民法调整的人身关系包含人格权关系和身份权关系，放置刑法领域，依照民法的成熟性提法，利于名称统一规范。这种理解虽然有一定的民法基础，但“人身”提法更侧重人身安全的保障，而涉及侵犯自然人人身权利行为，已由民法、刑法专门的章节予以规范保护，是基于自然人而产生的保障，而非社会人——检察官这一特殊的身份保障，因此，检察官身份保障的提法更符合检察官这一角色保障。

3. 检察官身份保障与公务员身份保障

对于公务员身份保障，现阶段的研究范围与检察官身份保障基本一致，二者内容几乎只字不差。根据2006年1月1日起施行的《公务员法》第2条将公务员范围定义为“依法履行公职、纳入国家行政编制、由国家财政负担工资福利的工作人员”。按照此标准，检察机关的工作人员当然属于公务员范畴。由此，在并未对检察人员实行单独管理体制的过去，检察官身份保障与公务员身份保障具有重合之意也合乎法理。二者的内容大致包含：一是非因法定事由，不被免职、降职、辞退或者处分。二是非经法定程序，不被免职、降职、辞退或者处分。

（二）回归语义：检察官“身份保障”的实质

1. 现阶段检察官身份保障的实质内容

目前，从我国《检察官法》的规定上看，我国已在立法层面上基本确立了检察官身份保障制度。从规定的内容来看，检察官身份保障指依据法律规定的条件与程序取得检察官身份之后，该身份受法律严格保护，非因法定事由、非经法定程序不得随意更换，不被随意免职、降职、撤职、辞退或者受其他处分的制度，保障内容涉及检察官任免、辞职辞退、退休、惩戒、控告申诉等具体制度。从该规定看，检察官的调职仍然排除在身份保障之外。

从 2016 年 7 月 28 日，中共中央办公厅、国务院办公厅发布的《保护司法人员依法履行法定职责规定》来看，检察官的身份保障有了进一步发展，主要表现：一是将检察官调离纳入法定事由与法定程序中；二是将“法定程序”具体细化为需经检察官惩戒委员会审议；三是调离、免职、辞退等行为理由进行一定程度的细化，具有一定的可操作性；四是明确工作范围，任何单位或个人不得使检察官从事超出法定职责范围的事务；五是赋予知情权，检察官对其履行法定职责行为被举报、控告的，享有知情、申辩和举证的权利；六是明确不承担错案责任的条件，错案追究范围限定在故意或重大过失范围；七是暴力伤害司法人员及其近亲属要依法严惩。

2. 当前检察官身份保障水平

党的十八届三中全会提出将健全法官、检察官、人民警察职业保障制度作为推进中国法治建设的重要举措；四中全会决定则进一步要求完善职业保障体系，建立法官、检察官、人民警察专业职务序列及工资制度。习近平总书记也曾指出，健全司法人员职业保障是司法体制改革的基础性、制度性措施。①对于该问题，孟建柱书记在 2016 年 7 月召开的全国司法体制改革推进会上这样强调“要完善职务序列改革政策，建立有别于其他公务员的管理制度，进一步拓宽基层一线办案人员职业发展方向”②。可见，现阶段实行的与公务员身份保障一致的检察官身份保障水平，远未达到“有别于其他公务员的管理制度”的标准，从权责相统一的原则出发，在强化司法人员办案责任的同时，检察官保障措施标准也应有所提高。

另外，虽然中共中央办公厅、国务院办公厅发布的《保护司法人员依法履行法定职责规定》（以下简称《规定》）对身份保障作了进一步细化，但从该《规定》发布的内容来看，仍然存在一些问题，如可操作空间较小等。该《规定》第 3 条规定：“任何单位或者个人不得要求法官、检察官从事超出法定职责范围的事务。人民法院、人民检察院有权拒绝任何单位或者个人安排法官、检察官从事超出法定职责范围事务的要求。”中央司改办负责人对该条款

① 参见孟建柱：《深化司法体制改革》，载《人民日报》2013 年 11 月 25 日。

② 王治国：《孟建柱在全国司法体制改革推进会上强调：统一思想增强信心攻坚克难坚定不移推动司法责任制改革全面开展》，载《检察日报》2016 年 7 月 20 日。

的解读为：在于防止一些地方摊派招商引资、征地拆迁、环境卫生、挂职下乡、行风评议等任务而影响法官、检察官依法履职。① 可见，该条款的设计初衷良好，致力于解决“去行政化”问题。但是在正在进行的司法体制改革中，检察官职业保障制度的设计，其中一块即是要继续领取当地政府的年终绩效奖金，该奖金的发放事由在于参与当地行政事务建设的奖励，该《规定》将检察机关参与活动排除在外，那么，检察机关是否能继续领取该奖励，有待验证，这使得检察官的物质福利保障与身份保障面临“鱼和熊掌不可兼得”的两难局面，未免牺牲过大。

三、困境：检察机关落实构建身份保障的障碍与问题

“身份保障”是保障检察官充分公正履行检察权的重要举措，是为让检察官在履行职务行为时免去后顾之忧，如“对人身安全的需要在需求层次论中是最基本的需求之一。如果缺乏这方面的保障，履行司法职责将无从谈起”②。可见，检察机关有着提高身份保障的现实需求，但与司法责任改革、员额制改革等制度改革相比，身份保障被包含在职业保障之中探讨，该现实需要并未得到充分足够的重视。正确认识这些问题和现实困境，将有助于我们针对性地采取更好的措施，确保身份保障的制度改革能够科学推进。

（一）认识性局限：司法理念不能与时俱进

《孙子兵法》有云：“上兵伐谋，其次伐交，其次伐兵，其下攻城，攻城之法，为不得已。”此揭示的虽为军事战略，但观之司法体制这一改革，也可以说是一场攻城，要伐谋、伐交在先，理念先行。可以说，受《公务员法》将检察人员定义在公务员范围影响，加之改革前的检察机关以地方管理为主，上级检察院管理为辅，检察官的任免权受制于地方，地方可以随意调动或者撤换检察官，如抽调检察官参与政府中心工作，参与拆迁、招商引资等工作，工作内容时不时脱离检察业务范畴甚至改变检察官身份，如此检察机关对自身的检察官身份角色认同感不断弱化，直接导致检察机关未将自身的检察官身份与普通公务员身份区别对待，进而导致对于该身份的保障性措施认识不足。理念是实践的先导，实行“有区别于公务员保障标准”的检察官身份保障制度，

---

① 参见罗沙、陈菲：《拿什么保护你，公正司法的法官检察官》，载《检察日报》2016 年 7 月 29 日。

② 蒋惠岭：《司法职业保障的十项最低标准》，载《法制资讯》2009 年第 11 期。

不仅仅是制度机制上的变革，更是基于检察官这一特殊身份给予特殊保障的司法理念更新。

（二）实务界局限：构建身份保障制度的可供参考的着眼点不多

任何一项制度的建构，都必须遵循相应的客观规律，以达到认识与实践的高度统一。改革的有效展开不能偏离应然的预设轨迹，而应遵循相应的逻辑原则。[①] 同样，身份保障制度的构建，既应该基于原有体制框架，遵循相应的逻辑原则，又应该高于框架，提出建设性意见，否则即有“炒旧饭”的嫌疑。在身份保障制度的现阶段探讨中，实务界局限表现：

1. 历史经验的限制

现行《检察官法》对身份保障的内容作了规范，但随着案多人少矛盾的日益凸显，社会关系的日趋复杂，越来越多的压力与责任成为检察官的不堪承担的重负，特别是身处基层的，许多有能力、有学历、有潜力的检察官不堪重负，只得选择调离检察机关，不少地区都面临人才外流、青黄不接的尴尬局面。从这一点看，很难说立法起到了预期的理想效果，现有的身份保障制度只能说具有宣示意味。[②] 当然，过去的身份保障制度的产生本身即是在借鉴域外经验基础上移植到本土的结果，但时至今日身份保障的规范仍然限制在移植文本的层面。显然，如何走出这一局限性，是摆在当前司法体制改革面前的一个重要问题。

2. 域外经验的短缺

近年来，在检察官身份保障制度的发展方面，域外更侧重于福利待遇保障水平的提高。况且如美国检察官的产生，由于采取民选制或国会审查制，这与大陆法系检察官经严格考选任命而有终身职业保障的需求不同。美国检察官为求连任，需要民意支持，在其行使检察权本身就要考虑民意。加之美国检察官只是履行检察权的律师而已，与律师地位基本无异，基于这一基础，美国检察官制度基本无身份保障一说。这也在一定程度上制约了域外经验的借鉴和提供。

---

① 参见王守安：《论检察官职业保障制度的建构》，载《河南社会科学》2015 年第 6 期。

② 参见王守安：《论检察官职业保障制度的建构》，载《河南社会科学》2015 年第 6 期。

（三）可行性怀疑：对构建“有别于公务员保障标准”的身份保障制度的可行性忧虑

根据前文所述，中共中央办公厅、国务院办公厅发布《保护司法人员依法履行法定职责规定》规定检察官有免去从事非检察事务的权利，但该《规定》实施以来，各级检察机关干警扶贫、拆迁、挂任村第一书记等事务仍然继续。因此，鉴于目前形势，要继续加强身份保障制度的构建，可行性忧虑主要体现在以下方面：一是构建条件是否成熟？现阶段的政治经济条件，担心再多的制度设计最终变成一纸空文，缺乏执行力；二是如何把握“有别于”的标准？由于缺乏可借鉴的经验不多，程度难以把握；三是是否会造成群体对立？在已有单行检察官津贴补贴的物质保障基础上，再要求进一步的身份保障，是否可行。

四、出路：推动身份保障制度的创新

《易经》有言：“取法乎上，得乎其中；取法乎中，得乎其下。”此说明设计与效果具有的差距性，只有在制度设计上高度要求，考虑长远，才可能达到想要的效果。囿于篇幅，本文对检察官身份保障制度的设计，将从一些可创新的措施方面提出应然性设想，对于在《保护司法人员依法履行法定职责规定》文件以及在当前司法体制改革设计中被强调、被设计落实的保障措施，如单独职务序列管理、任免、控告、申诉救济、延长退休等制度，本文将不再一一讨论。因此，本文基于以上提出的措施内容，按照此次改革的目标与方向，循序推动检察官身份保障，提出以下措施，以供进一步探讨。

（一）革新司法理念

先进的理念是先进的制度得以建立和落实的前提和基础，主要包含两个层面：一是公务员与检察官的行为逻辑存在明显区别。如德国学者傅德认为：“如果一个公务员故意不执行上司要求，通常就构成了失职，而对法官来说情况恰好相反，如果法官按照院长的指示去判案的话，这种行为就构成了失职。”① 基于此行为逻辑存在的区别，检察官与其他公务员的保障应存在区别。二是权责统一性的要求。检察权在刑事诉讼模式运行中处在特殊位置，特别是介乎于侦查与审判之间的公诉权能，起到承上启下的作用，意味着检察官身处

① ［德］傅德：《德国的司法职业和司法独立》，收录入宋冰主编：《程序正义与现代化——外国法学家在华演讲录》，中国政法大学出版社1998年版，第19页。

打击犯罪一线，凸显了职业安全压力。加之错案责任终身制的压力，相应的身份保障是检察官公正履职的必要需求。

（二）构建“有别于公务员保障”标准

各方利益的妥协并非改革的风向标，各方利益的最大化才是改革的标尺。构建“有别于公务员保障”的身份保障标准应明确：

1. 不在于缩减公务员保障标准，或者是以增加其他公务员群体工作量以减少检察官工作量来提高检察官身份保障。如前文所述“任何单位或者个人不得要求法官、检察官从事超出法定职责范围的事务。人民法院、人民检察院有权拒绝任何单位或者个人安排法官、检察官从事超出法定职责范围事务的要求”的制度改革，因行政事务量的恒定存在，减少检法的工作量，务必会分担到其他公务员群体，这种以增加其他群体工作量的方式，来提高自身群体保障水平的改革模式，存在一定的不合理性。当然，本文并非否定该规定内容，该规定内容对法检机关的去行政化，在未来的司法进程中将有不可估量的影响，只是，本文探讨的是在今后的检察官身份保障制度构建中，不应过多地采取该种模式，以免影响司法机关与当地政府的关系，这是改革中须明确的方向问题。

2. 不在于压缩检察官其他职业保障来提高身份保障。职业保障作为上位概念，可简单划分为物质保障与身份保障。现阶段的身份保障制度构建，不应是以物质保障的降低或保持为前提，二者应是相互匹配，协调发展。因此，在身份保障制度的发展上，现阶段的物质保障应予以维持。

3. 在于横向发展，延伸检察官身份在其他领域享受保障。可以说，检察官身份保障在纵向发展的深度上，多年过去，发展空间并不明显，为此，研究方向应转向横向侧面，从保障的宽度进行思考，拓展检察官这一身份的横向作用。如在检察官身份保障这一角色去掉后，在其他领域依然具有一定作用，而不是过去检察官的身份角色无意义甚至有害。如借鉴法学家、律师转检察官、法官身份制度。当然，影响司法公正，如任职回避这一规定除外。

（三）构建检察官转律师的身份保障

根据2016年6月2日中共中央办公厅印发的《从律师和法学专家中公开选拔立法工作者、法官、检察官办法》通知规定，律师在实际执业5年后，符合条件可转法官、检察官。而根据《律师法》规定，检察官“下海”从事律师的，仍需要经过1年实习律师期，经过必要的实习培训鉴定才可以取得律师执业证。从两者的往返路径条件看，并不对等，检察官流向律师身份的条件更严苛。应当说，从检察官准入的公务员考试、检察官培训以及从业期间的诉讼经验来看，同样从业5年的检察官参与诉讼的技巧、经验并不差于律师。鉴于此，近年来，放宽检察官准入律师行业条件，取消一年律所实习期的呼声越来越多。对于检察官来说，可否借鉴法学家、律师转检察官的做法，检察官辞职后转律师的，取消1年律所实习期，直接取得律师执业证，以此作为检察官身份保障的一个内容，值得我们探讨。

（四）构建侵害检察官名誉行为的公益诉讼保障

公益诉讼，从刑事诉讼的角度看，一些严重侵害公共利益的危害结果，可能是由轻微事件累积造成，难以追究众多违法者的刑事责任。从民事诉讼的角度看，一方面，由于法律规定必须与损害结果有直接利害关系才可以提起诉讼，限制了一些公益团体和公益人士起诉的主体资格；另一方面，与损害结果有直接利益关系的主体，往往考虑诉讼成本过高、得不偿失而缺乏起诉的动力。[①] 检察官因依法履职受损害，并非是侵害人对检察官个人进行人身攻击。对检察官的依法履职行为不满而进行侵害，换言之，侵害者是对检察官这一群体的名义进行侵害，造成的社会影响也是公众对检察官这一群体的名誉评价，而被侵害的检察官由于工作压力、舆论压力、职务环境等因素影响，往往不了了之。[②]

《保护司法人员依法履行法定职责规定》第15条虽然规定："法官、检察官因依法履职遭受不实举报、诬告陷害、利用信息网络等方式侮辱诽谤，致使名誉受到损害的，人民法院、人民检察院、公安机关应当会同有关部门及时澄清事实，消除不良影响，维护法官、检察官良好声誉，并依法追究相关单位或者个人的责任。"但该规定仍然是原则性规定，甚至是纯宣示性规定，实践中的可操作性不强。而我们从上文分析看到，检察官因依法履职行为而遭受名誉

① 参见韩永：《检察院"插手"公益诉讼》，载《中国新闻周刊》2016年第29期。

② 如迟夙生律师制造检察官雷语事件。2014年3月21日，迟夙生律师在其代理的彭某某、陈某某涉嫌非法拘禁罪案件的庭审过程中，对王亚军检察官"对这类证据有什么要求，法律写得很清楚。我不想在这里讲法律，来宣传什么法律是怎么写的。我们主要是查明事实，核实证据，专门把法律在这里一条一条学习的话，没这个时间"的话语，截取为"这里是法庭，不是讲法律的地方"进行传播，该言论迅速被转发了3929次，收获网友508条评论。此言论导致了公众对王亚军检察官的名誉产生一定程度的质疑。该事件随着人民法院公开庭审同步录音录像后，还原了当时场景，纠正了王亚军检察官名誉。但此事件中的侵害方并未受到任何追责。

损害的，符合公益诉讼的特征，将该侵害行为纳入公益诉讼范围，由检察机关对侵害人提起公益诉讼，由此提高检察官的身份保障，该保障途径有进一步探讨的空间。

（五）构建检察官人身特殊保护保障

根据我国《宪法》和《全国人民代表大会和地方各级人民代表大会代表法》，人大代表享有人身特别保护权，非经人民代表大会主席团或者常委会许可，人大代表不得被拘留、逮捕，即人大代表涉嫌犯罪需要采取拘留、逮捕的，必须经人大许可。赋予人大代表人身特殊保护权，着眼点在于维护权力机关的权威和工作的正常运转，在于使代表不因依法执行代表职务而受到打击报复或者诬陷迫害。该特殊人身保障，只表明人大代表执行职务的行为受法律保障，并非表明人大代表有超越法律的特权，许可也只是保护代表依法执行代表职务，若涉嫌犯罪，同样要受到法律制裁。这种形式上的许可给人大代表这一身份增加了无上尊荣感。

观之检察官这一职业身份，结合司法办案实践面临的压力，赋予人大代表类似的特殊人身保护制度，将极大地提升检察官职业尊荣感，为检察官的身份保障画上浓墨重彩的一笔。

司法改革背景下检察官错案责任认定与追究机制研究

◎刘俐之*

内容摘要： 错案涉及司法公正问题，其认定要以当事人权利是否受到损害或者社会公正是否被侵害为标准。虽然最高人民检察院规定对检察人员进行分类管理，明确检察人员的司法责任，但是现阶段启动司法责任追究机制还不完善。实践中存在的问题集中表现在启动程序不明确，追责机构不完善，错案责任主体不明确，错案责任追究时效不合理等。构建和完善检察官错案责任制，要和检察官员额制结合起来实施，建立一套标准统一、制度完善的检察官错案责任追究机制。一是制定统一的检察官错案责任追究标准，二是明确检察官错案责任主体，三是明确检察官错案责任追究的启动程序，四是建立独立的检察官惩戒委员会，五是合理确定错案责任追究时效。

关键词： 检察官；错案；责任认定；追究机制

党的十八届三中全会《中共中央关于全面深入改革若干重大问题的决定》中指出："健全错案防止、纠正、责任追究机制，严禁刑讯逼供、体罚虐待，严格实行非法证据排除规则。"党的十八届四中全会《中共中央关于全面推进依法治国若干重大问题的决定》中指出："明确各类司法人员工作职责、工作流程、工作标准，实行办案质量终身负责制和错案责任倒查问责制，确保案件处理经得起法律和历史检验。"2013 年 8 月，中央政法委《关于切实防止冤假错案的规定》第 12 条规定："建立健全合议庭、独任法官、检察官、人民警察权责一致的办案责任制，法官、检察官、人民警察在职责范围内对办案质量终身负责。对法官、检察官、人民警察的违法办案行为，依照有关法律和规定追究责任。"2015 年 9 月 28 日最高人民检察院发布《关于完善人民检察院司法责任的若干意见》（以下简称《若干意见》）提到："检察人员应当对其履

* 广西壮族自治区龙州县人民检察院办公室干部。

行检察职责的行为承担司法责任，在职责范围内对办案质量终身负责。”中央文件和最高人民检察院有关规定都明确提出对办案质量终身负责和对错案实行倒查问责制，然而从呼格吉勒图案、聂树斌案等重大冤假错案处理来看，虽然冤假案件依法得到纠正，但是真正启动追责程序的案件并不多。存在这一现象的主要原因在于，一方面考虑当时的历史背景，不能简单地以现在的认知水平和标准去评价、衡量以前的办案质量；另一方面也体现在我国目前错案认定标准和追责机制还没建立统一的标准，所以笔者认为在当前司法改革背景下，建立健全统一的错案认定标准和追责机制，对于完善当前检察官司法办案责任有很大促进作用。

一、司法改革背景下检察官错案责任的认定标准

（一）错案的认定

错案是指检察官在行使职权、办理案件中故意或者重大过失造成认定事实或者适用法律确有错误的案件，或者在办理案件中违反法定诉讼程序而造成处理错误的案件。这是1998年7月最高人民检察院颁布《人民检察院错案责任追究条例（试行）》中所规定的，由于该错案规定范围比较狭窄，对于错案界定仅以结果论，又因为2007年9月最高人民检察院颁布了最新的《检察人员执法过错责任追究条例》（以下简称《条例》），从而废止了原来的规定，使得无论是法学理论界还是法律工作者，都对错案的界定众说纷纭，无统一权威标准。

有人坚持主观过错说。该学说认为司法人员在司法实践过程中故意或者过失违反法律规定，从而导致案件处理结果错误，就认定为错案。① 这种以司法人员的主观状态来评判一个案件错对，且不说合不合理，在操作上就极为困难，因为人的主观状态本来就非常隐秘，再者以现在去评定以前的主观状态，可操作性不强。所以这种观点相对比较狭隘。

有人支持客观事实说。该学说认为如果案件处理结果与客观事实不相符，则为错案，反之，则为正确判决。② 这种案件处理要完全忠于客观事实，否则就会造成错案。但是案件的客观事实是发生在诉讼之前，而诉讼过程是案件发生之后，司法人员能做到的只是尽可能还原本来的事实真相，但是这并不能完

① 参见于伟：《错案标准的界定》，载《法学》1997年第9期。

② 参见宗楚楚：《刑事错案概念和认定标准研究》，载《司法天地》2016年第3期。

全等同于事实。既然客观事实无法完全还原，那么以此为错案界定标准，似乎是缺乏合理性的。

有人折中于主客观相统一说。该学说认为：司法人员在审查、逮捕、起诉过程中，因故意或者重大过失违反程序法和实体法相关规定，从而导致案件处理结果发生错误，则为错案。① 该学说在一定程度上弥补了上面两种学说的不足之处，得到了很多学者的认同，但是主观说和客观事实说的缺陷依旧没有得到解决。

有人主张三重标准说。② 该学说主张应以不同案件类型来确定错案，如案件被启动再审程序、国家对被执行刑罚的人作出刑事赔偿、司法人员违反法律规定被进行错案追究。这样的分类确实解决了不同情况下错案的评判标准，但是这样的分类从表面上起到了面面俱到的作用，但是一个错案概念衍生出3个不同的判断标准，不具有普遍性，不能得到大家的认同。

笔者认为，错案涉及司法公正问题，它要以当事人权利是否受到损害或者社会公正是否被侵害为标准。无论案件处于侦查阶段，还是审查起诉阶段，只要检察机关工作人员侵害到案件当事人的合法权益或者影响到社会公平正义，则应当以错案论。

（二）错案责任的认定

对于错案责任的确定，首先，我们要明确一个宗旨，建立错案责任追究制不是为了惩罚办案责任人，而是为了减少预防错案的发生，对司法办案人员起到警示和教育的意义。其次，启动错案责任追究制度的同时也要提升干警们办案的积极性。既要严格追究错案责任，形成案件倒查制，提高办案质量，同时也要避免追究范围过大，打击干警们的积极性。《若干意见》规定："谁办案谁负责，谁决定谁负责。"通过合理下放权力，改变"三级层报审批"的办案模式，从制度上落实"谁办案谁决定谁负责"的司法亲历性要求，解决"办案者不定案，定案者不办案"的问题，确保检察官责权统一。司法改革后，检察官权力变大，责任也变大，严格启动错案责任追究制度，要注意协调好干警们办案积极性。最后，注意把握错案和司法瑕疵的界限，检察人员在事实认定、证据采信、法律适用、办案程序、文书制作以及司法作风等方面不符合法

---

① 参见吴鹏：《司法改革背景下检察官错案责任追究制度研究》，载《法制与社会》2016年第5期。

② 参见蒋学权：《刑事错案的三重标准》，载《法学杂志》2005年第4期。

律和有关规定，但不影响案件结论的正确性和效力的，属司法瑕疵，依照相关纪律规定处理。①

所以，我们要合理确定错案责任追责范围。从一般意义讲，对一个案件责任追究必须要有执法过错行为为前提，错案指的是案件的处理结果，执法过错指的是检察人员在执法过程中故意违法违规或者玩忽职守导致案件实体错误、程序违法以及其他严重后果或者恶劣影响的行为。案件承办人执法过错是对其职务行为的一种评价，与错案并不必然对应。检察官只要在办案过程中按照法律规定严格履行办案程序和审批，如案件批捕阶段，检察官要严格按照《刑事诉讼法》第79条的规定来作出决定②，审查起诉阶段严格按照《刑事诉讼法》第172条规定③来确定是否应当诉至法院，那么执法行为就是正确的。如果检察官严重不负责任，故意违法办案，导致案件程序违法甚至是实体错误，那么其行为就属于渎职行为，就应当承担相应的执法过错责任或者违法责任，这与错案责任有着严格意义上的区别。只要检察官严格按照法律规定履行其职责，没有程序违法，即使出现了案件处理结果，那么也不应当由个人来承担责任，应当由国家来承担错案责任。④《若干意见》第33条第1款规定："司法办案工作中虽有错案发生，但检察人员履行职责中尽到必要注意义务，没有故意或重大过失的，不承担司法责任。"这样的规定完全具有现实意义，错案结果的出现在诉讼过程中是无法杜绝的，导致错案的原因很多，一部分原因可能是检察人员执法办案过程中出现执法过错，也可能是随着案件进一步进行，案件证据发生变化，抑或是案件当事人自身的问题等各种各样的原因造成的，如果把案件中存在的风险和制度不合理等后果强加于办案人员，那么检察官权责将会严重不统一，承担的职业风险也会加大，不利于检察人员工作的积极性。笔者认为，只要检察官在执法办案过程中没有违反相关法律法规，并且尽到了

---

① 《关于完善人民检察院司法责任制的若干意见》第33条。

② 《刑事诉讼法》第79条第1款规定："对有证据证明有犯罪事实，可能判处徒刑以上刑罚的犯罪嫌疑人、被告人，采取取保候审尚不足以防止发生下列社会危险性的，应当予以逮捕。"

③ 《刑事诉讼法》第172条规定："人民检察院认为犯罪嫌疑人的犯罪事实已经查清，证据确实、充分，依法应当追究刑事责任的，应当作出起诉决定，按照审判管辖的规定，向人民法院提起公诉，并将案卷材料、证据移送人民法院。"

④ 参见王曦晖、莫娟：《对刑事错案责任的四点认识》，载《人民检察》2014年第7期。

必要义务，那么即使出现案件处理结果错误，也应免除其承担司法责任。检察官作为国家机关工作人员，执法办案是代表国家行使公权力的行为，一旦错案发生，首先国家要作为一个整体来承担责任，其次确定相关司法人员是否在执法过程中有执法过错责任，是否应当承当相应的司法责任。

二、司法改革背景下检察官错案责任追究机制的现状

在检察机关建立错案责任追究制，即是为了加强检察队伍建设，规范司法行为，同时也能抑制司法腐败等现象，提升司法公信力。在新一轮司法改革背景下，推行检察官办案责任制，实行检察人员分类管理，落实检察官员额制。进入员额的检察官必须按照司法亲历性要求，在司法一线办案，并对办案质量终身负责。虽然最高人民检察院规定对检察人员进行分类管理，明确检察人员的司法责任，但是现阶段启动司法责任追究机制还不完善，仍然存在一些问题。

（一）启动程序不明确

《条例》规定，检察人员执法过错线索由监察部门或者政工部门统一管理，检察长、副检察长及内设部门发现执法过错线索后，应当在职责范围内进行初步审查或者初步核实，认为需要进一步调查和追究执法过错责任的，应当及时移送执法过错线索管理部门处理。首先，该规定明确了由监察部门或政工部门对执法过错的检察人员进行处理，但是具体由哪一个部门来启动这一程序，在该规定中并没有体现，如果发现线索的检察长、副检察长及内设部门如果觉得没有必要追究的，就不移送执法过错线索管理部门，那么这样的启动方式是否太主观了?① 其次，在基层检察院，一般发现检察人员执法过错或者是案件处理结果错误，都是要提交检委会初步讨论后，形成初步意见后报上一级检察院，启动程序不统一。最后，司法改革后，独任检察官、主任检察官、检察长、副检察长都要参与办案，那么当发生错案或者执法过错行为，又由哪个部门去启动?《若干意见》第 42 条第 1 款规定："人民检察院纪检监察机构受理对检察人员在司法办案工作中违纪违法行为和司法过错行为的检举控告，并进行调查核实。"该规定确定了由纪检监察机构的调查核实作为启动程序，但

① 参见褚国樑、段继涛：《检察环节错案追究制度的反思与重构——兼论司法改革视野下的检察官办案责任追究机制》，载《新一轮检察改革与制度的发展完善——第四届中国检察基础理论论坛文集》（2014 年 10 月 25 日）。

是纪检监察机构作为法律监督者的监督者，由其调查检察官故意违反法律法规责任或重大过失行为，确实比较合适，但是由其作为启动追责部门，那么由谁来监督其行为，法律没有明确的规定。

（二）追责机构不完善

《若干意见》第43条第1款规定："人民检察院纪检监察机构经调查后认为应当追究检察官故意违反法律法规责任或重大过失责任的，应当报请检察长决定后，移送省、自治区、直辖市检察官惩戒委员会审议。"最高人民检察院关于全面深化司法改革意见中明确：建立检察官惩戒委员会制度。因此，在省级设立检察官惩戒委员会，是一项重要的改革举措。一方面，有利于提高追究检察官司法责任的公信力，尤其是对发生的冤假错案，由中立的惩戒委员会审议后做出处理意见，更容易得到社会公众的认同；另一方面，也有利于保障当事检察官的合法利益。尤其是对认定检察官是否存在重大过失上，由惩戒委员会审议并听取检察官的陈述和辩解，更为客观和公正公平。但是如何在现有的纪检监察体制下，把惩戒委员会的职能定位、工作程序设计好，发挥其在检察机关司法责任制改革中的作用，还需要我们结合实际情况积极探索。

（三）错案责任主体不明确

一个案件的形成是要通过侦查、批捕、审查起诉等环节组成的，在这过程中，其过错行为往往是承接的，因此明确案件办理各环节责任的确定是非常重要的。现阶段，我们检察官办案还是普遍存在审定分离的现象，案件一般通过部门负责人审核后，由分管副检察长或者检察长批准，案件分歧比较大的，一般都会通过检委会讨论后作出决定。因此，最终作出司法决定权有检察长、副检察长审核批准、检委会决定或者是上级院的决定等。所以，在错案发生后，错案主体责任界定起来非常复杂。

（四）错案责任追究时效不合理

十八届四中全会《中共中央关于全面推进依法治国若干重大问题的决定》中明确规定，实行办案质量终身负责制；最高人民检察院的相关规定明确，检察官对案件质量终身负责；《若干意见》也规定检察官在职责范围内对办案质量终身负责。实行案件质量终身负责是有其必要性的，一方面可以提高司法办案人员办案水平和执法规范化的建设，另一方面由于近期屡被曝光的冤假错案中，很大部分是由于检察环节、审判环节没有尽到监督责任，使得错案没有得到纠正，实行这一制度，可以加强司法人员办案责任心，减少错案的发生。但是，笔者认为，"终身"必须要受到时效的限制，这样才能符合我们立法的目的。司法人员在办案过程中，如果因为其渎职行为，使得无辜的人受到刑事追诉或者造成其他恶劣影响等其他情形，那么应当以玩忽职守罪等其他罪名移送相关部门处理。既然司法人员涉嫌犯罪，那么应当受到《刑法》中对于追诉时效的限制。[①] 如果涉案司法人员追诉时效已过，那么就不应当再追究其刑事责任了。实行案件质量终身负责制，在一定程度上对于司法人员来说是不公平的，同样是违法犯罪，同样受到《刑法》的规制，但是追究时效却不一样，其违反了法律适用的公平性原则，也违反了罪刑法定原则。

三、构建和完善当前检察官错案责任认定与追究机制

当前，司法改革在全国各级检察机关全面推进，各试点检察院在探索中不断总结经验，吸取教训。此次司法改革的核心工作是落实责任制，而检察官员额制是实行司法责任制的前提和基础，因此，构建和完善检察官错案责任制，要和检察官员额制结合起来实施，建立一套标准统一、制度完善的检察官错案责任追究机制。

（一）制定统一的检察官错案责任追究标准

《若干意见》第 34 条、第 35 条规定：检察人员在司法办案过程中，因故意违反法律法规或者因重大过失造成冤假错案或者是造成其他严重后果的，应当追究其司法责任。对于因刑讯逼供、暴力取证、徇私枉法等情形造成冤假错案的，必须严肃追究司法办案人员的责任。这些是必须追究司法责任的标准，必须按照该标准执行。当然，检察人员在司法办案的过程中，不是只要办案过程中出现错误就会被追究责任，因为人的认知能力、科技发展水平往往受制于特定的社会历史条件，根据司法职业特点，检察官在办案过程中存在瑕疵，但不影响案件最终定性，则不应该追究其司法责任。另外，因为司法人员对法律法规的理解或者对案件事实的判断不一致而造成错案的，也不应该轻易追究司法责任。再者，检察人员在办案过程中尽到了必要的注意义务，没有故意或者重大过失的，不承担司法责任。

---

① 《刑法》第 87 条规定："犯罪经过下列期限不再追诉：（一）法定最高刑为不满五年有期徒刑的，经过五年；（二）法定最高刑为五年以上不满十年有期徒刑的，经过十年；（三）法定最高刑为十年以上有期徒刑的，经过十五年；（四）法定最高刑为无期徒刑、死刑的，经过二十年。如果二十年以后认为必须追诉的，须报请最高人民检察院核准。"

（二）明确检察官错案责任主体

2015年9月最高人民检察院颁布《若干意见》以来，各级检察机关也纷纷相应制定配套的《实施办法》，但是现阶段还存在很多配套措施亟待建立。实践中还存在许多办案人员对证据疑点或者是法理把握不准等问题，不敢断定案件，不敢负责任，所以往往把案件提交检察长或者检委会来决定。这样一来违背司法改革的理念，同时增加检委会工作量，再者难以明确案件责任承担者。《若干意见》规定“谁办案谁负责，谁决定谁负责”，进入员额的检察官必须按照司法亲历性要求，在司法一线作为案件承办人直接办案。另外，独任检察官、主任检察官对检察长负责，在职权范围内对办案事项作出决定。司法改革就是从根本上改变原有的“三级层报审批制度”，明确办案人的责任。如果还像以前一样由领导审核、审批案件或者遇到法理把握不定的案件就提交检委会讨论，那么检察官司法责任制难以发挥其作用。所以，应该进一步明确领导把关的案件和检委会受案的范围，如重大、疑难、复杂案件或者重大专项工作、重大业务工作部署等情形才能提交检委会讨论，真正将检察官责任明确到位、落实到位。同时各级检察院也要改变以往的工作作风，要敢于担当、勇于承担责任。

（三）明确检察官错案责任追究的启动程序

首先，《若干意见》明确了独任检察官、主任检察官、检察长、副检察长的责任，而由其组成的检察官办案组根据需要会配备必要的辅助人员，其在职责范围内承担执法办案的监督职责，如果发现执法不规范有可能造成错案隐患等情况，应当向检察长或者纪检监察部门汇报。其次，对于接到举报、申诉等情况，控申部门应当初步核实涉嫌执法过错的线索，然后将核实结果交由检察长或者纪检监察部门。再次，纪检监察部门作为检察机关负责监察工作的专门机构，其应当落实好规范行为专项整治工作，监督检察官认真开展自查自纠，通过自查自纠发现问题，提出整改意见和建议①。最后，应当明确纪检监察部门在贯彻落实司法责任制中的职位，规范检察官错案责任追究问责机制。

（四）建立独立的检察官惩戒委员会

习近平总书记在中央全面深化改革领导小组第二十六次会议中审议通过了《关于建立法官、检察官惩戒制度的意见（试行）》，该意见规定由省一级法

---

① 参见吴鹏：《司法改革背景下检察官错案责任追究制度研究》，载《法制与社会》2016年第5期。

官、检察官惩戒委员会负责对法官、检察官是否应当承担责任提出意见。这就提高了追究检察官司法责任的权威性和公信力，避免“自己人查自己人”的尴尬。从上海司法改革试点经验来看，其惩戒委员会的成员分别由法官、检察官、律师、法学学者等组成，一是从人员配备上来讲比较专业；二是原来错案机关部门回避，更显示其公正性；三是有利于保障当事检察官的合法权益，由惩戒委员会审议并听取检察官的陈述和申辩更为客观公正。当发生执法过错或者错案时，首先应当由原机关纪检监察部门进行核查是否应当予以追究司法责任后，再把相关案件情况提交惩戒委员会，开展调查和认定。鉴于司法改革后将推动省以下地方法院、检察院人财物统一管理，而法官、检察官也将由省级进行遴选任免，在省一级建立法官、检察官惩戒委员会势在必行，但还是要多方面吸收成员，如人大、媒体代表等。① 另外，还要建立统一规范的听证审查程序，保证责任追究的公开透明。

（五）合理确定错案责任追究时效

对于历史上的很多冤假错案，国家在依法纠正的同时，没有过多地强调追究当时办案人员的责任，而是要求从制度上反思原因，建立健全冤假错案机制。一方面固然要考虑当时的历史条件，另一方面也应该考虑错案责任追究的时效问题，办案质量终身制中的“终身”必须是相对意义上的，要受到法律中关于时效规定的限制。《刑法》规定经过 5 年、10 年、15 年、20 年 4 个期限后不再追诉，而追诉期限从犯罪之日起算。如检察人员在办案过程中刑讯逼供、暴利取证或者以其他非法方法获取证据，造成受害人重伤，那么该检察人员就有可能构成故意伤害罪，可能判处 3 年以上 10 年以下有期徒刑，如果其涉嫌犯罪已经过了 10 年犯罪的追诉时效，就不应该再追究其刑事责任了。当然，不追究刑事责任，并不代表不追究责任，如果还在岗的话可以暂停执行职务、调离执法岗位、延期晋级晋职、责令辞职、免职、调离检察机关、辞退或者给予纪律处分。如果已经退休的，相应的待遇应当按规定予以减除。

① 参见蒋琤琤：《检察人员错案责任终身追究制的构建》，载《法治与社会》2014 年第 11 期。

检察环节当事人认罪认罚的自愿性与明智性研究

◎黄聪颖*

内容摘要：认罪认罚从宽适用的前提是犯罪嫌疑人、当事人要有认罪的自愿性以及理解签署量刑建议具结书的明智性，但由于许多当事人文化素质较低、法律知识淡薄，加之辩护律师的参与度不高等因素，当事人自愿认罪与明智认罚未能实现。为保障当事人认罪认罚的自愿性与明智性，通过立足我国司法实践以及参考国外和我国台湾地区经验，建议赋予当事人知情权，确保权利充分告知；完善法律援助制度，确保获得有效帮助；建立健全监督措施，确保公平公开公正。

关键词：检察环节；当事人；认罪认罚；自愿性；明智性

2016年9月4日，《全国人大常委会关于授权最高人民法院、最高人民检察院在部分地区开展刑事案件认罪认罚从宽制度试点工作的决定》（以下简称《决定》）正式施行①，宏观规定了犯罪嫌疑人、刑事被告人得到从宽处罚的前提：其一，要如实供述自己的罪行，对犯罪事实无异议，有认罪的自愿性；其二，要同意检察机关的量刑建议并明白签署具结书的法律后果，有认罚的明智性。同时《决定》还明确要求保障犯罪嫌疑人、刑事被告人的辩护权和其他诉讼权利。因此，深入研究如何确定犯罪嫌疑人、刑事被告人具有认罪自愿性与认罚明智性及如何保障他们的诉讼权利等问题极具现实需要与时代意义。

---

* 广西壮族自治区钦州市人民检察院民事行政检察处助理检察员。

① 《全国人大常委会关于授权最高人民法院、最高人民检察院在部分地区开展刑事案件认罪认罚从宽制度试点工作的决定》提出“对犯罪嫌疑人、刑事被告人自愿如实供述自己的罪行，对指控的犯罪事实没有异议，同意人民检察院量刑建议并签署具结书的案件，可以依法从宽处理”。

一、问题的提出与方法的选取

《决定》施行后，有声音担心和质疑“会不会出现犯罪嫌疑人、当事人被迫认罪认罚的情况？现阶段的认罪认罚从宽大多在速裁程序中适用，速裁程序快捷，当事人认罪后即自愿放弃了多项诉讼权利，他们的权利如何保障？会不会出现权钱交易？”认罪认罚从宽制度可以缩短审理时间，有利于减轻司法负担、提高司法效率，这是毋庸置疑的。设计刑事诉讼制度的基本前提是信赖法官、检察官公正、廉洁，设计认罪认罚从宽制度更不例外，且该制度的适用条件是犯罪嫌疑人、被告人系基于自由意志选择认罪，通过正当程序能使司法机关更好更快地查明事实、确定刑罚，从而实现维护社会秩序和稳定的目的。但是，制度设计是理想化的，司法实践需要程序的规范与监督，“程序决定了法治与恣意的人治之间的主要区别”①。

每个人都有选择认罪认罚的权利，所以认罪认罚自身不具有特殊程序地位，可以存在于刑事诉讼任何诉讼程序当中。② 无论是选择速裁程序还是选择其他简易程序，一旦当事人选择认罪认罚，那就选择放弃无罪辩护的机会，也失去了法律所提供的诸多诉讼权利。为防止当事人在被胁迫或受利诱的情况下做出错误的认罪认罚，也为了避免可能发生的冤假错案，有必要建立保障当事人认罪认罚自愿性和明智性的制度机制。

认罪量刑协商是认罪认罚从宽制度的实现形式之一，控辩双方在犯罪嫌疑人、当事人自愿认罪的基础上就量刑进行协商。本文拟选取笔者工作所在地区、已开展速裁程序和建立检察环节律师参与下的认罪量刑协商制度的 Q 区

---

① 美国联邦最高法院前大法官道格拉斯曾言：“《权利法案》中的大多数条款都是关于程序的规定，这并非没有任何意义。正是程序决定了法治与恣意的人治之间的主要区别。”

② 这是根据认罪认罚从宽案件可以适用所有类型案件推导而来。基于法律面前人人平等的法治原则，任何人包括最严重的杀人犯罪分子、恐怖犯罪分子、黑社会性质犯罪分子等都有权利认罪认罚（当然认罪是否从宽要由司法机关根据案情酌情而定）。参见陈卫东、胡晴晴：《刑事速裁程序改革中的三重关系》，载《法律适用》2016 年第 10 期。

检察院为样本研究对象,① 并结合对部分律师和检察官的访谈，探析应如何确保当事人认罪认罚的自愿性和明智性，以及如何切实保障他们的合法权利。

2016年3月，Q区检察院探索建立检察环节律师参与下的认罪量刑协商制度，因该制度还在探索阶段，所以目前启动主体主要为检察机关，流程一般如下：承办检察官审查案件过程中，对犯罪嫌疑人进行第一次讯问时，若嫌疑人认罪，检察官会针对是否适用认罪量刑协商（如案件有被害人，必须征询被害人的意见）进行审查，评估风险及可行性后，会向当事人或其辩护人提出可选择认罪量刑协商的提议，如当事人及其辩护人同意则进行量刑协商（如下图）。

检察官 —讯问→ 认罪 —评估→ 当事人或其辩护人 —同意→ 量刑协商 —签订承诺书→ 移送法院

在协商环节，检察官会再对犯罪嫌疑人进行讯问，内容包括对自愿认罪的再次确认及向犯罪嫌疑人解释阐明认罪量刑协商制度。协商结束后，检察官、犯罪嫌疑人及其辩护律师共同签署《认罪协商承诺书》。协商通常会出现博弈和对抗，分析控辩双方的力量及“筹码”，可以更有针对性地找出问题所在：

（一）当事人的认知能力有限

检察机关对犯罪嫌疑人进行讯问时，一般都会确认当事人的姓名、住址、文化程度、职业和家庭成员等基本信息。据统计，2016年以来，Q区检察院受理的378件435人刑事案件中，从文化程度来看，文盲的嫌疑人占6.89%，小学文化占43.26%，中学文化占41.28%，大专以上文化占8.57%；从职业来看，无业的占7.14%，务农的占45.63%，工人的占34.75%，其他的占12.48%。科学研究分析显示，毕业于不同类型高校和学习不同专业的人，认知能力存在统计学意义上的显著差异，而工作经验对人的认知能力也有显著的

① Q区检察院所处地域经济发展一般，案件数量处于全国平均数之上。2015年始探索推行轻微刑事案件快速办理工作，在该院的推动下，Q区政法委、法院、检察院、公安机关、司法部门等共同制定了《关于快速办理轻微刑事案件的暂行规定》，并配套出台了援助律师值班等制度，以切实保障当事人的合法权益。2016年3月始探索建立律师参与下的认罪量刑协商制度，该制度是认罪认罚从宽制度的表现形式之一。因此，对Q区检察院在认罪认罚从宽制度中的当事人权益保障的实证考察具有一定的标本意义。

影响。① 另外，法律有其专业术语，犯罪嫌疑人对此的理解水平更有限。

据不完全统计，检察官向犯罪嫌疑人阐释相关指控内容后，约70%的犯罪嫌疑人能理解检察机关指控的案件事实及罪名，但仅有不足50%的犯罪嫌疑人明白认罪量刑协商的内容及结果。实践中不乏犯罪嫌疑人承认实施过犯罪行为，但却坚决不认罪的情形，更有犯罪嫌疑人在检察官提出量刑建议、问及是否同意适用某种刑罚时，均表示没什么意见，但还是请求检察官降低量刑建议的情形。因此，由于许多犯罪嫌疑人法律素养低，所以在认罪量刑协商的过程中，他们难以说拥有独立协商的能力。

（二）辩护人的参与程度有限

2016年，Q区检察院受理案件涉案的435人中，仅有84人委托了辩护律师（含指定辩护在内），辩护人参与率还不到20%。根据Q区检察院速裁程序的现有规定，犯罪嫌疑人或当事人有获得法律援助值班律师帮助的权利。当事人可申请法律援助，但援助内容一般为法律解释、案件咨询、对程序选择提供建议等。18.33%的犯罪嫌疑人认为值班援助律师形式化，帮助很小。另外，对部分律师的访谈结论显示，超过一半的律师认为在现阶段的认罪量刑协商中，他们的参与率及参与度都很有限。有辩护律师提出由于未掌握详细的量刑指导意见，所以控辩协商能力不平衡，有碍协商结论公平公正，建议法院内部详细的《量刑指导意见》也应向他们公布；还有辩护律师提出量刑协商结果对法官不具约束力，检察机关如何保证法官一定会采纳该结果的质疑。

（三）检察官的占优地位稍显

在对律师、检察官的访谈中②，87.5%律师、80%检察官认为在认罪量刑协商中，检察官处于优势地位。检察官掌控案件的诸多细节信息，掌握着指控犯罪嫌疑人的决定权，而律师介入的时间一般迟延，对案情了解不如检察官全面。在Q区检察院实施的认罪量刑协商案件中，有12.5%是指定援助律师的，部分援助律师还来不及阅卷即参加量刑协商。在问及控辩双方力量对比时，有检察官认为，“大部分当事人法律素养低下，我们很希望有如律师等第三方加入协商，然而援助律师仅仅是按要求到场而已，并未真正参与协商，他们更像观察者而非参与者，以致显得我们一言堂”。在问及检察环节认罪量刑协商的

① 参见王仁曾、刘畅：《先天与后天：如何影响中国人的认知能力表现》，载《兰州大学学报（社会科学版）》2016年第2期。

② 因样本有限，本次调研仅选取了8名律师和Q区检察院5名公诉人为访谈对象。

监督机制时，检察官均认识到现阶段只有内部监督（体现在办案流程的呈批上）而缺乏外部监督，但他们对此并不担忧，一是检察环节的认罪认罚还不是最终结果，法院将对协议结果进行实质性审查，如果法院认为不适当的还可以将案件转为其他程序继续审理；二是当事人在量刑协商过程中的有罪答辩不具效力；三是当事人拥有反悔权利。

刑事案件认罪认罚从宽制度在充分彰显司法文明和进步的同时，更要清楚地认识到当事人认知能力有限、辩护人参与程度有限的现实问题，同时更要意识到检察机关在认罪认罚从宽的操作过程中有较大的自由裁量权，如果把关不严，也容易引发司法腐败，对公平正义造成实质性的戕害。

二、保障认罪认罚的自愿性与明智性之考察

目前，从控辩双方对于认罪认罚从宽制度试行的情况看，信息不对称、有限的辩护参与、监督缺位等是影响当事人作出认罪认罚的自愿性与明智性的因素，这些问题亟待解决。美国在“二战”以后已采用“辩诉交易”，1974 年修订施行的《联邦刑事诉讼规则》更是明确地将辩诉交易作为一项诉讼制度确立下来，而我国台湾地区认罪协商程序更是经过 4 次的立法过程，最终于 2004 年“刑事诉讼法”修正案中新增认罪协商程序。美国和台湾地区的实践为我们认罪认罚从宽制度提供了富有启示的范本。

（一）美国：两种保护当事人权利的思路

在被追诉人认罪认罚案件的域外考察中，美国主要有基于宪法准则（constitutional norms）的强化司法审查改革模式和基于消费者保护观念的市场促进改革模式（market - based reform）两种思路。① 《美国宪法第六修正案》保证“在一切刑事指控中，被告应享有获得无偏私的陪审团及时、公开审判的权利”。美国开国先贤托马斯·杰斐逊认为，陪审团审判是人们构想出的唯一的锚，有了它我们才能防止政府与其宪法原则背道而驰。陪审团审判是美国刑事司法系统的关键元素，它不仅是查找真相的机制与实现公平的手段，也是一面反抗暴政的盾牌。② 为保障被追诉人的权利，司法审查必须加强，通过建立“认罪陪审团”以对抗强势指控的检察机关，增强公开度、透明度和公众参与

① 参见 Albert W. Alschuler, The Defense Attorney's Role in Plea - Bargaining, 84 YALE L. L. 1179, 1229 - 30。

② 参见 Jed Rakoff, Why Innocent People Plead Guilty, 101 YALE L. L. 1909。

度，增强司法监督。

另外，美国以当事人对抗主义为基础，诉讼活动被视为一种游戏，而相应地，辩诉交易被视为一种契约行为。[①] 因此，有学者提出基于消费者保护观念，通过强化激励机制和法外的监管控制，改善控辩双方信息与力量不对称、无罪者被迫认罪的局面，以增强诉辩交易的有效性和公平性。他们认为决定一个“交易”的好与坏关键在于：当事人是否对庭审结果预知、是否获知同类型犯罪的“市场价格”（即同类型案件的量刑情况）。在此思路下，他们设计了具体的操作措施：一是确保检察官向犯罪嫌疑人、被告人阐明权利及其他相关内容，让当事人获取更多、更好、更清晰的信息，以帮助他们理解并作出选择；二是确保辩诉交易程序的透明度，可让公众参与；三是提高辩护水平和质量，可通过培训、制作清单和加强对律师的指导、监督等措施进行。

（二）我国台湾地区：赋予当事人一系列诉讼权利

我国台湾地区为保障当事人的基本人权，在认罪协商程序中赋予了当事人一系列诉讼权利[②]：一是知悉权，犯罪嫌疑人能知悉的内容包括罪名、法定刑、因选择适用认罪协商程序审理所丧失的权利等。二是获得律师帮助的权利。台湾地区“刑事诉讼法”第455条第5款明文规定，认罪协商中，当事人同意接受的刑罚为6个月以上有期徒刑且未宣告缓刑的，均有获得律师帮助的权利，未委托律师的，有获得法院指定的公设辩护人或律师帮助的权利。条文中还对辩护人的辩护权利与义务作了规定，辩护人可就协商事项发表自己的意见，但其意见不得违背当事人明确意思表示。三是上诉权利。台湾地区采取了“不许上诉是原则，上诉是例外”的做法，列举了当事人可以提出上诉的六种情形[③]。

三、保障认罪认罚的自愿性与明智性之路径探索

认罪认罚从宽中当事人的自愿性与明智性应体现在这些方面：一是确定当

---

① 参见陈光中、马康：《认罪认罚从宽制度若干重要问题探讨》，载《法学》2016年第8期。

② 参见王小光、李琴：《台湾地区认罪协商程序的引进和运作情况分析》，载《中国刑事法杂志》2013年第2期。

③ 这六种情形分别是：①协议双方合意撤销或撤回协商申请；②协商非出自当事人自由意志；③当事人所犯之罪不在认罪协商程序适用范围内；④当事人还有其他较重罪行；⑤法院认为应判处免刑、免诉或不受理；⑥协商判决违反法定刑范围。

事人有认罪的资格与能力；二是保证当事人明白指控的实质；三是当事人已被告知法定刑及可能被判处的最重刑罚；四是当事人已被告知有委托辩护人的权利等。[①] 从这几个关键点思考，参考域外实践的经验，再立足我国实际，可从这几方面确保当事人认罪认罚的自愿性与明智性：

（一）赋予当事人知情权，确保权利充分告知

知情权最初源于人权保障的理念，目的在于实现自由、平等和民主等宪政价值，是民主政治社会的基本标志。当事人在认罪认罚过程中应获悉自己依法享有的诉讼权利、被指控的性质、事实和理由、有关起诉或不起诉的决定及理由和相关证据资料等重要诉讼信息。在性质上，犯罪嫌疑人的知情权是一项基础性权利，具有宪法性权利的属性，但它无须在刑事诉讼立法中明文宣示“某某享有知情权”，而是以犯罪嫌疑人可以知晓的程序事项及其事实和理由的方式加以具体体现。

因此，在进行认罪量刑协商时，要建立权利充分告知制度，检察官需要向当事人进行权利告知，将认罪认罚从宽的政策以及选择速裁程序和简易程序的后果，一并加以列明，使得当事人在获知起诉的罪名和理由后，即可以进行考虑和权衡，从而做出明智的选择。同时，检察官还要向当事人说明其具有反悔的权利，说明假如其推翻原来所做的有罪供述，或者不认可检察机关指控的罪名，或者对检察机关的量刑建议提出异议的话，将会面临怎样的法律程序与后果。

（二）完善法律援助制度，确保获得有效帮助

美国学者在研究认罪案件时指出，虽然被追诉人名义上享有认罪或不认罪的绝对权利，但是他们经常会发现，在没有辩护人的情况下自己根本不享有任何保护。[②]《美国宪法第六修正案》明确规定了当事人有权获得律师帮助为其辩护，该项权利在辩诉交易中被认为是当事人享有的最重要的权利。[③] 大陆法系国家或地区在认罪协商程序中也往往为被追诉人提供免费律师辩护。德国《刑事诉讼法》明确规定“可能判处自由刑六个月以上的，对尚无辩护人的犯

---

① 参见 The Trial Judge’s Satisfaction as to Voluntariness and Understanding of Guilty Pleas, 1970. Wash. U. LQ. 289, 299 - 302.

② 参见［美］乔治·费希尔：《诉辩交易的胜利——美国辩诉交易史》，郭志媛译，中国政法大学出版社 2012 年版，“序言”第 6 页。

③ 参见陈光中主编：《辩诉交易在中国》，中国检察出版社 2003 年版，第 227 页。

罪嫌疑人，由法院对其指定辩护人”①；我国台湾地区也在协商程序中设定了强制辩护权。

党的十八届四中全会明确提出“完善法律援助制度”的要求，中共中央办公厅、国务院办公厅《关于完善法律援助的意见》更是进一步提出，法律援助机构在法院、看守所派驻法律援助值班律师。因此，保障当事人获得律师的帮助，这是保证当事人认罪认罚自愿性和明智性的基本制度保障，尤其对那些无力委托辩护人的当事人，应一律指派法律援助律师进行辩护。但目前被指派从事法律援助的律师除了为当事人提供法律咨询外，究竟还能提供怎样的法律帮助，同时，法律援助律师的素质和服务质量能否得到实质的保障，也是要进一步解决的问题。相关部门可通过组织培训等方式来提高法律援助的适用与服务质量。

（三）建立健全监督措施，确保公平公开公正

作为认罪认罚的重要参与主体之一，检察机关更要意识到自我监督及接受监督的重要性，防止司法腐败，力求实现认罪量刑协商的公平公开公正。其一，规范诉讼程序，保障刑事诉讼参与者的权益。只有充分保障犯罪嫌疑人、当事人依法享有的辩护权和其他诉讼权利同时认真听取被害人及其代理人的意见，方能彰显公平。其二，坚持检务公开，接受监督。公检法三机关要切实履行分工负责、互相配合、互相制约的原则，确保认罪认罚案件的办案质量。同时，还可考虑引入第三方参与机制，接受公众监督。其三，坚持证明标准。办理认罪认罚案件，仍须按照法定证明标准，坚持客观真实与法律真实的辩证统一，依法全面收集固定证据、全面审查案件，坚持以事实为根据、以法律为准绳，严把事实证据关和程序关。其四，强化责任追究。对于法院、检察院、公安机关工作人员在办理认罪认罚案件中，有刑讯逼供、暴力取证或者权钱交易、放纵犯罪等滥用职权、徇私枉法的情形，如果构成犯罪的，应当依法追究刑事责任，尚未构成犯罪的，要依法给予行政处分或者纪律处分。

① 岳礼玲：《德国刑事诉讼法》，中国检察出版社2016年版，第154页。

[调查研究]

以需求为导向的信息化与检察工作的深入融合

——以全区检察机关高清视频系统应用为例

◎苏庆国* 林京伟**

内容摘要：目前全区检察机关均已覆盖高清视频系统，为全区检察工作信息化发展提供了科技支撑。不足的是，实践中还存在诸如缺乏高清视频创新应用的需求动力，规划难以提升；视频系统应用不平衡，建设效能有待提高；机制不完善，阻碍应用进一步深入；技术力量不足，难以提供有效技术支持等问题。其原因主要有对信息化不够重视，信息化建设主动性不足；顶层规划需求不清，功能重合度较高；信息化建设主体单一，机制建设不够成熟；技术人员引入机制偏离，工作适用性不强等。对此建议如下：一是要提升认识，重视需求；二是要明确需求，科学规划；三是要依托需求，完善机制；四是要转变模式，提高效益。

关键词：需求导向；信息化；检察工作；高清视频系统

2010年至2012年，全区检察机关全面完成高清视频一体化平台一、二期建设，建成了高清视频会议系统、视频指挥调度系统、高清审讯监控系统、远程视频信访系统和部门可视业务交流系统，并通过高效统一的平台对各类视讯系统进行了整合与管理，实现了标清向高清应用的升级，实现“自治区检察院—市级检察院—基层检察院”三级侦查指挥中心的统一指挥、协同办案、信息共享、案情汇总等功能，办案模式进一步实现侦查指挥信息化转变，工作交流模式实现高清远程信息化模式转变，有力推进了检察工作向科技强检战略目标迈进。面对新形势，建设和应用深度、广度还需要进一步拓展，尤其是在检察工作信息化流程的再造过程中，都需要信息化手段的支撑，无疑对检察信息化建设提出了更新更高的要求。面对现代化技术如何有效融合检察工作这个

---

* 广西壮族自治区人民检察院检察技术处副处长。

** 广西壮族自治区人民检察院检察技术处主任科员。

课题，需要我们进一步解放思想、勇于探索和尝试，在开展远程取证、推进侦查信息化和深化检务公开等工作中，认清检察机关信息化内在需求，以需求为导向，积极探索创新检察信息化与检察工作有效融合的措施方法，推进检察工作和信息化融合发展。

一、基本情况

当前，高清视频系统建设覆盖全区检察机关。其中，有132家检察院依托视频一体化平台建设，建成侦查指挥中心、远程接访系统、视频会议系统、办案区的高清审讯录像等高清视频系统，建设率100%，并同步统一了办案工作区、特审室有关同步录音录像系统的建设标准；有104家检察院完成了特审室高清审讯系统建设，为推进远程审讯、远程提讯业务发展提供了基础；截至2016年10月24日统计，有5个市级院、54个基层院完成高清视频接访系统的改造工作，进一步延伸了高清视频应用范围。可以说，全区检察机关已形成了以“双百兆”高速网络为基础平台、以高清视频一体化平台为主的综合性高清视讯应用信息化体系，为检察机关视讯应用提供了科技支撑和服务。

二、面临的问题

（一）缺乏高清视频创新应用的需求动力，规划难以提升

近两年来，全区各级检察院按照最高人民检察院“四统一原则”不断推进电子检务工程建设，但工作进程中，部分单位对认识“四统一”原则产生偏离，尽管以高清视频系统为代表的信息化建设逐步以省级院统一平台、统一管理、统一标准为技术导向，但是各级院在如何应用高清视频系统服务业务上欠缺思考，“等做靠”的思想和现象普遍存在，应该在平台上主动创新、主动应用的规划基本空白，此次调查中发现，大部分干警和单位对业务会商、案件讨论、信息共享的认识存在差异或根本不了解，这与公安机关深度利用视频系统开展图像识别、图像处理、结构化分析等业务的情况存在极大差距，此类情况可见，检察机关在深度规划高清视频系统和推进视频应用缺乏干警认同基础，也缺乏创新应用的需求动力和燃点，影响系统深入规划的正确快速决策。

（二）视频系统应用不平衡，建设效能有待提高

调研中，部分基层单位反映了整体高清视频系统应用较少，部分单位反映应用次数多，但从调研数据可看，审讯系统、视频会议系统应用次数远远高于远程接访、远程提讯、远程指挥等视讯应用，而应用次数较少的系统往往是上

级部署、建设资金较多的项目，该类系统在本地业务应用少，多是用于级联上级院视频工作，产生此类两极化现象，不难看出是与基层业务实际需求不清的情况不无关系的，深入可见，新的视频应用功能在实际中发挥不够，平台综合性、共享性等特点没能得到很好的发挥。

(三) 机制不完善，阻碍应用进一步深入

一是管理机制不完善。如侦查一体化平台管理上，部分检察院管理较为混乱，自侦部门和技术部门交叉管理和保障，导致设备故障频发，甚至在近期会议中发现，视频系统开机后无人值守的情况时有发生。二是应用机制不完善。主要反映在应用等级不清、应用主体不清，“看”或“说”的高清视频系统应用较为普遍，靠嘴动眼动即为信息化应用的思想造就了当前信息化应用机制，导致系统实质应用和保障全靠技术部门，进一步形成技术队伍既做保姆又兼做主人的局面，技术力量捉襟见肘。

(四) 技术力量不足，难以提供有效技术支持

近年来，随着高清视频平台功能的逐步完善，视频应用逐步增加，有限的技术力量疲于应对，尤其在检察改革大环境和管理机制不完善情况下，基层院技术人员不足情况尤为明显，面对突发事故，运维响应往往不尽如人意。

三、原因分析

综上基本情况和问题，我区检察机关高清视频平台已初具规模，甚至比周边省份单位建设要早、要全面，但是我们可以看到，我们的优势是硬件基础，应用方面的软实力却仍有欠缺的，存在问题都具有一定关联性，甚至具有一定共性，通过调研分析，我们认为有以下四点原因：

(一) 对信息化不够重视，信息化建设主动性不足

近年来各地信息化工作成果丰硕，很大程度是各地检察机关信息化建设创新发展的结果，最高人民检察院“四统一原则”的提出对信息化平台整合、数据共享提供了发展方向，但各地实际认识却有偏颇，尤其面对顶层设计较为滞后情况，对本地化建设需求和发展方向逐渐产生了不确定性，甚至惰性，逐步将自身信息化建设边缘化，进一步缺乏建设的责任意识和紧迫感，有意无意造成需求上报渠道的闭塞，上级信息化规划没有基层需求基础，难以保障系统功能建设的全面性。

(二) 顶层规划需求不清，功能重合度较高

高清视频一体化平台是我区检察机关重要的信息化项目之一，顶层规划将

以往分散式应用管理整合在了一个平台中，其中整合性与细粒度的划分不可避免，整合性往往面向管理层，而细粒度划分则更侧重服务一线岗位的应用。当前，部分检察院反映系统应用过多，而部分检察院反映系统应用较少，两者看似为我区检察机关信息化发展不平衡的表现，但这些单位无一例外地都重点反映了技术人员少，难以保障系统应用的情况，其实，较大程度是顶层在业务应用功能划分上脱离需求的原因，以全部体系的整合性替代功能细化在部门中去实现，较为笼统地全部归结于一个视频功能体系中，即前端系统什么能干、什么都能管，系统应用层级不清晰，在如何实现业务信息化一线应用有所顾此失彼，导致各业务视频应用功能边界模糊，有意无意助推了干警一个系统全部做完的信息化应用的错误认识，是大量业务和资源通过单一某个的视频系统实现的原因，进一步将业务部门自身的应用工作和管理职责转移至技术部门，导致技术力量匮乏的情况恶性循环。

（三）信息化建设主体单一，机制建设不够成熟

高清视频系统的出发点和落脚点是要为检察工作提供良好的视讯科技支撑服务，机制建设理应从具体的应用部门为主体开展，而当前应用机制和管理机制都与此有所背离，这与干警自身信息化需求认识不清不无关系。调研中，多数单位的案件讨论、远程会商、远程指挥等视频建设规划来源于上级工作部署，而非业务部门自身工作需要，同时，在相关规划方面，市县级技术部门也是依据上级工作部署开展，且协作方面更多是仅有技术部门，可以说，信息化建设、应用、管理三个环节未能形成闭环，参与工作的角色性单一，建设的起点不是业务部门需求，在建设阶段就已经自然封闭，业务部门不参与或参与不了，干警不了解功能设计缘由和操作形式，必然导致后续工作责任主体不清、应用机制和管理机制不完善的情况，后期依靠系统培训推进应用和管理的形式不过是杯水车薪，往往效果不佳。

（四）技术人员引入机制偏离，工作适用性不强

当前，在检察改革的大背景下，引进和保留技术人才面临极大挑战，往往通过招聘和借助外脑形式引进，而顶层队伍建设仅视焦于高精尖信息化人才，其指导思想无疑对增配技术力量产生一定负偏离。同时，视频系统应用等运维管理性工作并不具备高精尖的技术要求，技术人员受制于不完善的运管体系，服务大量的视频会议保障、同步录音录像等管理工作却成为了当前信息化融合检察工作的“典型”，技术人员疲于应付大量的底层技术工作，力量被极大分散，工作专业性较低。

四、对策建议

从上述问题可见，推进信息化融合检察工作在需求分析上仍有很大的提升空间。从高清视频系统作为提升检察机关信息化应用水平的出发点，提出四点意见建议：

（一）提升认识，重视需求

在当前国家的“互联网+”科技发展战略环境下，检察机关信息化建议不仅在信息时代下对自身业务发展瓶颈要有正确认识和紧迫感，更要坚持司法机关主体意识和地位，清楚认识到信息化部门是信息化与检察工作融合发展的引导者，最终还是要以检察工作为主体出发点，即如贯彻“互联网+”要求，既应是“检察工作+互联网”的科技强检战略，才能更好地在信息化应用中善于总结，善于提出问题。同时，借助人民群众对检察业务工作在效率、准确、广泛、紧密联系群众等要求上，倒逼每一位检察干警重视信息化工作，才能准确认识到信息化在检察业务工作中的益处和必要性，更是进一步正确认识到当前还缺什么，需要什么方式能更好服务本地业务工作，最大限度地发挥业务部门能动性作用，重视需求，调起需求分析的积极性，与信息化部门创造性地推动和开展信息化工作，推动本地信息化应用的创新发展，逐步形成由业务部门自身需求启动信息化建设的良性开端。

（二）明确需求，科学规划

信息化体系建设需要明晰的规划，其中，需求体系的构建也是明确应用如何细粒度划分，进一步推进需求落地，确保信息化应用在正确的部门中得到有效应用的重要环节。

一是明确需求方向。检察机关信息化系统建设意义既是提升检察机关业务工作效率，提升工作客观公正性，信息化规划焦点亦是如何提升检察机关业务效率，体现工作客观性，即是怎么做和做什么的问题，这决定了信息化系统应用方向应该得到明确，视频类系统的共性应用多，但不否定应用方向应进一步明确和细化，总体方向是满足检察干警远程面对面交流需要，具体到如远程讯问等系统应用方向首先是满足侦查需要，其次才是面对面交流需要；远程接访应用方向则首先是面对面交流需要，其次才是视频记录需要等，明确了需求方向，才有可能正确规划出信息化系统功能的重点，避免功能建设的重叠。

二是明确需求等级。需求等级的划分是逐步构建起信息化体系建设的关键，也是构建基础的关键。实践反复证明，视频会议等共性需求较强的功能的应用并不适配于便捷性较高的需求中，不少单位业务部门认为信息化难以适用，很大程度上是将大规模、复杂的信息化应用系统代替了诸如侦查指挥、远程审讯、远程提讯、远程接访等都具备较强业务特征、要求简易便捷的信息化应用工作，避免此类情况，就要求我们梳理好需求等级，即要为每一个应用划分等级提供依据，从实践可看，需求等级可分为基础性应用、共享性应用、专有性应用，越往上需求应更加明确、更加独特，应用等级就越高，系统功能相应更窄小，面向的用户范围也应越小，依据应用系统等级配置到具体部门中，减小前端的功能交错度和前端应用的共享性，构造出像金字塔一般的信息化应用体系，避免功能共性而影响应用主体的确定性。

（三）依托需求，完善机制

机制建设是信息化应用持久和有效开展的保障。信息化应用和管理机制建设不能脱离需求开展，需求无疑是确定应用主体的重要依据，而机制建设就是主体责任的反映，主体需求明确，机制建设才有依可循。

一是依托需求，完善信息化应用机制。信息化应用机制是信息化机制建设的组成，从上述可见，每个应用的业务特性和等级是根据业务部门需求确定，如何应用是主体需求的具体落实，要在信息化应用过程中坚持“谁需求、谁应用、谁负责”的原则，应用机制应包括开机、使用、关机等主要的基础环节，在制度上要求干警参与信息化应用，要在制度上将传统的“眼看、嘴说”的应用方式向“动手、动脑”的信息化应用方式转变，扩大和深化业务部门信息化应用范畴和层次。

二是依托需求，完善信息化管理机制。在需求确定信息化系统等级的基础上，具有广泛共性的系统的运维管理工作可统一由技术部门负责，而具有较强业务性质的业务系统应依据需求，前端的日常管理归由具体部门负责，后端故障管理由技术部门负责，这是符合信息化应用机制全员参与精神和要求的，同时，利用管理机制进一步规范场所建设，针对不同业务系统分设独立的应用场所，共享性系统应用可在部门内部建设公共场地，如侦查指挥中心兼顾远程讯问、远程指挥等。

（四）转变模式，提高效益

信息化融入检察工作无疑是对技术人员保障力量的要求和考验。在当前技术人员引进难的情况下，除了加强自身队伍建设外，要做好三个转变：一是思想模式转变。要引导业务部门科学开展信息化应用工作，切实转变业务部门只用不管的信息化应用思想，在应用和管理上合理分配责任，在前端承担起应用管理责任，做到定期检查设备等基础运维，逐步摊化技术人员保障工作量，让信息化系统更好地在业务部门内发挥作用。二是管理模式转变。依据规范化制度建设，积极引入运维外包制度，提升运维管理专业化水平，提升运维响应时效。三是运维模式转变。技术部门要从工作形式上从前端运维向后端统一运维转变，要从人工分散运维向信息化统一运维管理平台应用转变，让运维管理更加智能化。

民间金融犯罪的新态势与司法应对

——基于G省民间金融犯罪情况的实证分析

◎孙玉平*

内容摘要：针对民间金融犯罪情况的实证调研发现，民间金融犯罪存在涉案罪名集中，集资方式多样，犯罪主体多元化，社会危害后果严重等鲜明特点。办案实践中普遍存在调查取证难，案件定性难，司法处理难以及息诉罢访难的问题。研究表明，民间金融犯罪产生的主要根源在于：一是民间投资需求旺盛与投资渠道狭窄之间的矛盾，二是民间资本追求预期回报高，三是相关部门对民间融资监管滞后。对此建议：一是加大办案查处力度，提高查办和预防民间金融犯罪法治化水平；二是创新民间金融监管机制，保障金融市场秩序；三是加强金融法制建设，从源头上遏制民间金融犯罪。

关键词：民间；金融犯罪；新态势；司法应对

当前，我国民间金融市场得到了高速发展，在民间资本激活、民间资本流转改善方面取得了较大成效，在地方经济发展中的作用越来越大。但是，因民间借贷引发的涉众型金融犯罪多发易发，严重侵害人民群众的切身利益，破坏市场经济秩序，影响社会和谐稳定。为加强对民间金融领域犯罪情况的研究，分析民间金融领域职务犯罪案件的特点，完善金融法制，规范金融秩序，防范金融风险发生，服务经济社会发展，本文对G省检察机关办理的民间金融刑事案件进行了专题调研，提出防范和控制金融犯罪、降低金融风险的建议，以期积极应对经济社会发展新常态下的金融类犯罪。

一、民间金融犯罪的主要特点和危害

（一）涉案罪名集中，发案数量居高不下

民间金融领域的犯罪主要体现为非法吸收公众存款、集资诈骗罪。2013

---

* 广西壮族自治区灵川县人民检察院副检察长。

年以来，G 省检察机关共起诉民间金融犯罪案件 115 件 260 人，其中非法吸收公众存款案 86 件 123 人、集资诈骗案 75 件 101 人。从犯罪趋势上分析，案件数量、犯罪金额逐年上升；从犯罪地域分析，犯罪分子利用农民、下岗工人等弱势群体金融风险防范意识低、法律意识淡薄大肆作案，民间金融犯罪在农村、城乡结合部愈演愈烈，呈逐渐蔓延之势。

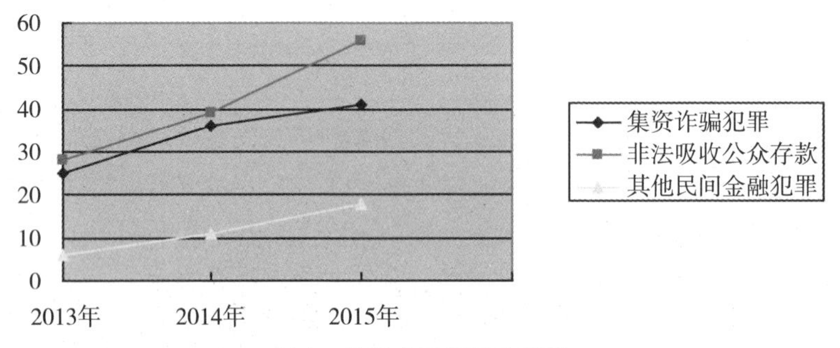

图 1　民间金融犯罪趋势图

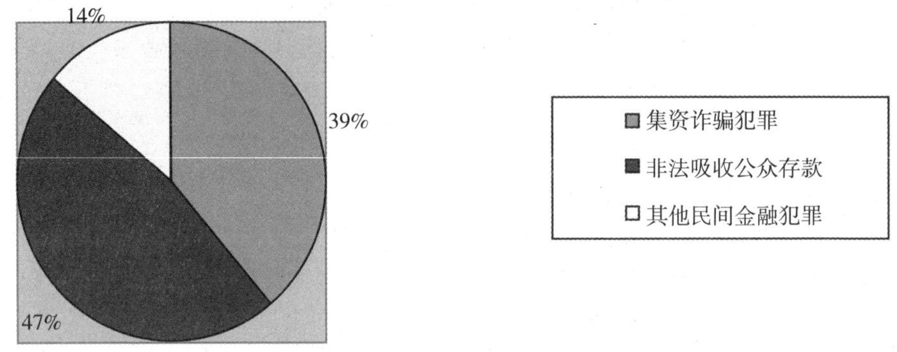

图 2　民间金融犯罪数量对比图

（二）集资方式由秘密到半公开、公开，诱惑性欺骗性较强

一是集资方式由秘密到半公开、公开。以往的非法集资多以在亲朋好友之间的口口相传秘密或半公开进行，达到层层叠加吸收、聚拢资金的目的。而在国家出台相关鼓励、支持民间借贷政策后，民间理财公司如雨后春笋般出现，非法集资即以此披上合法外衣并利用这一平台，通过广告、传单等方式公开宣传，采用夸大投资企业效益、虚构投资项目、投资入股、融资理财、消费返利、高额利息等多种形式吸引公众“投资”。允诺高额回报，引诱他人投资，导致金融风险加大。大多通过注册形式上合法的公司或企业，利用国家鼓励发

展生态林业、农村产业经济、产业升级改造的宏观政策来美化自己，诱骗社会公众投资。① 2015 年年底至 2016 年年初 G 省检察机关集中受理了“e 租宝”、“大大宝”、“泛亚日金宝”等一大批涉 P2P 非法集资案件。二是虚构或夸大投资项目，掩盖非法目的。三是利用特殊身份，偷换投资理财概念。有的利用金融从业人员的特殊身份，打着银行、国有公司的幌子，消除人们防范心理，诱惑社会公众交付财物。如 2014 年南宁市宣判一起非法吸收公众存款案，推出的所谓“企业 + 消费者 + 林农 + 基地”产业化经营模式，参与人数 17 万余人，涉案资金 4.89 亿余元。四是以虚假宣传造势，进行美化包装。犯罪分子往往花费大量资金做表面文章，通过电视报纸等媒体广泛宣传、散发传单、口口相传、进行社会公益捐赠等方式，夸大经济实力，骗取社会公众信任。犯罪分子往往以买名车、购房产、注册多家公司显示自己的经济实力，夸大公司业绩，诱惑他人主动出资。五是制造受益假象，不断发展下线。犯罪分子往往夸大投资规模和盈利前景，采取拆东墙补西墙等手段，起初按约定支付高息，然后让获利的投资人介绍亲朋好友投入资金，不断扩大资金下线链条，致使案件潜伏期长。②

e租宝

产品名称	年化收益	赎回方式	产品期限	付息方式	赎回机制
e租稳盈	9.00%	T+2天	12个月	每月付息	投资后可随时申请赎回
e租财富	13.00%	T+10天	12个月	每月付息	投资满30天可赎回，赎回期有利息
e租富享	13.40%	T+10天	3个月	每月付息	可提前赎回，提前赎回收取2%手续费
e租富盈	13.80%	T+10天	6个月	每月付息	可提前赎回，提前赎回收取2%手续费
e租年丰	14.20%	T+10天	12个月	每月付息	可提前赎回，提前赎回收取2%手续费
e租年享	14.60%	T+10天	12个月	每三个月付息	可提前赎回，提前赎回收取2%手续费

注册时推荐人一栏填写：13570474024
可以有专业财富管理师为你服务，更有更丰厚的奖励。
联系QQ，微信号420650230
面对不同需求客户，打造贴心理财计划

图 3　e 租宝高额回报示意图

① 参见彭冰：《非法集资活动规制研究》，载《中国法学》2008 年第 4 期。

② 参见潘煜双：《中小企业集群融资与民间资本对接运作模式研究——以浙江为例》，载《嘉兴学院学报》2012 年第 4 期。

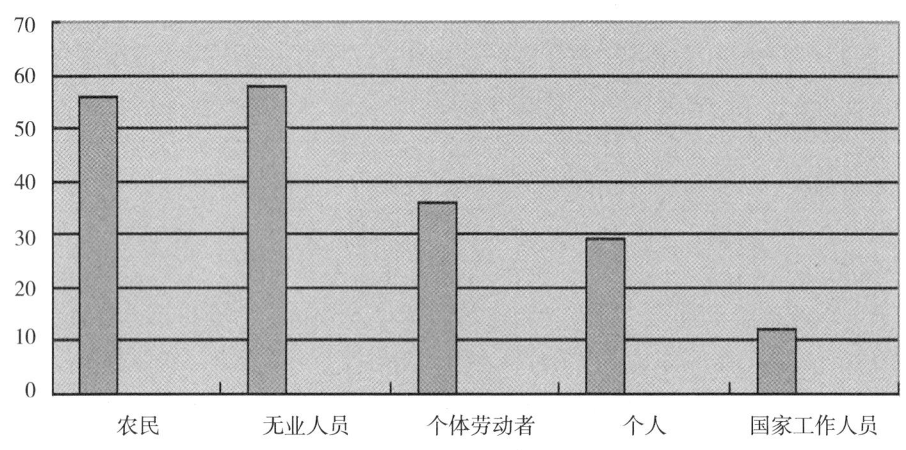

图 4 民间金融犯罪主体多元化

（三）犯罪主体多元化，出现专业放贷人

传统的民间金融参与主体多为熟人、亲友等直接关系，当前已发展为纯属牟利的陌生人之间的关系，涉及非国有公司企事业单位人员、农民、无业人员、个体劳动者、工人、国家工作人员等社会各个层面。大量担保公司、投资公司以及地下钱庄从事专门的收放贷业务，个别金融机构的工作人员也利用其特殊身份参与民间借贷。2013 年以来，全区检察机关共起诉非法吸收公众存款、集资诈骗案 260 人，其中非国有公司企事业单位人员 69 人、农民 56 人、无业人员 58 人、个体劳动者 36 人、工人 29 人、国家工作人员 12 人。

（四）案件涉及人员众多，社会危害后果严重

一是非法集资作案人呈团伙化、梯次化发展，即以某一人为主、为非法集资终端，再安排、发展或者放任他人作为“借款”集资的“二传手”、“三传手”，形成资金吸收网络。二是通过非法集资运作，让最先的存款、投资人获得高利益回报进行宣传，吸引大量后续跟进的公众受利益驱动诱惑而“入局”，深陷其中，因此最终受害人往往人数众多，范围波及各行各业人员。而一旦非法集资者资金链断裂，真相大白，众多受害人无法收回“投资”，造成利益受损，极易引发群体性事件，将矛盾转化给政府和司法机关，使得化解、

解决矛盾难。[①] 三是容易引发群体性事件，影响社会稳定。案件涉及领域广泛，人数众多，社会影响日趋增大，其中尤以非法吸收公众存款、集资诈骗案最为显著。涉案的企业或个体工商户一旦资金链断裂，往往伴随企业停工、倒闭，牵扯其中数以千计的投资者血本无归。2015 年桂林市连续发生十几起民间借贷的借款人“跑路”、“欠薪”等事件，造成了重大社会影响，埋下了不稳定隐患。如被告人王某故意杀人案。王某向于某某借用高利贷，到期没有归还，于某某便多次催要。王某为逃避高利贷债务，伙同朋友肖某某用刀子、电警棍等作案工具将于某某杀害。四是干扰正常司法审判秩序。民间借贷中高利放贷人在放贷之初往往采取预先扣除利息、签订虚假合同等手段掩盖高利放贷真相，利用精心炮制的所谓的“证据”到法院起诉，成为受法律保护的权利人。[②]

（五）投资人信访案件激增

随着宏观经济下行，民间金融投资风险快速发酵，涉众型金融犯罪呈高发态势，由该类案件引发的投资人信访案件也在激增。涉众型金融犯罪因涉及的投资人众多，极易引起集体访，截至目前，此类信访案件中，集体访占 70% 以上，其中 5 人以上集体访 5 批 32 人次、10 人以上集体访 3 批 40 人次。来访人员相互之间都有联系，通过建立微信、QQ 群等共同商定来访时间、形式、诉求等，有的甚至推举领导者，并自发进行内部分工，呈现一定的组织性。涉众型金融犯罪案发大多由于资金链断裂，无法按期给投资人支付本息或预期收益，资金往往已经去向不明或已被挥霍一空，追赃挽损率较低，巨大的财产损失容易导致投资人心理失衡。该类案件信访人的诉求，大多为挽回损失要求政府承担风险返本付息、加重对犯罪嫌疑人的刑罚等非理性诉求。且信访人通常情绪激动，在接访过程中无法冷静表达诉求，易引起过激的语言和行为，给接访安全带来隐患。如有的信访人扬言聚众上访、进京访，企图干扰检察机关办案；有的信访人年事已高，极易因情绪激动导致身体不适，引起社会不良影响。投资者有的甚至倾家荡产、血本无归，群体效应明显。

---

① 参见刘伟：《非法吸收公众存款罪的扩张与限缩》，载《政治与法律》2012 年第 11 期。

② 参见张珩：《非法吸收公众存款罪的难点问题》，载《中国刑事法杂志》2010 年第 12 期。

二、民间金融犯罪查办工作中存在的主要问题

（一）调查取证难

案件潜伏期长，取证、抓捕、追赃难度加大。多数金融犯罪常经过周密策划、精心包装，作案时间跨度大，作案范围涉及面广、领域多，涉及人员十分复杂。特别是非法吸收公众存款、贷款诈骗等案件，作案时间一般都在三五年之久，证据难以收集。[①] 多数案件发案后，犯罪分子早就消声灭迹，非法所得财产也已经转移，或用于消费挥霍，司法机关在查取、抓捕、追赃上存在较大困难。甚至犯罪行为败露后销毁会计凭证、拒不供述，影响案件的定性和取证，造成案件侦查难。

（二）案件定性难

区分非法吸收公众存款、集资诈骗的关键在于行为人是否具有非法占有目的，非法占有目的作为行为人主观思想的内容，主要依靠其客观行为并结合行为人供述来认定。但是此类案件往往团伙作案，犯罪分子之间事先订立攻守同盟，导致言词证据难以取得，加之被害人陈述、证人证言、物证、书证等其他证据难以证明犯罪分子的主观心态，案件难以定性处理。

（三）司法处理难

此类案件大多涉及民事、行政、刑事等多种法律关系，案件处理存在刑民交叉，法院民事审判部门、公安侦查部门重复立案或互相推诿均不立案，造成侦破难、立案难。而且，民间金融纠纷中债务人下落不明，逃债现象多，造成诉讼执行难。被害人通过公安侦查、法院诉讼，在名义上胜诉，但实际上债权长期难以实现。“执行难”在客观上使部分当事人产生“诉讼无用论”的消极认识，案结难以事了，影响办案效果。

（四）息诉罢访难

民间金融犯罪的赃款通常被挥霍或用于返还红利、拆东墙补西墙，案发后难以追回返还。被害人大多是社会弱势群体，心理承受能力差，一旦发现被骗款无法追回，难以控制情绪，易引发上访、极端事件，难以安抚解决。

---

① 参见高晋康：《民间金融法制化的界限与路径选择》，载《中国法学》2008 年第 4 期。

三、民间金融犯罪的主要成因

民间金融犯罪作为一种社会现象与其他经济犯罪一样，有其产生、变化、发展的原因。

（一）民间投资需求旺盛与投资渠道狭窄之间的矛盾诱发犯罪

经济转型升级期，部分企业因经营不善、周转资金紧张铤而走险。企业经营者为度过难关“不择手段”，或者以高息吸收民间资金，或者采用民事欺诈、刑事诈骗手段签订经济合同。有一部分企业经营者最初并未“以非法占有为目的”，但为达到维持“表面繁荣”运营而“有病乱投医”，直接违反法律。

（二）预期回报高是民间参与非法集资的内在动力

近年来，随着经济快速发展，许多群众的个人收入也在不断增长，股市、房市低迷，群众投资无门。从查处的案件来看，受害群众主要是受逐利思想和“经亲戚朋友介绍不应该出问题”的侥幸心理影响，再加上法律意识淡薄，个别受害群众，刚刚从此案中追回集资受骗钱款，几天后又投放到另一个“比较保险的高息回报”投资项目或企业去了。从查处的案件来看，犯罪嫌疑人多数是拜金主义、享受主义思想严重，也有部分在正常经营过程中遇到困难，为维持表面的繁荣，铤而走险，走向犯罪。①

（三）对民间融资监管滞后助长了犯罪行为

司法实践中，往往在资金链断裂后，才追究行为人的责任，司法机关一般不主动介入调查。法律执行衔接不到位、对金融犯罪打击不力。没有形成衔接、联动的执法机制，尚未形成打击合力。金融犯罪是以行政违法为前提，这就涉及行政法规、经济法规与刑法之间的衔接问题，而行政执法与刑事司法衔接不到位，直接削弱了打击合力。特别是当前许多经济犯罪越来越智能化，各类犯罪行为大都披着合法外衣，而处在经济监管第一线的某些行政执法机关消极执法②。司法机关与金融机构、工商等行政机关，没有信息共享，处于被动式执法状态；司法机关内部检察机关与侦查机关、审判机关的配合仅限于就个案的沟通协调，没有形成长效的合作机制。

---

① 参见杨艳霞：《“去高利贷化”视野下的浙江民间金融刑法规制研究》，载《法制与社会》2014 年第 23 期。

② 参见肖世杰：《从吴英案看我国民间金融的监管困局与改革路径》，载《法学论坛》2012 年第 6 期。

四、查办和预防民间金融犯罪的措施和建议

司法机关要发挥各项职能作用，促进完善金融领域的治理模式，推动我国民间融资活动的多元规则体系的建立。

（一）加大办案查处力度，提高查办和预防民间金融犯罪法治化水平

1. 坚持维权与维稳统一，完善检察环节维护群众合法权益的制度。在查办民间金融犯罪案件过程中，及时通报案件进展和追赃情况，争取被害人的信任和理解，降低社会不安定因素。以被害人利益为核心，积极开展追赃退赃工作，建立长效追赃机制，追赃活动不因案件审判结束，也不因交付执行而停止，无论何时发现被告人有可供执行的财产，及时追缴发还。同时，充分发挥刑事被害人救助制度的作用，对生活困难的被害人予以适当救助，体现司法机关的人文关怀。①

2. 合理配置自由刑和罚金刑的适用，实现对民间金融犯罪的有效威慑。一方面，提升罚金刑的法律地位，增强罚金刑的严厉性，在经济上消除犯罪分子的再犯能力。另一方面，建议立法机关下一步修改《刑法》时增设自由刑与罚金刑的易科规则，对拒不缴纳罚金的犯罪分子可将罚金刑易科为自由刑，以有效解决犯罪分子逃避罚金刑的问题，完善刑罚执行制度。

3. 建立完善民间金融犯罪形势风险评估、突发情况处理机制，全力维护社会和谐稳定。在办案过程中，要最大限度地防止因民间金融犯罪案件引发的群体性事件，着力保障经济社会健康稳定发展。在着力维护被害人合法权益的同时，提高预防和处置群体性事件的能力，积极服务社会发展大局。

（二）创新民间金融监管机制，保障金融市场秩序

1. 完善行政执法与刑事司法衔接协作机制。分析探讨民间金融刑事案件中的难点热点问题，加强对民间金融违法犯罪行为的甄别。注重发现并遏制借用民事审判资源将违法犯罪行为“合法化”，完善民间金融犯罪的预防查办机制。加强行政执法与刑事司法的有效衔接，与相关民事审判、行政监管部门形成有效的信息互通、共享机制，实现优势互补，对于不能入刑的，建议工商、税务、人民银行采取行政处罚手段，切断行为人的经济利益链条。②

---

① 参见杨雨婷：《论民间借贷的合法边界——兼论民间借贷的法律制度完善》，载《天津商务职业学院学报》2015 年第 1 期。

② 参见李田歌：《新常态下非法集资问题的思考》，载《甘肃金融》2015 年第 3 期。

2. 建立个人信息保护制度和社会诚信机制。支撑市场经济的基础和核心就是社会诚信和信用，建议尽快制定公民《个人信息保护法》，对获得或使用公民个人信息做出严格的界定与限制。健全诚信监管机制，增强全社会的诚信意识，提高社会综合治理水平，在法律和制度层面为预防民间金融犯罪提供客观环境和安全保证。

（三）加强金融法制建设，从源头上遏制民间金融犯罪

1. 加强重点行业、领域监测预警和风险排查。地方工商、税务、金融监管、民政等相关行政职能主（监）管部门要切实负起责任，通过建立健全群众举报、新闻舆论等监督渠道，重点针对农林畜牧、项目开发、金融借贷、投资、融资等行业领域生产经营、交易流通活动，加强日常监管和专门监测，建立相应的风险防范和处置机制，做到排查勤、摸底准、预警快、处置灵。同时，司法机关要与行政监管部门畅通信息沟通、互换渠道，主动介入，及时查处，共同构筑以行政监管为主体、司法监督和社会监督相结合的“一体化”预防和打击非法集资违法犯罪活动的防范体系。充分发挥基层检察院和派驻基层检察室深入基层、贴近群众的优势，加强与街道办事处、居委会等基层组织的沟通交流，及时掌握民间非正常的投资活动，注意发现涉嫌金融犯罪的线索，协调相关部门依法查处。

2. 建立完善检察人员服务民生、服务经济的长效工作机制。通过开设宣传栏，大力宣传国家有关打击和处置非法集资犯罪等相关违法犯罪行为的法律、政策，提高维护自身权益的意识和能力，避免上当受骗。结合典型纠纷和违法犯罪案例，宣传金融违法犯罪的表现、形态、手段和危害，从根本上铲除民间金融犯罪滋生的土壤。以民间金融犯罪被追究刑事责任的案件为重点开展案例宣传，以典型案例揭示犯罪危害，对潜在的违法犯罪行为人形成有效的震慑。

3. 加强民间金融犯罪预防调查和咨询、预防建议，积极开展金融犯罪预警预测试点，为金融企业提供法律服务，帮助堵塞漏洞和完善相关制度。深入推进预防金融犯罪巡回宣讲，大力加强金融从业人员的法治教育、职业道德教育和廉政教育。

（四）加强司法合作，构建民间金融犯罪打击与预防网络

1. 完善政法机关之间信息沟通机制，提高突发信访预警及协同处置水平。由于非法集资牵涉人员多，波及范围广，危害影响大，案件查处难，专业知识强，矛盾化解难，因此需要在党委统一领导、政府协调支持下，各司法机关与

行政职能监管部门既各司其职、又协作配合，建立长效工作机制。[①] 相关职能主（监）管部门应积极配合司法机关，与司法机关相互沟通，依法查处非法集资案件，并协调相关单位着力挽回非法集资带来的经济损失。在政法机关之间建立专门的风险信息联合通报制度，定期对各自掌握的涉众型金融犯罪案件风险信息，包括存在的风险点、引发的集体访、越级访、无理访情况及相应诉求互相通报，确保第一时间掌握该类犯罪风险防控的总体情况，通过联动机制，做到信访信息共通、形成工作合力、统一答复口径。[②] 设立并完善信访分类和终结机制。对于有记录证明重复上访、缠访的，或者承诺息诉罢访后又反悔并再次信访的，或者提出无理要求的，应说明相关规定不予接待，并依据中央政法委《关于健全涉法涉诉信访依法终结制度的意见》，按程序报请涉法涉诉信访终结，避免长时间浪费司法资源。对于有证据证明是有职业闹访者参与的违法行为、暴力冲击检察机关的，应将线索移交有关部门并严厉打击。[③]

2. 深入推进司法改革，创新执法运行机制。深入推进涉法涉诉信访工作机制、检务公开、检察官办案责任制改革。通过深化检察改革，创新主办检察官、定向分案、专业办案等工作机制，不断提高办案质量和专业化程度。加强理论研究和专门培训，培养和造就一批精通金融业务和法律知识的专家型人才队伍，不断提高检察人员的职业化、专业化水平，为金融市场健康发展提供有力司法保障。查处非法集资案件，建立被害人利益保障和涉案财产托管机制，增强公开透明度和公信力尤为重要。司法机关应与相关部门建立涉案财产托管处置机制，严格依法办事，取信于民，努力维护被害人合法权益。此外，在司法程序中，通过刑事和解等方式，积极促成双方达成和解、谅解协议，缓解和减少对立、对抗矛盾情绪，促进社会稳定和谐，节约司法成本。[④]

3. 开展专项预防工作，构建经济犯罪预防网络。向社会各界系统深入地进行相关法律和政策规定的宣传，引导自觉规范民间融资等经济行为，建立

---

① 参见姜涛：《非法吸收公众存款罪的限缩适用新路径：以欺诈和高风险为标准》，载《政治与法律》2013 年第 8 期。

② 参见窦伟：《我国民间借贷的现状及发展出路》，载《中州大学学报》2014 年第 6 期。

③ 参见陆明明：《民间借贷引发刑事犯罪的实证考察及治理对策》，载《山西省政法管理干部学院学报》2015 年第 4 期。

④ 参见蔺德华：《民间借贷洗钱风险调查分析——以洛阳市为例》，载《时代金融》2015 年第 12 期。

"不想"犯罪的防线。与金融、财税、建设、医疗卫生、社会保障等部门以及行业商会、协会建立经济犯罪预防网络，定期通报办理经济犯罪案件情况，以及在行业监管、监督和自治中发现的问题，开展预防调查，有针对性地进行个案预防、类案预防、项目预防、行业预防、系统预防、区域预防等专项预防工作。建立金融犯罪形势分析制度，公安、检察、法院等部门要结合职能工作，实行经济犯罪年度综合报告，深入分析办案中发现的经济管理漏洞和经济安全风险，及时总结经济犯罪基本特点、规律和发展态势，科学提出遏制和防范经济犯罪的决策建议，服务党委、政府和有关部门调整、出台经济政策，防范经济风险。

当前基层民事行政检察工作现状、主要问题及对策建议

◎黄宝继 *　　徐捐忠 **

内容摘要：通过分析近4年来百色市民事行政检察工作的基本情况，指出当前民事行政检察工作面临的主要问题包括程序立法不够完善，监督能力亟须提升，基层民行检察人员基础不够扎实，执行检察监督力度不够以及息诉工作难度较大等。为加强和改进基层院民事行政检察工作，建议强化学习，更新观念，提高监督能力；完善立法，建立民行检察工作机制；强化民行检察职能宣传，提升社会影响力；加强办案工作，提高监督实效；准确把握检察监督程序和步骤，稳步推进非诉行政监督工作。

关键词：基层民行；工作现状；存在问题；解决对策

近年来，随着修改后的《民事诉讼法》、《行政诉讼法》已经给基层院民行检察工作带来了前所未有的全面变化，尤其在执法理念上体现了同级监督和全面监督，实现了检察机关从裁判结果监督到诉讼程序监督，从对事的监督到对人监督相结合的重大飞跃。笔者在调查研究的基础上，结合广西壮族自治区百色市检察院及12个县（区）检察院的民行检察工作实际，就当前基层民事行政检察工作状况和存在的主要问题进行分析，同时提出解决对策，以供同行参考。

一、当前基层院民事行政检察主要工作状况

修改后《民事诉讼法》、《行政诉讼法》为发挥基层院民行检察职能提供了全新平台，主要体现在四个方面：一是检察建议使基层民行检察具备了直接的法定监督方式；二是调解案件与一审终审案件扩大了基层民行检察监督范

---

* 广西壮族自治区田林县人民检察院副检察长。

** 广西壮族自治区田林县人民检察院民事行政检察科科长。

围；三是执行监督为基层民行检察监督提供了重要的舞台；四是违法行为监督成为基层民行检察工作重点。

表一　2013～2016 年百色市院及 12 个县（区）基层院办理民行案件核心数据

单位	审查案件	提请抗诉	上级院支持	提出抗诉和再审建议	抗诉和再审建议改变及采纳数	审判活动违法及执行监督检察建议	法院采纳检察建议
右江区院	7	2	1	4	4	379	379
田阳县院	14	0	0	0	0	193	177
田东县院	14	1	1	0	0	126	123
平果县院	16	1	0	1	1	176	176
德保县院	12	1	1	6	6	197	192
靖西县院	12	0	0	4	3	107	107
那坡县院	16	0	0	4	4	147	147
凌云县院	1	0	0	0	0	97	93
乐业县院	10	10	9	0	0	121	121
田林县院	4	1	1	0	0	78	65
西林县院	7	1	1	0	0	83	78
隆林县院	1	0	0	1	0	96	93
市检院	252	78	32	14	23	1	0
合计	366	95	46	34	41	1801	1751

表二　2013～2016 年百色市民行案件核心数据（按年份）

项目	2013 年	2014 年	2015 年	2016 年
审查案件数	142	75	69	80
提请抗诉	39	19	19	18
上级院支持数	5	6	8	9
抗诉及再审检察建议合计数	11	17	5	1
抗诉再审改变及再审检察建议采纳合计数	18（含积案）	17	5	1
审判活动违法及执行监督检察建议数	585	602	419	195
法院采纳检察建议数	557	589	415	190

根据近几年来百色市人民检察院及12个县（区）基层院民行案件核心数据统计表明，在审查办理审判活动违法及执行监督民行案件中，基层院占了绝大多数，因此，基层院民行检察监督任务繁重，基层民行检察是全国民行检察监督体制中极其重要的组成部分，基层民行检察部门作为密切联系群众，服务群众的业务窗口，其工作效率的高低，办案质量的好坏，直接关系到检察机关的信任度，因此，做好基层民行检察工作意义重大。

在日常民行检察工作中，由于基层院不具有抗诉权，一审案件不应成为办案的重点，在监督对象上，应着眼于审判活动违法行为监督和执行监督，对符合条件的调解书、一审终审裁判等，可以兼顾；在监督方式上，检察建议是直接履行监督职责的唯一方式，当然提请抗诉可以作为间接履行监督职责的一种方式；在监督手段上，应当重点把握调查核实权的行使。因此，基层院当前根据不同的监督对象和情形，综合运用了以抗诉为中心的多元化监督方式开展检察监督工作，确保监督实效。

（一）认真开展对错误裁判和调解书监督

对法院生效裁判确实明显不公，具有重大错误的情形，采用提请抗诉监督方式；而对法院生效裁判错误并不严重或突出，办案程序有瑕疵等情形，采用再审检察建议，以求取得最佳的监督效果。例如：百色市检察院从2013年至2016年，共提请抗诉案件95件，其中12个基层院为17件，占总数的17.89%，办理提出抗诉和再审建议34件，基层院为20件占总数的58.82%，抗诉和再审建议改变及采纳数41件，基层院为18件，占总数的43.9%。除法律规定一审终审的小额诉讼等案件外，对一审生效裁判提请抗诉的重点是因法院严重违反法定程序导致当事人行使上诉权被剥夺，或者审判人员有严重违法行为，或者当事人行使上诉权由于不可抗力或严重伤病等重大原因客观受阻等特殊情形。对其他确有错误的一审生效判决和裁定，则采用检察建议进行监督。

（二）积极开展对审判活动违法行为监督

近年来，基层院积极开展对民事审判活动违法行为的监督，坚持把监督错误裁判与纠正违法行为结合起来，依法开展调查核实工作。在民行检察监督中发现审判人员程序违法行为的，运用检察建议方式进行监督；审判人员的违法行为符合“两高三部”《关于对司法工作人员在诉讼活动中的渎职行为加强法律监督的若干规定（试行）》中渎职行为规定的，则在调查核实的基础上，运用纠正违法通知或建议更换办案人员方式予以监督。

（三）加强对民事执行活动监督

实行有限监督和个案监督，突出监督重点，将执行中有违法违规现象、社会影响大、当事人反映强烈的执行裁定、执行决定和执行行为纳入监督的重点范围。坚持有错必纠的原则，综合运用纠正违法通知书、检察建议、违法行为调查等监督手段，发挥监督整体效能。结合基层实际，在检察机关内部，以民行、控申、案管办等部门一体化执行监督案件发现受理机制；依照《人民检察院民事诉讼监督规则（试行）》、《人民检察院行政诉讼监督规则（试行）》、《最高人民法院审判监督庭最高人民检察院民事行政检察厅关于办理民事诉讼检察监督案件若干问题的会议纪要》的通知明确监督内容，加强协调配合，规范监督行为；建立了民事执行监督与违法行为调查共同推进机制；建立了民事执行监督案件科学评估机制，对所发现的民事执行监督案件进行分析评估，确保监督质量，提高监督实效。如百色市检察院从 2013 年至 2016 年，向人民法院及有关单位发出审判活动违法及执行监督等检察建议 1801 件，其中基层院为 1800 件，占总数的 99.94%，采纳检察建议 1751 件，采纳率为 97.28%。

（四）积极开展和解息诉工作

在民行检察工作中，把化解矛盾纠纷贯穿于办理民行监督案件的全过程，重视问题的真正解决，把执法办案的过程变化成化解消极因素，促进社会和谐稳定的过程。结合当地案件特点，对复杂、疑难及当事人缠诉的民行申请监督案，依法运用调查核实权，听取双方当事人的意见，引导其达成共识，以和解方式息诉结案，开展和解息诉工作。如田林县院审查的申请监督人罗某某等人与田林县利周农村信用社贷款纠纷一案，2015 年 10 月份，该院控申科转来信访人罗某某等人与田林县利周信用社贷款纠纷的申诉材料，当事人因此纠纷经田林县人民法院、百色市中级法院裁决后，罗某某等仍不服裁决，不断四处申诉，上至县、市人大、市检院、市中级法院，该院受理后，分析了申诉人的材料，认为本案关键的问题在于利周信用联社是否重复收取申诉人罗某某等人归还的历年的贷款。为查明案情，该院干警 3 次到利周信用联社调查，提取当年的还贷原始材料，找到当年的信贷员了解情况，并由利周信用联社出具证明，得出与法院裁决一致的结论，为此亲自向信访人罗某某等二人进行解释，信访人表示息诉，取得了良好的社会效果和法律效果。

二、当前基层民事行政检察存在的主要问题

（一）程序立法不够完善

1. 审判人员违法行为缺乏认定标准。《民事诉讼法》和《行政诉讼法》规定对审判人员违法行为予以检察监督，但是既没有明确违法行为的内涵，也没有列举具体形式，之前的司法解释中规定的渎职行为要求是严重违反法律规定，与《民事诉讼法》、《行政诉讼法》法条中审判人员违法行为并非同一概念，导致民行检察部门无法在监督实践中准确认定审判人员违法行为。同时概念的模糊，也使得检法两家对于审判人员违法行为监督各持己见，阻碍监督工作的正常开展。法律规定得较为原则，可操作性不强，导致实践中监督线索发现难，检察机关介入难，违法情形查证难等问题。

2. 法律关于执行检察监督的规定较为原则。《民事诉讼法》及《人民检察院民事诉讼监督规则（试行）》都明确赋予了检察机关对民事执行法律监督的权力，但通过两年的实践表明，检察机关在执行监督方面仍然存在执行监督的范围不清的问题。《民事诉讼法》只有第235条原则性规定，“两高”的执行监督试点办法规定的范围狭窄，不具有监督性，高检的监督规则关于“执行监督”只有3条，只字未提监督范围，究竟哪些执行活动可以纳入检察监督范围，实践中非常困惑，难以有效开展监督。

3. 法律未明确调查核实权行使的程序保障措施。程序性是法律监督权的基本属性，法律监督的权威性应体现在它必然引起一定程序，以及被监督者必须做出法律规定的反应，否则就改变了法律监督权的本质。虽然修改后的《民事诉讼法》赋予了检察机关调查核实权，但是由于法条规定得较为原则，并未对调查核实权行使的范围和方式等具体程序方面作出必要的细化，没有给予调查核实权规范行使的规则保障，造成实践中操作随意性较大和权力行使不畅的问题。《民事诉讼法》及相关司法解释并没有明确调查核实权的程序保障措施，更没有赋予民行检察部门对于不配合调查核实的公民和单位的相应的处罚措施，不利于民行检察监督职能的顺利实现。

4. 缺乏行使监督权所必需的刚性手段。现行《民事诉讼法》和《行政诉讼法》虽然明确规定了民行检察监督有抗诉和检察建议两种方式，但没有赋予检察机关行使民事行政诉讼监督权的法定手段。监督手段是监督方式实现的必要保障和支撑。法律监督权不应是抽象的，而应是具体的、现实的、可操作的，必须有配套的具体手段，否则，监督权就会成为空中楼阁，就无从操作、

无从实现。

5. 审判机关接受检察监督义务的虚化。监督与被监督是相伴而生的。对于监督者而言，监督是一种权力，而对于被监督者而言，接受监督就成了一项义务。检察机关的监督权力与被监督者的义务是一种对应关系。权力的实现以被监督者的义务明确和主动履行义务为条件。被监督者义务不明，是现行民事行政法律监督制度立法的结构性缺陷。《民事诉讼法》和《行政诉讼法》都明确了检察机关的民事行政检察监督权，但是关于审判机关接受监督的义务没有明确化、法定化和程序化，没有规定人民检察院进行法律监督时，审判机关接受检察机关法律监督的义务和不接受监督产生的法律后果。现行《民事诉讼法》和《行政诉讼法》对检察机关法律监督的规定都是授权性的，只是规定检察机关“可以”、“有权”如何，而没有规定人民法院作为接受监督的对象“应当”如何以及不接受法律监督将要面临的制裁。这在很大程度上使法律监督权的行使流于形式，缺乏权威性和有效性。

（二）监督能力亟须提升

1. 基层民行检察队伍的整体素质有待提高。一是任何工作都要靠有能力、想干事的人来完成。检察人员承担着法律监督的重任，自身执法，又要监督他人执法，没有过硬的本领是难以做好本职工作的。就当前基层民行检察队伍状况来看，有的民事法律知识基础薄弱，理论水平较低，业务知识面狭窄，工作能力有限，平时又不注重学习，有时疲于应付日常工作，工作要创新发展难度很大。二是事多人少矛盾较为突出。民行检察监督范围广、法律法规多，基层民行检察人员整体偏少，工作任务重，工作压力大，监督力量不适应监督任务的需要。

2. 履行新增职能的水平需要提高。一是《民事诉讼法》修改实施后，民事执行、审判程序监督案件不断上升，但熟悉了解新增职能的专业人才缺乏，部分基层民行检察人员存在畏难情绪和等靠思想，不敢监督、不愿监督、不会监督现象一定程度存在。二是少数民行检察人员规范执法意识不强，对办案流程和办案要求不熟悉，有些监督案件办理不规范，影响了监督效果。

（三）基层民行检察人员基础不够扎实

少数基层检察院领导受传统重刑轻民思想影响，没有将民行检察工作摆在重要位置，重视不够，支持不足。基层检察院民行检察队伍中，年龄结构不合理、业务骨干流动过快等问题仍较突出，监督职能难以有效履行。民行检察宣传等基础工作仍显不足，多数地方对民行检察职能和修改后《民事诉讼法》

的宣传力度不够，民事检察监督职责特别是审判程序监督、执行监督职责的社会认知度较低，申请检察机关监督的案件数量相对偏少，许多基层检察院存在案源不足，有的民行干警又不会自己寻找监督案源。

（四）执行检察监督力度不够

一是执行监督存在重数量轻质量的问题。突出表现为“三多三少”现象，即查文书送达、不依法受理等一般程序性违法事项多，查实质性违法事项少；对事监督多，对执行人员违法行为监督少；对材料审查多，深入调查核实违法行为少。二是法院不接受监督的现象仍然存在。主要表现在：不配合调查执行法官违法违纪问题，存在找人难、取证难的情形；检察机关调阅执行卷宗时，有时找借口案卷没有装订、归档等不想提供；对有的检察建议监督意见回复不及时；对有的检察监督意见采纳纠错率不高。

（五）息诉工作难度较大

民众在社会生活中产生了纠纷要求司法解决，司法出现了不公寻求法律监督，认为检察机关能够提供法律救济和权利保护。不少当事人对检察监督期望过高，一旦检察机关不支持监督申请，或者检察机关提出监督意见但法院未采纳，容易缠访闹访，或向其他机关信访。有些申请人坚持要求上级检察院办理其监督申请案件，对检察机关同级受理规定及交办、转办等案件流转机制不理解、不配合，部分申请人反映激烈，息诉压力大。在这种情势下，如何疏导当事人的情绪，化解当事人之间的矛盾，是当前基层民行检察工作必须探讨的课题。

三、加强和改进基层院民事行政检察工作的措施和方向

（一）强化学习，更新观念，提高监督能力

1. 加强业务学习，提高队伍素质。加大对基层民行检察人员的教育培训力度，切实学习法律业务知识；大力倡导学习风气，营造良好的学习氛围，让民行干警把学习化作长期坚持的自觉行动，做到理论联系实际，学以致用，提高检察监督的实战能力。要积极开展调查研究，对监督工作中遇到的新情况、新问题认真研究，不断总结提高。

2. 顺应改革形势，更新监督理念。坚持加强法律监督、维护司法公正的要求，全面强化对民事行政诉讼活动的监督。认真学习贯彻修改后《民事诉讼法》和《行政诉讼法》，继续抓好最高人民检察院《关于深入推进民事行政检察工作科学发展的意见》的落实工作，切实转变“重刑轻民”思想，牢固

树立服务大局和多元化监督理念，做到敢于监督、善于监督、依法监督、规范监督，充分发挥基层民行检察监督在经济社会发展中的积极作用。

3. 采取多种方式，提高监督能力。通过充实、调整、引进等方式把熟悉民商法并具有司法实践经验的人员安排到基层民行检察部门工作，保持基层民行检察队伍特别是业务骨干的相对稳定，积极开展多种形式的岗位练兵和业务竞赛活动，推动队伍专业化建设。更加重视对基层民行检察人员的教育培训和调研指导，不断提高基层监督能力，充分发挥基层职能作用。

（二）完善立法，建立民行检察工作机制

1. 完善民行检察监督立法，增强可操作性。建议从法律上明确规定检察机关监督民事行政诉讼的具体范围、监督手段和具体措施；应明确规定人民法院接受检察监督的法定义务和消极接受监督的法律后果，以增强检察监督的可操作性。

2. 从法律上确定审判人员违法行为标准。审判人员违法行为其实就是审判人员违反《民事诉讼法》和《行政诉讼法》规定，不依法履行职责，损害当事人合法权益，影响公正司法的行为。具体应同时符合两个条件：一是职务行为。审判人员违法行为必须针对职务行为，法官个人行为不是民行检察监督对象，由其个人承担责任。二是程序性违法。裁判的实体错误，主要是指事实认定与法律适用错误。法官根据当时查明的案件事实，选择适用的法律，结合相关经验作出裁判，这属于法律授予法官自由裁量权的范畴，即使事后有新证据推翻原审裁判或者认定事实主要证据不足，这都是正常的事情，除非是作出明显违背常识的事实或者明显违反法律适用规则的认定，否则不能将审判人员的错误裁判认定为存在违法行为。而程序错误是审判人员违反《民事诉讼法》和《行政诉讼法》或者办案规则的操作规定，对于依法应当适用的措施，违法的作为或者不作为，对此法官是没有选择余地的。因此审判人员违法行为多为程序性违法。

3. 完善调查核实权行使的保障机制。进一步完善检察调查核实权的相关立法。一是明确规定被调查单位和个人的配合义务。检察机关因履行法律监督职责的需要向相关单位或个人借阅、调取相关材料或者询问有关事项的，被调查对象应及时提供有关材料和信息，不得推诿拒绝。二是应赋予检察机关对妨碍调查核实行为的责任追究权。为了确保民行法律监督调查核实权落到实处，使违法行为人受到惩戒，应赋予检察机关违法责任追究权，可以规定被监督对象无正当理由拒绝配合调查核实的法律责任。三是应规定检察机关违法行使调查核实权所取得证据不具有证明效力，防止检察权的滥用。

4. 应明确检察建议的法律效力。为保障检察建议监督实效，建议推进立法完善，从法律上规范检察建议，赋予其较为刚性的保障措施，规定检察机关经调查核实确认的审判人员违法行为而发出的检察建议，同级法院必须在法定的时限内予以落实和回复，否则就要承担相应的法律责任。同时，应积极推动检察建议立法，设立专门的《检察建议法》，明确检察建议的形式，细化种类，确定效力，促进检察建议的完善。

5. 建立统一的内外多重联动的化解矛盾机制。一是在基层检察机关内部建立民行、控申、预防、案管等部门一体化的化解矛盾纠纷机制，全力化解社会矛盾。二是加强与法院的沟通协调，就民行案件中的相关问题互通情况，会签共同化解纠纷的有关文件，建立化解矛盾的长效机制。三是针对办理民行监督案件中发现的可能引发矛盾的不稳定因素，引导有关单位提前防控，堵漏建制，及时处置，防患于未然。

6. 健全民行检察工作机制，形成制度规范。在基层检察机关内部，建立起民行、控申、预防、案管等部门一体化的民行检察监督案件发现受理机制；建立民行与自侦部门违法行为调查与执行监督共同推进机制，规范审判、执行人员涉嫌职务违法犯罪线索，双向移送、双向反馈工作，强化移送后的协调配合工作，着力解决民行检察监督手段不足问题；建立起省、市、县三级院民行检察监督一体化办案机制，采取提办、交办、转办、协办等方式，优化整合三级院办案资源，提高监督的质效。

（三）强化民行检察职能宣传，提升社会影响力

主动融入普法平台，积极拓展宣传形式，全方位、多角度开展民行检察职能宣传工作。大力宣传民行检察监督新范围、新方式、新手段，不断提升审判程序、执行监督职能的社会认知度。大力宣传法律效果好、社会效果佳的成功监督案例，打造民行检察形象，树立民行检察威信，提升民行检察的社会影响力和公众认知度，以拓展监督案源渠道。

（四）加强办案工作，提高监督实效

坚持执法为民，做到有访必接、有案必办，对符合条件的监督申请及时受理、及时审查。一是继续加大监督力度。在认真办理生效裁判和调解监督案件的同时，针对群众反映强烈的执行难、虚假诉讼、程序违法等突出问题，扎实推动执行和审判程序监督工作，依法开展违法行为调查工作，完善民行检察多元化监督格局。二是灵活适用监督方式。在运用提请抗诉方式监督纠正错误裁

判、调解书的同时，大力推进再审检察建议工作，积极运用检察建议监督纠正审判程序违法行为和执行违法情形，切实发挥同级监督优势。三是不断强化监督效果。加强案件跟踪监督，做到办案过程公开透明，程序规范便捷，结果公平公正，实现办案数量与质量、效率与效果的有机统一。

（五）准确把握检察监督程序和步骤，稳步推进非诉行政监督工作

检察机关是国家的法律监督机关，在行政执法检察监督工作上不应自我限缩在诉讼监督范围内，而应当适应国家改革发展稳定大局的需要，通过法律授权和探索逐步到非诉讼监督领域，形成诉讼监督非诉讼监督并行的民事行政检察工作的新格局。一是要秉承“依法监督、准确监督、有效监督、审慎监督”的理念，针对违法行政行为的不同情形，灵活运用检察建议、纠正违法意见；二是要正确处理对事对人的监督关系；三是要在书面审查的基础上，充分行使调查核实权；四是要把握好非诉讼行政检察的交叉点；五是做好行政公益诉讼的准备工作。最高人民检察院依据全国人大常委会的授权和《试点方案》，选择在北京、吉林等13个省、自治区、直辖市的检察院开展公益诉讼的试点，试点期为2年，2017年6月结束，届时该项工作将在全国开展，对此，当前我们广西要做好充分的准备，迎接新的挑战。

防城港市检察机关案件管理履职能力问卷调查分析

◎陈　瑶*　刘元见**

内容摘要：通过对防城港市两级检察机关检察人员的问卷调查发现，案件管理在加强检察机关内部监督和司法规范的角色定位实现了由重实体审查向实体、程序监督并重转化；由垂直管理向扁平化管理转化；由重点监督向全面监督转化；由分散管理向集约管理转化以及由手工查阅向信息化管理转化。与此同时，还存在职能履行不准确、监督种类不平衡、监督结果应用不充分、工作制度不完善、素能与职能不匹配等问题。建议从科学职责履行，规范流程监控，提高评查质量，提升人员素能以及加快信息化建设等方面进行救过补阙。

关键词：检察机关；案件管理；履职能力；问卷调查

防城港市检察院案件监督管理办公室于2012年12月正式成立至今已4年有余，为充分了解两级检察机关对案件管理工作的认知和印象，防城港市检察院向全市检察机关共发放258份调查问卷，收回240份。现对问卷涉及的案件管理职能定位、工作评价、存在不足等内容以及结合近年全市案件管理工作各项数据和情况，强调从整体上要不断优化案件管理体制机制，同时对案件管理职能的深入开展、改进措施和履职方向提出期望。

一、新旧对比：案件管理在加强检察机关内部监督和司法规范的角色定位

在案件管理部门成立之前，检察机关并非没有案件监督，外有人大、党委政法委、人民监督员的体制性监督和社会层面上的舆论监督，内有上下一体的

* 广西壮族自治区防城港市人民检察院案件管理办公室主任、检察员。

** 广西壮族自治区人民检察院案件监督管理处助理检察员。

系统内监督和不同业务部门之间的流程制约。但上述监督方式中无论哪种，都有先天的不足：外部监督的渠道和触面狭窄，难深入个案，有隔靴搔痒之无奈；垂直系统内的监督虽然权威，但审而不定，定而不审，违反司法的亲历性规律；不同业务部门之间，基本封闭运作，自成体系，且标准不一，监督容易形成空档。随着检察改革的深入发展，检察机关内部第三方中立机构——案件管理部门应运而生，其促使检察机关的案件管理监督工作发生了巨大转变，主要体现在以下几个方面：

（一）由重实体审查向实体、程序监督并重转化

193 人在此次问卷调查中认为案件管理的改革使以往重实体审查向实体、程序监督并重转化，占问卷总人数的 80.4%。由于传统的监督方式是事后审查，只能通过实体的最终处理结果来评价案件质量的好坏。从过去的绩效考评到现如今的核心业务数据通报，绝大部分都是反映实体结果的数据，鲜见反映程序规范化的考核指标，这体现了重实体轻程序的司法理念。在法治社会，程序正义有着其独立的价值，案件管理起源于 20 世纪 70 年代西方国家为解决民事司法堵塞和拖延而推行的司法改革，其理论基础是“接近正义”理念，目标是通过程序公正保障实体正义。案件管理部门以统一业务应用系统为依托，能够及时了解办案程序和执法行为的规范性和办案质量，对违法和瑕疵问题进行补漏和纠偏，从“亡羊补牢”转变为“防微杜渐”和“夜觉晓非”的监督方法。

表 1　2013～2015 年全市案件管理办公室对案件做出的程序性监督案件数

年份	风险评估	口头预警	流程监控已纠正数
2013	0	0	0
2014	258	130	23
2015	516	123	66

（二）由垂直管理向扁平化管理转化

优质的案件质量必然孕育于优质的案件管理体制中。检察机关传统的案件管理模式是“承办人—部门负责人—检察长或检委会”垂直管理模式，这种行政化的管理模式在过去对办案质量和效率的提高确实发挥了重要的作用，但这种办理和管理不分的模式，逐渐暴露出弊端：一是偏重对办案结果的追求，忽视办案过程的公正；二是承办人无法对自己亲历的案件负责，违反了司法的

亲历性原则。检察官办案责任制改革的核心内容就是突出检察官的主体地位，塑造“权责利”相统一的办案主体机制，减少审批环节，依法充分放权。案件管理部门作为与业务部门平行的专门监督机构，建立案件管理权与案件办理权的管办分离制度，互相配合互相制约的权力结构和“扁平化”管理模式，为检察权独立、规范运行提供制度保障。

（三）由重点监督向全面监督转化

此次问卷调查中，有215人认为对案件监控很有必要，是提高案件质量的必经之路，占总人数的77.1%。案件管理部门成立前，不论是本院还是上级检察院均重点对撤案、捕后不诉、撤回起诉、撤抗等几大类案件进行评查；人民监督员虽然对个案有评议权，但仅限于十一种特定情形的案件；检委会虽把关案件出口，但范围也仅限于疑难复杂案件，彼时对案件的日常监督，主要依赖于各业务部门的自身管理，更具体而言是依赖于承办人本人的专业素养和职业道德。案件管理部门成立后，依托统一业务应用系统，可以了解所有案件的出入口、节点控制、文书监管、案件超期预警、涉案财物监管、风险预警评估等，对所有案件进行个案、动态、全程监督。

（四）由分散管理向集约管理转化

在被问及对案件管理模式，是过去由业务部门分散管理好，还是由案件管理部门集中管理好，有145人认为由案件管理部门集中管理好，占总人数的60.4%，有92人选择了由各业务部门分散管理好，所占比例为38.3%。检察机关业务部门是按照诉讼流程的线型模式设置，呈现“糖葫芦”式的业务管理机制，各部门业务分属不同环节和阶段，案件信息和执法办案情况仅为履行该阶段业务的部门所了解和掌握，这导致横向联系疲软，信息联通汇总困难，对宏观信息的把控和对微观个案的跟进都深受条块分裂、信息分散局面的掣肘。由于信息为零散拼凑，业务统计缺乏有机的专业化分析，参谋角色缺位。另外，在过去的管理模式下，检察机关对宏观信息的把控基本依赖于各业务部门阶段性的工作总结，这便存在漏报、多报、瞒报、报喜不报忧等有失客观的可能，管理缺乏客观基础，公信力不高。案件管理部门成立后，将过去原有业务部门的垂直、分散管理向集约化方向转变和推进，案件管理成为大控方、大管家，打破部门之间各自为政的壁垒。

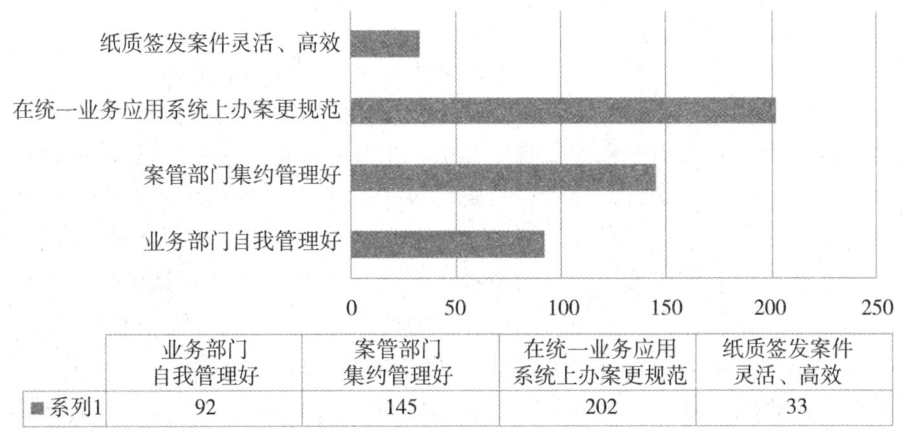

	业务部门自我管理好	案管部门集约管理好	在统一业务应用系统上办案更规范	纸质签发案件灵活、高效
■系列1	92	145	202	33

图1　案管部门专门管理与传统业务管理模式统计对比图

（五）由手工查阅向信息化管理转化

2014年统一业务应用系统上线后，所有案件立案或受理后均要在统一业务应用系统上办理流转，所有的诉讼文书均由统一业务应用系统生成，系统能够及时反映案件的诉讼节点、审批过程和文书制作，信息化技术能够对相关信息进行收集、加工、处理、传输、汇总、分析，应该说正是信息化建设保障了上述案件管理方式的转化。

二、攻瑕索垢：案件管理现存问题及原因分析

（一）职能履行不准确

在此次问卷调查中，23.8%的被问者认为案件管理部门目前没有充分发挥监督作用，更多地拘泥于事务性工作中，案件管理被视为“大内勤”、“案件收发室”。说到底，案件管理的权威主要靠监督来树立，全市两级检察院案件管理部门仅13人，且超过三分之一是聘用人员。2015年度完成统一进口管理案件2396件，送案审核2265件，移送案件2281件，接待律师阅卷362人次，发布案件程序性信息2619件，法律文书797件，保管涉案财物14907件，赃款1955万元。2015年底新增了电子卷宗制作工作，此外还要进行统计分析、绩效考评和各类行政性事务，现有人力根本无暇精耕案件质量管理和其他监督工作。在没有真正找准案件管理部门职能定位，案件管理部门创建又势在必行的情况下，对原有利益触动不大、简单易操作的事务性

工作便属于首选职能。

（二）监督种类不平衡

全市案件管理部门已履行的监督职能中，重反馈监督，轻前馈监督，现馈监督力不从心①。前馈监督如风险预警，现馈监督如案件流程监控，均属于案件管理的日常工作，由于前馈监督主要依托于统一业务系统来开展，系统自动显示办案超期预警提示，工作人员只要机械操作即可，技术含量不高。而现馈监督针对个案全程、全面进行，要求办案人员对整个检察业务的法律规范和诉讼程序有较全面和深入的了解，对监控人员的业务能力、办案经验要求较高，而目前全市操作案件流程监控的人员基本为检务辅助人员，“流程监控提示已纠正数”这项核心数据一直不尽理想。反馈监督如案件质量评查是集中力量办大事，案件管理部门是牵头和组织者，借助“他山之石可以攻玉”的方法，可以克服案件管理人力不足的缺点，较好地完成工作，是目前全市案件管理部门监督工作中较有技术含量和出实效的工作，但反馈监督工作未列入案件管理部门的核心数据中，导致大家对该项工作开展的动力不足，且案件管理部门反馈监督的方式、方法和成效仍存在诸多问题。

（三）监督结果应用不充分

总体上监督结果未对办案人员形成倒逼作用。全市两级案件管理部门对案件质量的监管主要通过案件流程监控、案件质量评查、各类专项清理督查、评查活动来实现。由于对案件管理部门监督职能定位模糊，现实中案件管理部门的权威不足，监督的底气不够，查找出问题后，并没有对监督结果进行有效利用，主要表现在对案件流程监控发现的问题，仅仅通过统一业务应用系统提示承办人，并记录到监控日志中，对案件质量评查的结果也是一对一地反馈给部门或承办人，之后再以笼统概括的方式公布评查报告，但报告不通报个案情况和承办人信息。如此一来，监督和评查结果所反映的信息仅在案件管理部门和承办人之间流转；由于没有建立个人执法档案，每次监督和评查结果分散、零碎，没有形成系统综合的反映办案人员执法能力、水平的记录。评查的结果既没有在名誉上给办案人员带来荣辱感，也没有造成对个人评先评优提拔使用的有效影响，故而评查的结果没有得到办案人员的足够重视，对办案人员未充分

① 前馈监督是预防和事前监督，如预警和风险评估；现馈监督也叫事中、纠正监督，如案件流程监控；反馈监督也叫事后监督，如案件质量评查。概念来源于王晋：《案件管理监督职能理论问题探究》，载《法学专论》2013 年第 19 期。

发挥倒逼作用。

（四）工作制度不完善

案件管理部门与自侦、刑检、民行等部门的工作内容性质不一样，后者工作主业单一、专业突出，而案件管理的工作内容繁杂、多样、跨度大，工作职能多达十几项，每项工作的内容、程序和方法大相径庭，相通性不大，很难通过一个综合性的工作制度来规定或细化，因而案件管理部门的工作制度数量多，名目多，内容多。到目前为止，最高人民检察院基本以单行规定的方式出台案件管理的各项制度①，比如《涉案财物管理工作规定》、《制作使用电子卷宗工作规定》、《案件信息公开工作规定》等。一般来说，业务部门的办案程序法定、全国统一，但案件管理工作以事务性工作居多，因地制宜是其特点，因而最高人民检察院的规定内容大多笼统而模糊、固化不足，各地检察机关还得就地取材制定本院制度。目前，全市两级检察机关出台相关的单行工作规定较少，基本适用最高人民检察院的现有规定。在最高人民检察院相关工作制度缺失的情况下，只能借鉴其他检察机关的做法，但执行起来一是师出无名，二是各方关系难以理顺而权威不足。

（五）素能与职能不匹配

机构再好没有制度支撑不行，制度再好没有人去执行也不行，正所谓徒法不足以自行。除了制度的完善与否，人员素能也是影响案件管理工作效能的重要因素。在此次问卷调查中，被问及案件管理人员最重要的三个岗位素能，得票比例最高的分别是熟悉业务流程、法律专业知识和案件管理业务能力三项。

① 最高人民检察院于 2012 年 5 月 4 日出台《最高人民检察院案件管理暂行办法》，但该办法仅适用于最高人民检察院，而非适用于全国检察机关。且该办法规定得较为模糊笼统，办法出台后案件管理新增的多项职能也未规定在内。

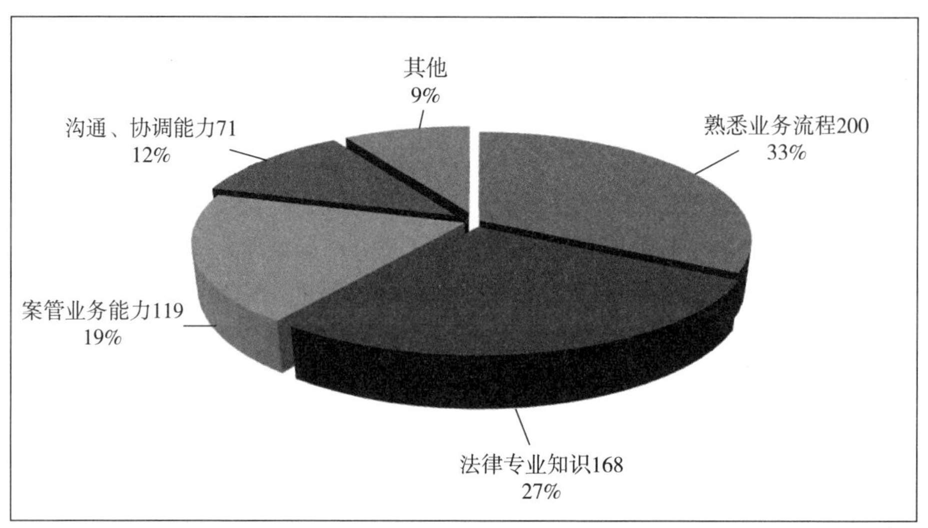

图 2　案管人员素能问卷情况图

只有扎实的法律专业知识和对业务流程的深谙，才能够具备查找问题的“火眼金睛”和监督他人的权威。但目前全市案件管理部门的人员素能还达不到上述要求。

表 2　案件管理部门人员情况

	案件管理部门			全市两级检察机关		
	各项指标人数（人）	案件管理总人数（人）	比例（%）	各项指标人数（人）	全市两级检察机关总人数（人）	比例（%）
在编人员数情况	8	13	61.5	227	266	85.3
具有办案资格人员数情况	6		46.1	134		50.3
全日制本科以上学历人员数情况	8		61.5	127		47.7
全日制法律专业教育背景人数情况	4		30.7	104		39

由该表格可以看出，不论是在编人员比例、办案资格人员比例、全日制法律专业教育背景人数比例等几项指标，案件管理都要低于全市检察机关平均水平。此外，两级案件管理部门中有办理重大要案经验的仅 3 人，占案件管理总人数的 21.4%，4 个基层院中有 3 个基层院的案件管理部门无配备具有办理重大要案经验的人员，基层院案管部门基本是由一个主任带一个聘用人员构成。在编人员比例不高，大量工作由聘用人员承担，队伍也不稳定。作为一个承担着对执法办案活动进行监督的综合业务部门来说，本应进行“精英化”人员配备，但实际情况却是多项人员素能指标甚至未达到全市平均水平，更难望“精英云集”的业务部门之项背，这样的人员素能如何树立起监督的权威和底气？难免落入小马拉大车的尴尬境况。

三、救过补阙：司法改革背景下如何深化案件管理职能的期望

（一）科学履行职责

司法责任制改革要求强化和规范案件管理的监督职能定位。完善司法责任制是此次司法改革的“牛鼻子”，“权力运行机制改变必然要求管理模式与之相适应，是其必要配套措施”①。案件管理改革与检察官办案责任制均属司法责任制改革中的子系统，检察官办案责任制是“放权”，实现权力运行司法化；案件管理改革是“限权”，实现司法行为的规范化，两者相辅相成相互推进。如果说在现有司法体制之下，案件管理部门“怀才不遇”尚情有可原，那么司法改革以后，案件管理大展拳脚的时代应该到来。司法改革赋予了检察官司法人格与办案主体地位，从行使主体角度建构了检察权“司法化”的运行机制；案件管理打破原有“三级审批制”、各业务部门自我管理和条线分割的管理模式，为司法改革之后的检察官办案责任制改革提供了必要的制度支撑，因而案件管理的监督地位应得到进一步的重视。当然，谈到案件管理的地位，就不能不厘清两个关系，一是案件管理部门和其他部门的关系，应是平行制约，案件管理监督只是在谋求检察机关执法办案规范这个终极目标下的一个分工内容，检察业务办理始终是检察工作的主业，监督并非凌驾，而是保障。二是案件管理与业务处理权的关系，应是合理干预，对案件的最终处理仍以承办检察官的意见为准，案件管理部门不应当直接参与，而应把重心放在办案流

---

① 李瑞钧、李岑、李国宝：《司法责任制改革视野下的案件管理工作研究》，摘自最高人民检察院内网，最后访问日期：2015 年 12 月 11 日。

程、执法行为的监控和实体审查的建议上，做到监督到位而不越位。

（二）规范流程监控

案件管理机制的法理学依据是正当程序原理，办案只要遵循法定流程和行为规范，案件质量也能够得到保障。而案件管理作为“监工”，但面对零散、浩瀚如烟的各项工作规范，只能感到对规范掌握力不从心。从高效的角度考虑，可以由人力资源较为充沛的市院案件管理部门牵头，对现行出台的检察业务法律法规及规章制度进行优化整合，查漏补缺，系统编撰，形成一套适用于文书审查、流程监控、案件质量评查等职能履行的具体操作制度和标准汇编，再以之作为教材对案件管理人员进行规范化内容和操作方法的培训，将案件管理人员打造成“流程监工”。同时，要推动建立各业务部门流程监管员及其联席会议制度，强化各办案部门内部监督。建立健全统一业务应用系统网上巡查、流程监管日志和定期通报制度，做到“见部门见人见案件”，防止和纠正执法办案不规范问题。

（三）提高评查质量

目前在质量评查没有全国性规范文件指导的情况下，要努力形成由案件管理部门牵头、各部门积极参与，采取集中评查与交叉评查、常规抽查与重点评查、专项评查与日常评查相结合的专业评查方式，促进本地评查工作制度化、常态化；要整合人力资源，组建由全市两级检察机关的检委会委员、各条业务线骨干组成的案件质量评查人才库，为评查工作长远发展打下坚实基础。此外，还要完善和健全评价、通报、结果应用等配套机制。特别强调要建立检察人员的执法档案制度，“将检察人员个人办案的数量、质量、效果以及在执法办案活动中执行法律、遵守纪律、接受奖惩等情况记录归档”。其具有规范、引导、反馈、评价和激励功能，是规范司法行为的重要举措。司法改革后，两大制度的建立将对现有行政化的管理制度提出挑战，一是司法人员的分类管理制度，使司法行政事务处理权和检察权相分离，办案人员需要专业化的管理；二是检察官办案责任制，将案件的决定权从领导下放到办案人员，从集体决策让渡给个人。如何做到“放权而不乱”，这需要在行政审批的监督之外形成另一股力量倒逼办案人员公正执法。根据案件流程监控所发现的问题和案件质量评查结果也应一并记录到档案中，通过“痕迹管理”的方式促进执法办案。

（四）提升人员素能

如上所述，事是人做出来的，人员素能和业绩始终成正比，案件管理部门责任重大且任务艰巨。既要熟悉检察机关内部所有业务的流程进行案件流程监控，找出每个案件存在的瑕疵和违法违规问题；又要具有高于一般普通办案人员的业务能力，如此才能把握案件的事实证据，在案件质量评查中找到案件问题之所在，向承办人反馈整改意见；同时还要具有对总体态势的分析归纳总结能力，供领导决策；此外，还需具备沟通协调能力，案件管理部门无论是哪个岗位，都呈发散式与外界互动或连接，应进一步充实一线办案部门的资深检察官到案件管理部门。

（五）加快信息化建设

检察业务信息化建设是新时期推动检察工作科学发展、践行“科技强检”的重大基础性工程。案件管理信息化建设将业务管理、案件考评、人员分类、绩效考核有效地整合为一体，从而实现对案件全程、全方位的有效监督。只有加强案件管理信息化建设，才能从根本上解决传统案件管理模式。案件管理部门在推进业务信息化建设中承担着重要职责。通过网上巡查、实地调研等方式，发现并及时纠正各业务部门和检察人员在系统使用过程中的不规范问题；及时解答系统使用中的应用问题，协调解决跨业务条线衔接问题。根据收集汇总的系统应用问题，提出完善系统意见建议，督促做好系统升级完善工作，促使各业务系统更加适应实际工作需要。制定完善本辖区业务系统使用管理办法或者实施细则，建立与信息技术部门和各业务部门良好的沟通工作机制，不断提高信息化应用水平。

关于刑罚变更执行同步监督的调查

◎梁志勇 *

内容摘要：对刑罚变更执行开展同步监督检察，是检察机关刑事执行检察部门的一项新增职能业务。对试点院调研发现，各试点单位通过部署开展减刑、假释、暂予监外执行检察监督关口前移工作，积极开展探索，取得了明显的工作成效。概括来讲，其主要经验包括以下三个方面：一是制定“三必谈、三必审、三必核”制度，盯紧罪犯日常考核计分评定；二是按照“一卡、一查、一谈”要求，盯紧特岗罪犯的选用使用；三是推行“一档、一会、全审”的模式，盯紧病残弱罪犯管理与考核。

关键词：刑罚；变更执行；同步监督

对刑罚变更执行开展同步监督检察，是检察机关刑事执行检察部门的一项新增职能业务。广西检察机关结合实际情况，盯紧罪犯日常考核计分评定、特岗罪犯选用使用和病残弱罪犯管理考核等三大环节，以南宁市茅桥地区检察院、柳州市露塘地区检察院和桂林城郊地区检察院为试点单位，部署开展减刑、假释、暂予监外执行检察监督关口前移工作，积极开展探索，取得了明显的工作成效。

一、制定“三必谈、三必审、三必核”制度，盯紧罪犯日常考核计分评定

罪犯考核计分，是罪犯减刑、假释和暂予监外执行的主要依据，在推行同步监督工作中，试点单位通过制定“三必谈、三必审、三必核”制度，加强对罪犯的考核计分评定工作的监督。

“三必谈”即对考核计分提出异议的、考核计分较高的和考核计分较低的这三类服刑罪犯，驻监检察人员必须逐一与罪犯开展个别谈话，重点监督检察

---

* 广西壮族自治区人民检察院监所检察处副处长。

考核计分是否存在不公平、不准确和弄虚作假等情况。在开展工作中，桂林城郊地区院要求辖区监狱每月及时将罪犯当月的计分考核电子表报送驻监检察室进行总体检察和个别检察，通过数据分析快速查找出罪犯奖励分异常情况，逐一审查了一次性获得 3 分以上专项奖励分的共计 125 名罪犯，有效地防止了虚假加分情形的发生。自 2015 年 11 月以来，该院建议桂林监狱召开罪犯计分考核听证会 6 次，800 余名罪犯现场参加了听证会，现场解答争议较大加扣分情形 25 件，驻监检察人员列席听证会并发表监督意见纠正 6 件不当计分考核，确保了法律的正确实施，维护了刑事执行工作的公正性和权威性。

“三必审”即对罪犯记分考核材料中的基础分考核材料必审、奖励分考核材料必审、行政奖惩考核材料必审，以确保记分考核材料的真实和可靠。在日常检察工作中，桂林市城郊院始终把职务犯罪罪犯、金融犯罪罪犯、涉黑罪犯作为重点检察对象，对他们劳动、学习、改造等情况进行了解掌握，对他们的计分考核和行政奖惩情况重点记载，在开展计分考核检察时，重点关注库中罪犯基础分、行政奖励分、专项奖励分变动情况，为列席计分考核听证会并发表监督意见收集第一手资料，目前建立计分考核重点监督罪犯档案 162 件。2015 年，该院驻监检察人员到监狱八监区劳动现场开展检察，通过查看罪犯出工统计表及劳动任务情况完成表，发现罪犯刘某某、林某某于 10 月份 3 次无故不参加劳动，依据《广西壮族自治区司法厅计分考核奖罚罪犯规定实施细则》规定，应扣劳动改造分 3 分，当月基础奖励分应为零分。而监区当月考核月报表并未记载，驻监检察室立即向监区提出纠正意见，监区经调查核实后对该两名罪犯当月的计分考核予以了纠正。鹿寨地区检察院驻监狱检察室加强与狱政管理部门、教育改造部门的工作联系，及时掌握罪犯获行政奖励、立功及事务犯任用情况，了解罪犯撰文投稿获采用奖励等情况，审查罪犯奖惩材料 190 份，特别是加强与狱内侦查部门的工作联系，及时了解罪犯违规被处罚的情况，检察禁闭室 125 人 215 次，累计审查违规被处罚罪犯材料 163 人。该院驻监狱检察室在审查罪犯撰文投稿获采用奖励等情况时，发现罪犯赵某某自入监至 2015 年，从未见其有发表信息文章奖励分，但 2016 年 3 月至 8 月，就因投稿 13 篇获奖励分 5.2 分，据此，监狱向人民法院提出给赵某某假释建议。2016 年 9 月，法院在开庭审理减刑、假释案件时，出庭检察人员对赵某某因投稿获奖励分发表出庭检察意见，并要求对其假释从严掌握，最后法院采纳了检察机关的意见，裁定不予假释。

“三必核”即对罪犯记分考核中一次性加扣基础分5分以上必核、一次性获得3分以上专项奖励分的必核、以行政奖惩为由获奖得分的必核，以保证大项考核得分的客观、准确。南宁茅桥地区检察院驻广西新康监狱检察室对刑罚变更执行监督工作实行“关口前移”，积极介入监督该监狱评审“改造积极分子”、表扬人员、优秀报道员等考评活动，在2016年上半年新康监狱开展2015年度评选监狱“积极改造分子”、表扬人员、优秀报道员等一系列考评活动中，拟评出94名监狱级“积极改造分子”、15名表扬人员、4名优秀报道员，驻监检察室对此高度关注并积极地开展了检察监督工作，驻监检察人员仔细调阅了参评的113名服刑人员自2014年12月至2015年11月的考核评分汇总情况；逐人核对岗位类别、考核档次、每月获得的奖励分情况；考评期间是否存在重新违法犯罪、违纪违规、受行政处罚等情况。同时还到陪护犯监区向管教警察了解陪护犯分类管理的情况；向主管评选工作的教育科了解岗位类别的划分以及对应考核档次的评分要求、检察拟评选人员的公示情况、列席参加监狱评审委员会召开的会议，并向部分服刑人员征询了对这次“积极改造分子”评选活动的意见。经检察发现，因非法经营罪拟报“积极改造分子”的罪犯黄某某，对自己的罪行不能正确认识，没有真正认罪悔改，不符合积极改造分子的条件，当即向监狱评审委员会提出了检察建议，建议重新审核其评选资格，监狱采纳了检察机关的检察建议，撤销了该犯的评选资格。

二、按照“一卡、一查、一谈”要求，盯紧特岗罪犯的选用使用

特岗罪犯的选用和使用，直接影响到罪犯的考核得分。在推行同步监督工作中，将加强对特岗罪犯的选用使用作为监督重要的环节和内容，积极与监狱沟通协调，制定了《特岗罪犯选用、撤销、换岗等情况通报制度》，明确规定监狱按季度提供特定岗位罪犯名册供驻监检察室审查监督。在开展监督中，严格按照“一卡、一查、一谈”的“三个一”的标准要求，从严从实加强特岗罪犯选用使用、考核奖惩等环节的监督。“一卡”即驻监检察室对监狱提供的特岗罪犯逐人建立重点人员信息案卡，对特岗罪犯的劳动改造表现、奖惩情况、刑罚变更执行情况等实行动态监督、记录；“一查”即查阅民警集体研究会议记录、《特定岗位罪犯使用审核审批表》、监狱呈报减刑、假释、暂予监外执行特岗罪犯的案卷材料和罪犯特殊岗位安排、工种调换、日常考核记录、奖惩等各项记录，审查监督有无越权加分、不当加分、加分扣分材料不全以及奖惩、病情、间隔期是否符合法律规定等违法情况存在；“一谈”即对监狱提

请特岗罪犯减刑、假释或暂予监外执行等变更刑罚执行的，驻监检察人员必须逐一找罪犯本人及相关人员谈话，了解其改造表现、是否存在违规违纪的行为，做到“逢变必谈”。截至2016年底，茅桥地区院就对辖区监狱982名特岗罪犯逐人建立了相关案卡，实行动态评估、监督；桂林市城郊地区院某驻监检察室发现特岗罪犯蒋某某与罪犯何某某因琐事发生口角进而打架，两罪犯都被监区记警告处分，但蒋某某只扣3分，而何某某被扣4分，存在对特岗犯违规扣分不能与其他罪犯一视同仁，明显偏轻现象。经向监狱提出检察建议后，监狱完善了相关制度，将特岗犯的加、扣分改由狱政科审核把关，促进了考核公平，2016年，该院共监督监狱撤换或调整不符合条件的特岗罪犯5人，完善审批使用流程25人。柳州鹿寨地区院2016年对辖区内所有监狱特岗罪犯进行全面审查，对7名因在入监时间等方面不符合特岗罪犯管理规定的罪犯，向监狱提出予以撤销的建议获监狱采纳。

三、推行“一档、一会、全审”的模式，盯紧病残弱罪犯管理与考核

病残弱罪犯的管理与考核，很大程度上影响了刑罚执行机关对罪犯暂予监外执行的决定。规范和强化对病残弱罪犯管理与考核的检察监督，就从源头上堵塞了违法暂予监外执行的漏洞。在实践中，通过推行“一档、一会、全审”的监督模式，强化了对病残弱罪犯管理与考核的检察监督。“一档”即对每一病残弱罪犯建立一份专门的动态健康档案。从入监环节开始，驻监检察室即通过查阅罪犯收押登记、入监健康和体检检查登记，为病残弱罪犯建立一份专门的健康档案，并通过每周一次巡视病残弱监区和监狱医院、定期与病残弱罪犯和其同监室罪犯开展谈话等多种方式，及时掌握罪犯入监后的病情、治疗等健康情况，及时填录入健康档案，准确、动态地收集病残弱罪犯的健康信息，为开展监督奠定了基础。“一会”即全程列席病残弱罪犯的病情鉴定会。检察室派员全程列席监狱组织的病残弱罪犯病情诊断或者生活不能自理鉴定会。在列席病情鉴定会过程中，针对派驻检察人员病残知识不足等情况，适时邀请检察技术部门派员参与列席评审会议的诊断和鉴别活动，形成检察监督工作的合力，桂林市城郊院2016年派员列席监狱暂予监外执行评审会议共4次，监督4名罪犯申请暂予监外执行，取得了较好的监督效果。“全审”即对病残弱罪犯申请暂予监外执行的，要对所有材料进行全面审查。案件承办人除审查有关法律文书、证据材料外，还应审查病情诊断、检查证明文件、化验单、影像学

资料、病历等有关医疗证明材料和动态健康档案；根据监督工作需要，依照规定与申请暂予监外执行的罪犯和有关鉴定人员、评估人员、保证人见面，实地调查、核实病情鉴定意见、社区评估意见、保证人资格审查意见等，以保证相关材料的客观、真实。

［检察长论坛］

传承和弘扬长征精神　推进检察工作全面发展

◎张景源 *

80年前，中国共产党领导的中国工农红军完成了震惊世界的英勇长征，开辟了中国革命继往开来的光明道路。习近平总书记在纪念红军长征胜利80周年大会上，提出了弘扬伟大长征精神、走好今天的长征路的六方面要求。长征精神既是中华民族的强大精神财富，更是我们检察机关履行法律赋予的监督职责的宝贵精神动力。我们必须时刻铭记红军丰功伟绩，躬身践行长征精神，以“树正气，构建和谐团队；强素质，争创一流业绩；讲忠诚，彰显司法公正；谋创新，实现卓越发展”的新理念推动玉林检察工作全面发展。

一、坚定理想信念，是弘扬长征精神、推进检察工作的不竭源泉

（一）理想信念是共产党人的精神支柱

长征中，无论是率领红军的领袖、将领，还是不识字的红军小战士，他们都坚信自己是一个伟大事业的奋斗者，都坚信自己的奋斗和牺牲必定将为中国赢得一个光明的未来。在翻越党岭雪山时，红军战士看到在一个雪堆中高举着的拳头，拳头中攥着的是一张党证和夹在党证中的一块银元。这高举的手，就是生命的誓言和忠诚，这种忠诚可贵之处在于，它并不是针对某一个人，而是忠诚于信念，忠诚于为之奋斗的壮丽事业。据统计，从1934年10月10日长征开始，到1936年10月22日长征结束，各路红军在长征中的总行程达6.5万里，其中中央红军历时368天。漫长历程中，等待红军将士的不仅是深山大川、雪山草地，不仅是草根果腹、皮带充饥，更有几十万国民党军队的围追堵截，还有错误路线的误导和分裂主义的困扰。从瑞金出发到陕北平均每行1公里，就有4名红军战士牺牲，大约每12人中只有1人走到了陕北。“长征路上的苦难、曲折、死亡，检验了中国共产党人的理想信念，向世人证明了中国共产党人的理想信念是坚不可摧的。”一位红军老战士在回答“是什么力量在支

* 广西壮族自治区玉林市人民检察院检察长。

撑着你们在那么艰难的条件下也不倒下？”的提问时，毫不犹豫地回答：“是理想！革命理想大于天。”革命理想高于天，正如习近平总书记指出：“长征是一次理想信念的伟大远征。崇高的理想，坚定的信念，永远是中国共产党人的政治灵魂。”

（二）理想信念是检察干警的立身之本

理想之光不灭，信念之光不灭。全市检察干警一定要铭记烈士们的遗愿，永志不忘他们为之流血牺牲的伟大理想。理论上清醒，政治上才能坚定。新时期的检察干警在当前复杂的国内外环境中更应筑牢思想防线，时刻保持清醒的头脑，保持对党的忠诚。坚定的理想信念，必须建立在对马克思主义的深刻理解之上，建立在对历史规律的深刻把握之上。全市检察干警要不断提高马克思主义思想觉悟和理论水平，保持对远大理想和奋斗目标的清醒认知和执着追求。全市检察机关要用科学理论武装头脑，结合“两学一做”学习教育，以两级检察机关“两微一端”和短信平台，实时更新习近平总书记系列讲话和党章等内容。坚持党组、支部集体学习和个人学习相结合，进一步加强检察干警对中国特色社会主义理论、党的十八大和十八届中央历次全会、习近平总书记系列重要讲话精神的学习，引导广大检察人员坚定社会主义法治信仰，牢固树立科学的世界观和方法论，进一步增强检察队伍“四种意识”，强化始终忠诚于党，始终对组织坦诚，永葆忠诚干净担当的政治品格。

二、紧紧依靠群众，是弘扬长征精神、推进检察工作的重要根基

（一）依靠群众是革命胜利的重要法宝

毛泽东同志指出：“战争的伟力之最深厚的根源，存在于民众之中。”长征，军事上无后方、无依托，环境恶劣，敌人强大。就是在这样的情况下，红军将士也从来没有忘记党的根本宗旨，一直认真贯彻党的群众路线，时时把人民利益放在首位。他们积极宣传党的主张，开仓济贫，废除苛捐杂税。经过少数民族地区时，部队严格遵守民族和宗教政策，严守群众纪律。红军的行动，使人民群众深切感受到，红军是真心为人民谋利益的，是为中华民族解放而战的。所以在长征中，人民群众积极帮助红军筹粮筹款，热情地给红军当向导送情报，心甘情愿地救护安置伤病员，积极报名参加红军。“用国者，得百姓之力者富，得百姓之死者强，得百姓之誉者荣。”长征的胜利，再次验证了这个颠扑不破的真理。

（二）依靠群众是检察工作的核心内容

人心向背，是决定一个政党、一个政权兴亡的根本因素。得民心则兴、失民心则亡，这是铁的规律。人民群众的大力支持和拥护，既是红军长征胜利的重要原因，也是改革开放和社会主义现代化建设的稳固基础。习近平总书记说过："崇高信仰始终是我们党的强大精神支柱，人民群众始终是我们党的坚实执政基础。只要我们永不动摇信仰、永不脱离群众，我们就能无往而不胜。"新时期的检察干警应该充分贯彻执法为民的思想，将维护人民群众合法权益作为检察工作的出发点和落脚点，不断探索开展群众工作的新途径、新方法，提高做好群众工作的能力，让人民群众实实在在感受到正义的力量。在执法办案过程中，全体检察干警必须弘扬紧紧依靠人民群众，同人民群众生死相依、患难与共、艰苦奋斗的长征精神，认真贯彻党的群众路线，时刻保持与人民群众的血肉联系，时刻把人民利益放在首位，真正代表人民的根本利益，真正做到权为民所用、情为民所系、利为民所谋。一是要坚持人民主体地位，时刻清醒"我是谁、为了谁、依靠谁"的基本认识，一切工作都要从巩固和发展人民的根本利益出发，做到从群众中来，到群众中去，一切依靠群众，一切为了群众，解决好人民群众最关心、最直接、最现实的利益问题。二是要树立公仆意识，带头履行道德责任，注重培育亲密无间的干群关系，坚决反对形式主义、官僚主义、享乐主义和奢靡之风。三是要注重深入基层调查研究，真正在谋事创业中"实现好、维护好、发展好最广大人民的根本利益"。

三、严明规矩纪律，是弘扬长征精神、推进检察工作的政治保证

（一）严明纪律是长征胜利的根本保证

我们党是靠革命理想和铁的纪律组织起来的马克思主义政党，纪律严明是党的光荣传统和独特优势。红军长征初期，总政治部关于准备长途行军与战斗的政治指令强调："坚决的与脱离群众、破坏纪律的现象斗争，对于不能教育的破坏纪律的坏分子，应给予处罚。"在长征那种异常艰苦险恶的环境中，只有保持铁的纪律，红军才能保证命令的坚决贯彻执行，才能赢得群众支持，才能在部队中不断凝聚起高昂的革命情绪和战斗力。红军长征过程中，鉴于中共中央和张国焘之间围绕北上与南下展开的反复争论，党中央在沙窝政治局会议上强调："必须在一、四方面军中更进一步地加强党的绝对领导，提高党中央在红军中的威信。"这里既强调了党对军队绝对领导的原则，又申明了严格执

行纪律的重要性。在俄界会议上，党中央批评张国焘“漠视党的一切纪律，在群众前面任意破坏中央的威信”的行为，痛斥其机会主义与军阀主义倾向。张国焘另立“中央”公开分裂后，中共中央一方面同分裂党的行为进行了坚决斗争，另一方面以最大的耐心、采取恰当的方法进行教育和挽救，最终使张国焘取消另立的“中央”，踏上了长征的最后征程。

（二）严明纪律是检察事业的必然要求

红军长征的历史告诉我们，人不以规矩则废，党不以规矩则乱。任何时候、任何情况下，政治纪律和政治规矩这根弦都不能松。严肃党的政治规矩和政治纪律，必须增强党内政治生活的政治性、原则性，在一些原则问题上不能迁就和退让。严肃党的政治纪律、政治规矩，是党的力量所在、威信所在，党的十八届六中全会号召全党同志紧密团结在以习近平同志为核心的党中央周围，这就是要维护党中央权威、保证全党令行禁止。具体而言，就是全党要树立政治意识，始终做到方向不偏、信仰不变、立场不移；要树立大局意识，坚持党中央的集中统一领导，自觉在思想上、政治上、行动上同党中央保持高度一致；就是要树立核心意识，始终做到坚决拥护核心、坚决听从核心、坚决维护核心，确保党的领导更加坚强有力；就是要树立看齐意识，自觉向党中央看齐，向党的理论和路线方针政策看齐，向党中央决策部署看齐。

（三）严明纪律是检察干警的基本素养

一是全市检察干警要通过深入学习党章，牢固树立党章意识，自觉把党章作为根本的行为准则，用党章规范自己的言行，把遵守党的政治纪律和政治规矩落实到自己的全部工作中去，不论在什么地方、在哪个岗位上，都要经得起风浪考验，永葆共产党人政治本色。二是两级院党组要真正做到对党负责、对检察事业负责、对广大检察人员负责，切实担负起党风廉政建设的主体责任，健全党组书记负总责、成员具体抓、各部门“一岗双责”的责任体系，层层传导压力，把从严治党、从严治检真正融入各项检察工作中。应认真组织学习贯彻“一个准则”和“两个条例”，严肃党内政治生活，带头营造检察机关良好的政治生态。三是从严落实《领导干部干预司法活动、插手具体案件处理的记录、通报和责任追究规定》和《最高人民检察院职务犯罪侦查工作八项禁令》，加大正风肃纪力度，做到有权必有责、失责必追究，立起批评教育、组织处理、纪律处分、立案审查四道防线，完善严格执行纪律、确保检令畅通的长效机制。

四、强化团队建设，是弘扬长征精神、推进检察工作的组织保障

（一）团队建设是长征精神的重要体现

人心齐，泰山移，团队力量是无限的。长征胜利离不开众志成城的团队力量。红军队伍由千万个红军将士组成，为着共同理想团结在一起，汇集成不可战胜的力量，依靠的就是严密的组织建设。长征时期党的组织建设两个鲜明的特点就是党支部建设和宣传鼓动。在长征途中，红军总政治部连续下发文件，要求加强连队党支部工作，强化政治领导，各级党组织扎实开展理想信念教育；中央红军创办《红军报》、《前进报》、《红星报》等，宣传党的战略方针和红军政策，唱响格调高昂、充满激情的战斗歌曲，开展动员誓师、行军竞赛、杀敌竞赛等活动。正是红军党的组织建设基础牢固、深入人心，调动了每一名红军将士为革命奋斗的积极性和主动性，极大增强了红军队伍的凝聚力、向心力、战斗力。

（二）团队建设是攻坚克难的基本保障

习近平总书记指出："我们党作为一个有着8800万党员、440多万个党组织的党，作为一个在有着13亿多人口的大国长期执政的党，党的建设关系重大，牵动全局。"全市检察机关要创新机制，发挥党的政治、思想和组织优势，注重"以人为本"的管理思想，建立逐级"谈心"制度，交流思想，沟通感情。始终把每位干警当做亲人，党群之间、干群之间建立"同志+朋友，兄弟+战友"的关系。强化文化育检功效，加强文体设施建设，定期举办文体活动，增强干警体质，陶冶干警情操。确定固定学习时间，把学党章、学党规、学法律与思想政治教育相结合，两促进两不误。建立全方位、多层次、多角度的社会监督网络，重点监管"八小时"以外的活动；重视干警家属的思想认同，融洽与干警家属之间的感情，培树"贤内助"，吹好枕边风，确保干警争先创优干工作、清正务实保廉洁。

五、抓好"关键少数"，是弘扬长征精神、推进检察工作的重要引航

（一）抓好"关键少数"是带好检察队伍的有效途径

红军队伍中的党员干部身先士卒、率先垂范，始终站在最危险、最艰苦、最需要的第一线，充分发挥了领导干部"关键少数"实干引领作用。综观长征风云，在条件最艰苦、战斗最危急的时刻，党员干部总是率先站出来，战斗

在一线，不是说“给我冲”，而是说“跟我来”，以自己的模范行动鼓舞和带动官兵前进。官兵之间亲如兄弟、情同手足，患难与共，生死相助。一个支部就是一座战斗的堡垒，一名党员就是一面鲜红的旗帜。正是由于党支部战斗堡垒作用和党员干部先锋模范作用的充分发挥，红军才始终保持着旺盛的战斗力和强大的向心力、凝聚力。据统计，长征中先后牺牲营以上干部432人，牺牲的共产党员不计其数。无论是强渡大渡河的勇士，还是飞夺泸定桥的英雄，多是由共产党员和入党积极分子组成的。红三军团参谋长邓萍血洒遵义城，红二十五军政委吴焕先牺牲在四坡村，红三十四师师长陈树湘伤重被俘，于是掏腹断肠，以身殉节。聂荣臻同志晚年回忆：红军打仗打的是干部，打的是党团员。共产党人的先锋模范作用，“关键少数”的实干引领作用，依然是攻坚克难、克敌制胜的法宝。

（二）抓好“关键少数”是检察组织工作的必要措施

党的十八大以来，八项规定的贯彻落实，群众路线教育实践活动的深入开展，党的建设各项工作之所以能在短期内取得这样好的成效，最重要的经验就是从上至下、以上率下，从中央开始，从中央政治局开始，作出表率与示范。党的十八届六中全会指出，新形势下加强和规范党内政治生活，重点是各级领导机关和领导干部，关键是高级干部。“关键少数”是否抓、“关键少数”怎么抓、“关键少数”抓得紧不紧好不好，这些直接影响到党内政治生活的质量。新的检察长征路上，我们必须以抓好“关键少数”为牵引，充分发挥“关键少数”引领作用。两级院党组要充分发挥领航作用，切实强化班子自身建设，以身作则、率先垂范。一是全市两级检察院党组书记要把抓好党建作为最大的主业，当好党建第一责任人。机关党委（党总支、党支部）应发挥牵头抓总、统筹协调作用，完善党建工作制度、措施。每个党支部（党小组）、每位党员都要发挥好战斗堡垒和先锋模范作用。二是两级院党组要认真学习贯彻《中国共产党党组条例（试行）》、最高人民检察院《关于加强地方各级人民检察院党组建设的指导意见》和《中共最高人民检察院党组工作规则（试行）》，认真贯彻执行民主集中制，完善党组会议事规则，坚持“三重一大”事项集体研究决定，充分发扬民主，使决策决定科学民主、切实可行。定期听取班子成员通报工作落实情况，务必确保决策部署落到实处。

司法责任制改革背景下检察机关办案组织的科学构建

◎罗小军*

内容摘要：近年来，司法改革先行试点省份的检察机关重点围绕健全检察权运行机制、落实检察人员办案责任制，在构建新型检察办案组织方面进行了一系列试点探索，取得了积极成效。但还存在与现行法律和现行检察机关办案规定相冲突、办案组功能发挥不突出、配套制度不健全、监督制约机制相对滞后等突出问题。结合我国试点单位改革经验和检察工作实际，建议从合理定位和合理设置检察机关办案组、建立内部监督管理机制、建立办案组织配套制度等方面科学构建检察机关办案组织制度。

关键词：司法责任制；检察机关；办案组织；模式

检察官管理体制改革是一项复杂的系统工程，与我国诉讼制度、检察机关机构设置、检察工作管理、人事制度和司法体制改革等许多方面密切相关，必须充分应用管理学的基本原理，选择最科学最合理的路径和方法，稳步推进改革。因此，优化检察业务运行管理，建立符合法律监督要求的基本办案组织，逐步形成符合检察工作规律的运行机制，是当前急需解决的重大课题。近年来，司法改革先行试点省份的检察机关，围绕健全检察权运行机制、落实检察人员办案责任制，在构建新型检察办案组织方面开展了一些有益的试点探索。本文拟结合当前检察机关司法体制改革试点实践，对司法责任制改革下的检察办案组织建设几个重点问题作初步探讨。

一、检察办案组织的基本内涵

作为检察权运行的载体，检察办案组织在司法实践中现实存在，但其概念内涵却一直并不清晰。究其原因，一方面，与法院的合议庭、独任庭等法定办案组织不同，无论是“三大诉讼法”还是《人民检察院组织法》，都没有对检

* 广西壮族自治区灌阳县人民检察院检察长。

察基本办案组织形式作出规定；另一方面，从检察权的现实运行状态来看，因长期实行“检察人员承办、部门负责人审核、检察长或检委会决定”的三级审批制，办案权与定案权分离，检察机关并没有形成功能类似于法院合议庭或独任庭的固定办案组织。目前，学术界和实务界有关检察办案组织的界定都强调办案组织是最基本的办案单元，突出检察官的办案主体作用，值得肯定。①但大家侧重于检察权行使，而未涉及司法责任承担；有的“权责利统一”，但对于办案组织构架的表述失之抽象。根据司法责任制改革要求，办案组织不仅仅是检察权运行的载体，更是司法责任承担的载体，其实是办案权力与办案责任的统一体。② 所以笔者认为，检察办案组织，是检察机关在履行司法办案职责时，在检委会、检察长的直接领导下，根据不同业务部门的案件数量、类型及难易程度等情况，所采取的由检察官负责、检察辅助人员协助的具体案件承办及司法责任承担的组织形式。

由上述关于检察办案组织的含义界定可知，司法责任制改革下的办案组织构建，应当遵循检察权的复合型属性，合理区分司法属性明显的审查逮捕、审查起诉以及行政属性明显的职务犯罪侦查等部门的办案组织形式；应当坚持司法亲历性原则，确立检察官在司法办案中的主体地位，科学合理“放权”于检察官，有效改变“审而不定、定而不审”的问题；应当以实现检察办案扁平化管理为目标，尽量减少管理层级，形成在检察长领导下横向到边的管理模式，最大限度提高办案效率；应当构建一整套规范的监督制约和责任追究体系，促进检察权在阳光下依法规范运行。③

二、全国各地检察机关构建办案组织模式改革试点的梳理

就办案责任制改革而言，实际上是按照两条路径在进行，一条是作为中央确定的司法体制改革试点任务在推进，另一条是作为2014年最高人民检察院在7个省17个检察院部署的检察官办案责任制改革试点工作在推进。在这两

---

① 参见郑青：《论司法责任制改革背景下检察指令的法治化》，载《法商研究》2015年第4期。

② 参见阮志勇：《检察机关办案组织的理论探讨》，载中国检察学研究会检察基础理论专业委员会编：《新一轮检察改革与检察制度的发展完善——第四届中国检察基础理论论坛文集》，中国检察出版社2015年版，第312页。

③ 参见谢鹏程：《检察官办案责任制改革的三个问题》，载《国家检察官学院学报》2014年第6期。

条路径推进过程中，搭建办案组织作为办案责任制改革的基本内容之一，在运行过程中必然涉及检察机关办案组织如何管理的问题。全国各地主要试点情况如下：

（一）吉林省检察机关试点情况

吉林省检察院在先行试点中发现，现行内设机构存在诸多弊端，尤其是基层院，“将”多“兵”少，和当前司改不配套，不进行内设机构改革本轮司改也不会走出太远，遂进行了内设机构改革。按照“融合互补”的原则，省检察院将17个业务处室整合为5个部，同时把17个非业务部门按行政管理架构，整合为4部1委，县级院则更少，个别院还在探索不设业务部，由副检察长直接领导办案组。

（二）上海市检察机关试点情况

检察业务部门设若干主任检察官办案组，在检察官负责下依法行使检察权。业务部门负责人兼任主任检察官，并带组办案。业务部门主要负责人所在办案组可设置专门岗位，协助其开展行政管理、案件管理等事务性工作。检察官办案组实行专业化分工，在业务部门设立若干专业化办案组。不同办案部门区别设置检察办案组织。刑检部门以独任检察官为主，根据上海特色保留设置未成年人、金融和知识产权、职务犯罪、外国人犯罪等若干专业化检察官办案组。

（三）江苏省检察机关试点情况

全省各级检察机关业务部门实行独任检察官和检察官办案组的办案组织形式。办案组织承办案件，原则上1名检察官可由1名以上检察官助理协助，2名检察官可由1名书记员协助。各部门办案组织中检察官助理和书记员的具体配备，由部门负责人根据办案工作需要、本部门人员和案件量等实际情况，统筹安排确定。检察官办案组可以相对固定设置，也可以根据司法办案需要临时组成。固定办案组的检察官，可以根据安排参加其他办案组的司法办案工作，也可以作为独任检察官承办案件。固定设置的办案组负责人，由检察长按照相应程序任命；临时组成的办案组负责人，由检察长根据检察官的工作阅历、办案水平、综合素能等情况指定，或者由案件承办确定机制产生。办案组负责人为检察官，接受部门负责人的司法行政管理。检察长、副检察长、检委会专职委员、部门负责人在办案组办案的，是当然的办案组负责人。

（四）深圳市检察院试点情况

深圳市检察机关按照“1（1名主任检察官）+N（若干名检察官）+N

（若干名检察辅助人员）”的模式建立检察官办案组织，推行以检察官为核心的办案责任制。检察官办案组织分为业务执行类、业务管理类、业务保障类，分别命名为检察官办案组、检察官管理组、检察官保障组。同时，设在主要业务部内的公诉事务处（科）、侦查事务处（科）、诉讼监督事务处（科），负责所在业务部的行政管理工作。

从目前检察机关改革各地试点情况看，各地办案组织的构建可以归纳为三种模式：一是以主任检察官办案组取代处（科）层制的办案模式；二是对现有内设机构进行改良的办案模式；三是对传统内设机构进行保留的办案模式。① 三种模式各有利弊，因均在试点过程中，其效果一时难进行评论。对以上办案组织模式综合分析：一是以最高人民检察院公布司法责任制改革意见时间节点上来划分，意见出台之前多数组建的是主任检察官办案组，这也是基于上海、湖北、广东等第一批试点单位实际情况，这些试点单位检察人员编制基数原本较多、入额后检察官人数基本满足检察官办案组设置要求等；意见出台之后基本是按照独任检察官或检察官办案组模式来组建，部分实践已经表明独任检察官这一检察办案模式更适合于中西部地区一些基层检察院的实际，这些欠发达地区基层检察院面临着基本相同的履行检察职能工作任务要求（这里指检察业务工作基本要求相同，当然具体办理业务和案件数量相对较少），而检察人员编制基数原本就少、入额后检察官人数还会进一步压缩或员额调整。② 二是从业务条线划分来看，试点单位都充分考虑了基本检察业务职能发挥的需要，考虑了一线业务、二线业务或者说综合业务、业务管理的需要，也前瞻性考虑了新增检察业务拓展的需要，在基本业务检察办案组的划分和专业化检察办案组的划分上都有各具特色、适应实际的制度设计。试点单位普遍关注到检察业务不同于审判业务的多样性、复杂性。单纯就办案来讲审查批捕、审查起诉、职务犯罪侦查、抗诉、诉讼监督纠正违法等办案任务量不能简单类比，还有过错瑕疵案件评查、检委会审议案件会前审查等业务，加上刑事执行检察、民事行政公益诉讼等新增业务类型，也不是狭义理解的“办案”概念所能涵盖的。或许某些新增检察业务类型在某些基层检察院还没有出现，但是

---

① 参见向泽选：《检察办案组织的改革应当彰显司法属性》，载《人民检察》2013 年第 22 期。

② 参见龙宗智：《检察官办案责任制相关问题研究》，载《中国法学》2015 年第 1 期。

随着检察工作的深入发展，也应当在组建办案组织中应当予以关注和综合考虑。三是从办案组的设置来看，有专门办理类型化案件的固定设置办案组，也有因案而生的临时组建办案组，还有大要案件专案组这种内部结构和层级更为复杂的检察官办案组。①

三、检察机关办案组织改革探索中遇到的问题

（一）与现行法律和现行检察机关办案规定的冲突

我国现行的《人民检察院组织法》和“三大诉讼法”对检察机关基本办案组织问题均未做出明确规定。而我国现行的《刑事诉讼法》等法律法规司法解释对案件的办理审批流程很多都是从行政化角度做的规定。《人民检察院刑事诉讼规则（试行）》和《检察机关执法工作基本规范》，强调的是三级审批制度，检察机关办案组织改革中办案组织形式为独任制和办案组，就与这些法律或者规范相违背。

（二）独任制和办案组功能发挥不突出

作为一种新的办案体制，独任制和办案组就是要突出司法活动的独立性。从各级检察院的起诉书签发来看，仍实行主任检察官、部门负责人、主管检察长的层层审批。一些办案人员认为原来的“三级审批制度”很好，集体负责制规避了自己的风险和责任。所以，实践中一些主任检察官为了回避责任，事事请示汇报，最终回到了原来的三级审批老路上来。正因为如此，使独任制和办案组流于形式，功能发挥不突出。

（三）办案组织配套制度不健全

有的基层检察院，盲目推行新制度，几个公诉部门的正副职摇身一变，成为主任检察官，除了工资上的变化外，其他基本不变。这种偷梁换柱的改革没有体现主任检察官制度的应有之义。主任检察官与行政级别挂钩，“去行政化”困难，检察机关内部职权配置受到限制。检察机关司法化改革要适度，完全的司法化不行，办案组的成立受到行政职数的限制。在单位干警总数不变

① 参见［美］唐纳德·E. 科林纳、约翰·纳尔班迪：《公共部门人力资源管理系统与战略（第四版）》，孙柏瑛等译，中国人民大学出版社2010年版，第273页。

的情况下，领导职数基本是恒定的。[①] 而要在一个部门实行主任检察官制则至少要成立两个相互独立的小组，否则就很容易和行政体系混淆。这对人案矛盾突出和职数配置受到外部制约的基层检察机关来说几乎没有能力实现。[②] 2013年11月，最高人民检察院决定在全国检察机关全面推行统一业务应用系统。按照检察统一业务系统的权限要求，一般案件审批的最低权限都在检察长或分管副检察长。由于该业务应用软件是严格按照程序法实施的，主任检察官责任制的运行模式在软件中无法体现，所以无法在该软件中得到运行。

（四）办案组织与部门负责人之间的关系未能理顺

根据《意见》的规定，决定初查、立案、侦查终结等事项须经职务犯罪侦查部门负责人审核后报检察长决定，审查逮捕、审查起诉案件以及诉讼监督等案件由独任检察官、主任检察官在职权范围内对办案事项作出决定。由此可见，《意见》区分不同类型的案件，对重要的侦查决定奉行的还是传统的三级审批模式，其他行为则由办案组织在职权范围内自行决定，这种做法充分考虑到检察权的复杂属性，区分检察权的不同内容分别规定，对其科学性应当予以肯定。不过，办案组织与部门负责人之间的关系仍然没有理顺。[③] 一方面，如果部门负责人不同意办案检察官的意见如何处理？是按照部门负责人的意见还是办案组织的意见作出决定？另一方面，依据权责一致原则，如果部门负责人和检察长都同意办案组织的处理意见，但事后认定案件属于错案，那么检察长和部门负责人需要承担责任吗？

四、科学构建我国检察机关办案组织的建议

（一）合理定位检察机关办案组织，检察一体与检察独立相协调

按照司法责任制改革的要求，检察人员承担司法责任的前提是能够依法独立行使检察权，所以，在考虑办案组织的配置时“应充分尊重和体现检察独

① 参见郑青：《论司法责任制改革背景下检察指令的法治化》，载《法商研究》2015年第4期。

② 参见向泽选：《检察办案组织的改革应当彰显司法属性》，载《人民检察》2013年第22期。

③ 参见龙宗智：《检察官客观义务论》，法律出版社2014年版，第5页。

立和检察一体的体用关系，明确何者为体，何者为用，何为根本。[1] 如果在我们的改革中，检察一体最终淹没了检察独立，那么主任检察官的制度运行很难实现司法化办案模式的转变，很可能是我们只搭了个架子，但并没有填充进去实质性的内容，甚至又面临走回行政化老路的风险”[2]。基于此，在深化司法责任制改革过程中，我们应当坚持在检察一体与检察独立之间保持平衡，不能过于强调一方而忽略另一方。[3]

在分类管理下，各类检察人员均应当实现职业化发展，检察机关办案组织应该遵循职业化、专业化、精英化之路。对此各地检察改革试点已进行多种尝试，如上海闵行检察院根据案件风险等级分配办案决定权限，北京昌平检察院制定各办案主体的“权力清单”，基本原则都是逐步放权给检察官。伴随检察官办案主体地位的突出，分管副检察长、检察长和检委会的个案决策权必然要相应地收敛限缩。习近平总书记指出：“凡属重大改革都要于法有据。”在目前试点的情况下，建议出台司法解释和修改相关法律法规，进一步明确办案组织的地位，使之有法可依。

（二）合理设置检察机关办案组织，理顺办案组织和业务部门负责人之间的关系

独任检察官建立在办理案件基础上，并不是独立的检察官名称，每一个入额检察官在独立承办案件时都是独任检察官。检察官办案组一般由两名以上检察官组成，确定其中一名担任主任检察官，负责办案组承办案件的组织、指挥、协调，在职责范围内对办案事项作出决定或提出处理意见，并对决定事项承担责任。检察机关办案组随案产生，主要适用于两种情形：第一，检察长或分管检察长决定对重大复杂和有影响的案件组成检察官办案组专案办理；第二，涉案犯罪嫌疑人众多的案件，案管部门负责人提议，或者检察官在分案后认为需要由检察官办案组办理向部门负责人提出的。不同办案部门区别设置检察办案组织，如刑检部门以独任检察官为主。再如上海市可以根据特色保留设

---

① 参见郑青：《我国检察机关办案组织研究与重构》，载《人民检察》2015 年第 10 期。

② 张栋：《主任检察官制度改革应理顺“一体化”与“独立性”之关系》，载《法学》2014 年第 5 期。

③ 参见金观涛、华国凡：《控制论与科学方法论》，新星出版社 2005 年版，第 73 页。

置未成年人、金融和知识产权、职务犯罪、外国人犯罪等若干专业化检察官办案组。

在主任检察官制度改革过程中，关于业务部门是否保留的问题存在两种不同的观点：一种主张废除业务部门，由主任检察官代替；另一种观点则认为应当予以保留，但需要加以完善。《意见》采纳了后一种观点，并明确规定了业务部门负责人的职责。根据《意见》的规定，业务部门负责人的职责主要是行政管理和业务指导，而不承担案件审批职责，这样的规定契合了司法责任制改革的需求，回应了理论界的批判，有效克服了“三级审批制”的不足。基于权责一致的原则，笔者主张业务部门有其存在的价值，不过应当取消业务部门负责人对案件的审核权，办案组织关于案件的处理结果在职权范围内自行决定，并自行承担与办案相关的司法责任，业务部门负责人仅承担行政管理和业务指导职责即可。①

（三）建立办案组织配套制度，办案组织之间关系的法治化

针对目前主任检察官责任与权利不对等，检察官的薪酬保障、履职人身保障、晋升保障、职业尊荣保障等方面仍不够完善，缺乏具体有效的保障措施情况。② 建立健全廉政风险、组织人事等机制建设，不断加大主任检察官出现的违法违纪案件的查办力度。基层检察院内部要完善《检委会议事规则》、《执法办案守则》等重要内容，重大决策等，坚持集体研究，定期向全部干警通报决策内容及结果，接受监督；逐步全部公开执法人员的执法档案，向社会公开，且实行责任终身制；加强检察官权利保障。规定检察官依法履行职责不受干涉，依法保障检察官合法权益。③ 为了协调检察长与办案组织之间的关系，实现二者关系的法治化，需要改变《意见》规定过于生硬的不足。一方面，保留现行的办案检察官有权提出异议的规定，增加检察长在发出指令前对办案检察官意见的听取程序，将听取办案人员意见作为检察长的义务。另一方面，建议借鉴国外的做法，在立法中明确规定职务收取与转移权，当检察长

① 参见张栋：《主任检察官制度改革应理顺“一体化”与“独立性”之关系》，载《法学》2014 年第 5 期。

② 参见万毅：《检察改革“三忌”》，载《政法论坛》2015 年第 1 期。

③ 参见郑青：《我国检察机关办案组织研究与重构》，载《人民检察》2015 年第 10 期。

与办案人员的意见不一致时，“如果办案期限允许，在一般情况下，可实行职务收取与移转，由其他检察官负责办理该案，以尊重原承办案件检察官的意见，当然也可以由检察首长本人亲自办理”[①]。这样既尊重了办案检察官的独立地位，也确保了检察一体原则的落实。

① 郑青：《论司法责任制改革背景下检察指令的法治化》，载《法商研究》2015 年第 4 期。

［案例分析］

受贿且滥用职权行为罪数处断的双阶架构

——基于贪污贿赂最新司法解释的探析

◎黎　明[*]　吴　东[**]

内容摘要：受贿且滥用职权行为的罪数处断，因刑法和司法解释对贿赂犯罪罪刑规范的最新修正而引发新问题，亟须探索新的处理方法。司法解释关于受贿罪的定罪量刑标准、“遭受损失”情节等规定以及禁止重复评价的法理延伸，为构建双阶架构的新方法提供了充足理据。因应这一深层理据，从双阶架构的评价基准、评价要素、评价方式三个层面切入，精准确定犯罪单复及处断结果，可合理阐释其运行规则。在实然层面类型化搭建双阶架构，第一阶适用于两罪“各自处罚”情形的罪数处断，第二阶适用于受贿罪“降格定罪”和“升档量刑”两类情形的罪数处断。

关键词：受贿罪；滥用职权罪；罪数处断；双阶架构

罪数关系被刑法学界视为“令人绝望的迷宫”，且不论一罪中错综复杂的各类“犯”，单是对数罪的判定，稍有认识上的偏差，都可能会被卷进罪数论的湍流而折戟沉沙。对受贿并滥用职权行为的罪数处断便是典型例证。《刑法修正案（九）》（以下简称《刑九》）以及《关于办理贪污贿赂刑事案件适用法律若干问题的解释》（以下简称《解释》）对贪污贿赂犯罪定罪量刑标准以及刑罚配置的修正，引起了不小的反应。尤其是《解释》将“谋取不正当利益”的枉法情形与“致使公共财产、国家和人民利益遭受损失”的次生危害后果绑定，设置为影响受贿罪定罪或法定刑升格的情节，引发受贿罪与滥用职权罪之间的连带和交叉关系，加深处理两罪关系的复杂程度，极易催生罪数处断上的新问题。故此，本文沿循立法修改的动因和司法适用的进路，以数额与

---

* 广西壮族自治区南宁市人民检察院法律政策研究室主任。

** 广西壮族自治区南宁市人民检察院法律政策研究室副主任科员。

情节这两驾定罪量刑的“马车”作为推动方法创新的动力源，探索构建条清缕析、严谨有致的新型操作规范——双阶架构，为司法实践运作提供可资借鉴的参考指引。

一、楔子：一则案例引发的思考

（一）案情回溯

被告人梁某于2010年间，利用其担任广西某县供销合作联社财统股股长的职务便利，多次收受该县农业生产资料公司经理陈某送的好处费共计1.48万元，并分别于2010年5月和10月，明知该公司不符合申报自治区新农村现代流通服务网络工程项目和工程中央专项资金的条件，仍虚构、伪造申报材料上报，致使该公司获得项目建设资金30万元和中央专项资金55万元。经一审判决，被告人梁某受贿数额未达到数额较大的起点，也不具有其他较重情节，其行为不构成受贿罪；其致使公共财产遭受重大损失的行为构成滥用职权罪，判处有期徒刑1年6个月。①

（二）问题引出

这则案例主要涉及受贿且滥用职权行为的罪数处断问题。现实中，受贿罪牵连它罪，常见于收受财物后为他人谋取利益又犯滥用职权罪，而以往学界理论纷争不休②、立法规定莫衷一是③、实务案例判罚不一④等现状，均勾勒出学术研究、法律规范、司法实务对两行为罪数处断的差异化认识。虽然《解

① 引自广西壮族自治区某县人民法院〔2016〕桂0921刑初49号刑事判决书，判决日期：2016年5月10日。

② 在受贿行为和滥用职权行为均构成犯罪的情况下，是持一罪说（择一重罪处罚）还是持并罚说（实行数罪并罚），是牵连犯、想象竞合犯、法条竞合犯还是性质完全不同的数罪，理论界观点纷呈，立场并不统一。

③ 根据1997年《刑法》第385条的规定，受贿罪的构成要件只有收受财物达到入罪数额的要求，并无行为符合特定情节要求、造成一定后果的构罪限制。另外，该《刑法》第399条第4款规定，犯受贿罪又犯徇私枉法罪、民事行政枉法裁判罪、执行判决、裁定失职罪与执行判决、裁定滥用职权罪的，应择一重罪处罚。但是，对受贿后又有其他渎职犯罪的情形，并无明文规定，仅散见于“两高”颁布的相关司法解释中。

④ 参见曹秀康受贿案、林世元受贿案、郑筱萸受贿案、王昭耀受贿和滥用职权案等案件的判决。

释》第17条对两罪实行数罪并罚进行了确认,[①] 但是囿于两罪所涉之具体行为情状万端,以该条规定笼统、模糊之局限,无法一劳永逸地解决所有问题。特别是"遭受损失"的情节在两罪发生重合之情形下,如何区分不同数额和情节标准对两行为进行罪数判定,目前尚无明确、细致的处断规则,使得两罪的罪数关系较以前更为复杂。

在对受贿且滥用职权行为进行罪数认定时,如何适用"致使公共财产、国家和人民利益遭受损失"的情节,存在三种分歧观点。观点一认为,该情节不应认定为受贿罪的其他情节,只作为滥用职权罪的定罪情节看待。梁某案的判决思路与此观点如出一辙,否定将滥用职权造成的损失作为受贿数额较低时认定受贿罪的情节要素,仅以滥用职权罪论处。观点二认为,该情节可作为受贿罪和滥用职权罪的定罪情节,在认定两罪时同时使用。如将"遭受损失"的客观后果归入受贿罪的定罪情节,损失数额计入滥用职权罪的定罪数额,然后实行数罪并罚。[②] 观点三认为,该情节可以同时被受贿罪和滥用职权罪评价,成立两罪的想象竞合犯,从一重罪处罚。[③] 笔者认为,这些观点均未能切中《解释》关于贿赂犯罪情节规定和数罪并罚规定的肯綮,属于认定和处理上的误识,难谓恰当,更给罪数处断带来相当困扰,实有厘清与匡正之必要。

(三)方法导入

方法是目标指引下的行动路径,对受贿且滥用职权行为进行罪数处断予以择取的理性方法,应能够"无增损减补地饱足含纳所评价的行为,真正将罪数认定和刑罚量定摄于一体"[④]。基于此,笔者根据《解释》规定,结合两罪特点,尝试以架构形式之新视域,开启罪数处断之新路径。"架构"原为建筑

---

① 《关于办理贪污贿赂刑事案件适用法律若干问题的解释》(法释〔2016〕9号)第17条规定:"国家工作人员利用职务上的便利,收受他人财物,为他人谋取利益,同时构成受贿罪和刑法分则第三章第三节、第九章规定的渎职犯罪的,除刑法另有规定外,以受贿罪和渎职犯罪数罪并罚。"

② 观点一和观点二摘自周光权:《论受贿罪的情节——基于最新司法解释的分析》,载《政治与法律》2016年第8期。

③ 参见罗开卷:《贪污受贿犯罪中从重情节的适用》,载《人民法院报》2016年10月12日,第006版。

④ 柯耀程:《刑法竞合论》,中国人民大学出版社2008年版,第106页。

用语,[①] 引至本文作为与“机制”、“结构”和“框架”相类似的概念，其功能导向在于“分析事物内部各构成要素的相互关系，提炼形成一套统一连贯的有机整体构造”[②]。受贿且滥用职权行为的罪数处断架构由两个阶层共同组成，每一阶层设计有不同的标准、要素和内容，围绕这两个阶层构建起来的双阶架构，其内涵是指依照法律规定和基本法理建立双阶层的行为评价体系，系统清点和梳理不同数额和情节中行为构成犯罪的“个数”，并将重心落在罪数的认定和处罚上。

二、何以可能：罪数处断双阶架构的构建理据

《解释》对受贿罪定罪量刑标准、损失后果情节等规定及法理延伸，以其客观、忠实的态度给予我们深刻提示。有效捕捉《解释》关于贿赂犯罪惩治模式转型所释放的司法信号，深入挖掘其逻辑脉络和价值蕴含，能够为构建双阶架构提供充足的理据。

（一）二元化的定罪量刑标准，使架构双阶层的形成成为可能

受贿罪侵害法益的本质特征在于“权钱交易”，交易程度如何，受贿数额可以表征，但不是唯一依据，在特定情形下还要综合考量其他情节要素。《解释》第1条至第4条将立法规定的受贿罪“数额或情节”标准改造为“数额”标准和“数额+情节”标准，设置“幅度数额+减轻数额与情节”的罪刑结构,[③] 并以正态分布形式配置轻重衔接的法定刑，在数额、情节、刑量之间搭建层次分明的对应阶梯（见表1）。其中，受贿数额是罪刑阶梯的基础，在适用序位上优于情节，可以脱离情节成为决定罪质和罪量的独立要件。情节作为弹性裁量要素，在定罪量刑上降低数额所承载的运行压力，并与数额形成紧密的依附关系，即在满足特定数额的前提下，承担“降格入罪”和“升档量刑”的功能，主要表现在：当受贿数额仅为定罪数额标准的1/3时，具有8项情节之一，便可调整数额标准入刑；当受贿数额仅达到加重量刑幅度数额标准的

① 在建筑学领域，“架构”是指包括规划、成本估算和建筑实施在内的建造房屋的实用性过程和结果。

② 杨晓萍：《南亚安全架构：结构性失衡与断裂性融合》，载《世界政治与经济》2012年第2期。

③ 参见莫晓宇：《非数额情节在受贿案件中定罪量刑的功能分析——〈关于办理贪污贿赂刑事案件适用法律若干问题的解释〉第1-3条评析》，载《浙江社会科学》2016年第8期。

1/2 时，具有 8 项情节之一，便可升格为法定刑。① 在数额和情节的统摄之下，受贿罪的定罪量刑标准由一元向二元转变，确立起以数额为准据、以情节为补充的适用规则。以此二元标准为基准，可以将架构分为两个阶层，每一阶层与一个标准相对应，从而形成双阶层级的结构模式。

表 1　《刑九》和《解释》关于受贿罪的定罪量刑标准

定罪			量刑
数额	情节		
较大	3 万以上不满 20 万	无	3 年以下
虽未较大	1 万以上不满 3 万	其他较重情节	
巨大	20 万以上不满 300 万	无	3 年以上 10 年以下
虽未巨大	10 万以上不满 20 万	其他严重情节	
特别巨大	300 万以上	无	10 年以上、无期、死刑
虽未特别巨大	150 万以上不满 300 万	其他特别严重情节	

（二）重合的损失后果情节，使架构要素相互关联成为可能

情节作为揭示特定行为社会危害性程度的基本事实，是构成犯罪的最小元素。《解释》第 1 条至第 3 条将影响受贿行为定罪量刑的 8 项情节予以归纳列示，并将基本犯与加重犯的情节同一化。② 其中，第 1 条第 3 款第 2 项“致使公共财产、国家和人民利益遭受损失”的表述与滥用职权罪的危害结果相同，由此发生情节上的重合。根据这一情况对两罪情节进行桥接互动，使之像“紧密咬合的齿轮”③ 一样相互关联，可为架构的有效运行创造积极条件。值得注意的是，两罪的情节虽然发生重合，但内容上有所差别。受贿罪的评价重点是“收受财物”的行为，“遭受损失”作为受贿枉法行为产生的后果，只是情节之一，并非成立受贿罪的必备要件。因此，该情节仅有实际造成损害事实

① 参见陈兴良：《贪污贿赂犯罪司法解释：刑法教义学的阐释》，载《法学》2016 年第 5 期。

② 参见钱小平：《贿赂犯罪情节与数额配置关系矫正之辨析》，载《法学》2016 年第 11 期。

③ ［英］尼尔·麦考密克：《法律推理与法律理论》，姜峰译，法律出版社 2005 年版，第 85 页。

的要求，而没有重大或特别严重等损害数额的区分。滥用职权罪属于结果犯，“致使公共财产、国家和人民利益遭受重大损失”的结果是构成该罪的定罪情节，危害结果的大小则作为衡量罪刑轻重的标准。根据相关司法解释的规定，其定罪数额起点是 30 万元，升格法定刑的数额起点提高到 150 万元。①

（三）禁止重复评价的原则，使架构评价方式的建立成为可能

禁止重复评价作为刑法评价行为时必须遵循的一项重要原则，意指“禁止将同一定罪量刑事实反复进行评价，避免行为人罹获刑法处断上之不利后果”②。根据情节的性质分类，可分为禁止定罪情节上的重复评价和禁止量刑情节上的重复评价。③ 在适用《解释》关于“致使公共财产、国家和人民利益遭受损失”的情节规定处理受贿且滥用职权行为时，会出现禁止重复评价与罪数处断的交集。在此情形下，该情节如果在认定受贿罪时作为入罪或升格法定刑的情节全部评价后，就不能再作为认定滥用职权罪危害后果的定罪情节，在处理两罪的罪数关系时反复评价，否则将陷入“一星管二”④ 的窠臼，导致评价过量、刑罚超载（如观点二和观点三）。但是，如果在认定受贿罪时不考虑该情节，只将其作为滥用职权罪的构罪要素，在处罚上可能会造成评价不足，有轻纵犯罪人之虞（如观点一）。因此，立足于禁止重复评价原则的理论脉动，对“遭受损失”的情节进行全面、充分的评价，成为检验两罪罪数处断质量和效果的试金石，也为双阶架构评价方式的确立奠定了坚实基础。

---

① 《关于办理渎职刑事案件适用法律若干问题的解释（一）》（法释〔2012〕18 号）第 1 条规定：具有下列情形之一的，应当认定为“致使公共财产、国家和人民利益遭受重大损失”……（二）造成经济损失 30 万元以上的；……具有下列情形之一的，应当认定为“情节特别严重”……（二）造成经济损失 150 万元以上的……

② 陈兴良：《判例教学法——以法系为背景的研究》，中国政法大学出版社 2003 年版，第 156 页。

③ 禁止定罪情节上的重复评价，是某一犯罪构成要素被评价为甲罪的构成事实后，禁止将该要素作为认定乙罪的情节。禁止量刑情节上的重复评价，是犯罪构成要素在量刑中已经被评价，禁止将其再次作为从重裁量刑罚的因素或情节重复使用。参见周光权：《论量刑上的禁止不利评价原则》，载《政治与法律》2013 年第 1 期。

④ 行为评价的“一星管二”，是指对同一行为进行两次以上的评价。参见王明辉、唐煜枫：《重复评价禁止与想象竞合犯》，载《中国刑事法杂志》2005 年第 2 期。

三、何以证成：罪数处断双阶架构的运行规则

开辟双阶架构的研究路径既然成为可能，其运行的合理性又如何证成？笔者认为，破题之举在于因应《解释》修正贿赂犯罪罪刑规范的深层理据，从架构的评价基准、要素、方式三个层面切入，精准确定犯罪罪数及处断结果，以阐释该新方法的运行规则。

（一）双阶架构的评价基准

在双阶架构内部，不同的评价基准会形成不同的评价阶层，而且，各阶层之间存在递进适用的逻辑层次关系。因此，围绕受贿罪的二元定罪量刑标准，设置以“数额”标准为第一阶、“数额＋情节”标准为第二阶的“双标准”评价基准（如图1所示）。就两者而言，第一阶架构的“数额”标准，适用于受贿数额和滥用职权危害结果数额均符合各自的定罪数额标准或加重量刑数额标准的情形；第二阶架构的“数额＋情节”标准，适用于受贿数额低于定罪数额或达到法定刑升格数额，在刑罚评价上将滥用职权的部分危害后果作为“致使公共财产、国家和人民利益遭受损失”情节“遁入”受贿罪的情形。同时，将第二阶架构细化拆分为前阶和后阶两个层级，分别适用于受贿罪“降格定罪”和“升档量刑”两种情况。通过两类评价基准的划分，凸显其双轨并行的层次性特质，对受贿且滥用职权行为的具体情状作出不同性质的认定和处罚。

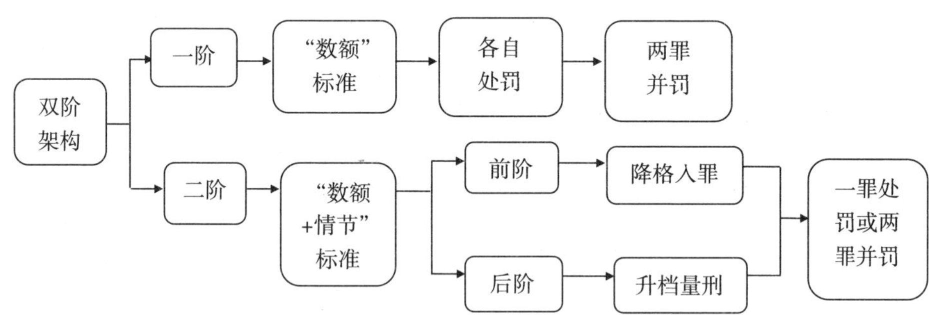

图1　双阶架构的“双标准”评价基准流程图

（二）双阶架构的评价要素

数额和情节是双阶架构不可或缺的重要评价要素，应着重关注受贿罪和滥用职权罪客观构成要件中数额的多元和可分特性以及情节的重合性样态，综合运用“数额切分”和“情节勾连”的方法，激活评价要素在两罪之间的联系。

第一，基于数额要素的多元表现和可分特性，实行量化与切分（切割和分配）。禁止重复评价的关键是对同一情节在定罪或量刑中不能反复评价，但不排除在犯罪成立事实之外，将部分事实的数量多少或危害程度等，作为影响其他犯罪认定和刑罚裁量的情节。对同一犯罪构成事实或者情节加以量化和分割，用基本犯罪事实减去定罪情节，再将定罪情节和定罪后剩余的事实（情节），从不同侧面予以不同目的的评价，实质上并不属于对同一情节的重复评价。在《刑法》分则条文中，犯罪数额作为定罪量刑的基本标尺，呈现多元化面向。对受贿罪而言，可表明罪量特征；对滥用职权罪而言，可表明危害结果。而且，数额“是一种量化指标，在特定条件下具有可分性”①。基于这些特性，遵循禁止重复评价原则，可按照一定的方法对数额进行切分和适用。例如，对滥用职权行为造成损失 30 万元以上这一后果，从形式上看是一个事实，但该危害后果可由不同的数额构成，特别是在实施多次行为造成多个后果的情形下，将损失数额切割后逐一评价，被评价的不同情节就可以分别适用于受贿罪和滥用职权罪，成为各罪的定罪量刑情节。

第二，基于情节要素的重合性样态，实行“挂钩”或“脱钩”。在行为评价过程中，可创设足以衔接两罪具有重合关系的情节要素的“闸阀系统”，使受贿罪的“致使公共财产、国家和人民利益遭受损失”情节与滥用职权罪中“致使公共财产、国家和人民利益遭受重大损失”的危害结果产生关联，这种关联性锁定可形象比喻为“挂钩”和“脱钩”。“损失”情节就像一把钩子，将两罪相关数额和情节的事实链条钩起来，形成被钩犯罪（滥用职权罪）和钩子犯罪（受贿罪）相互间的勾连关系。然后，根据被勾连的滥用职权危害结果与受贿罪钩子情节的关系，结合双阶架构中的“数额”标准和“数额+情节”标准这两项评价基准，作出“脱钩”或“挂钩”的不同处理，分别予以评价和科刑。

（三）双阶架构的评价方式

确定评价基准和评价要素后，依托该基准和要素确立评价的方式，对相关犯罪行为分步骤展开评价，并作出契合规范意图的实质性判定，以实现定罪的立体化考量和量刑的复合式配置。

在第一阶架构中，若受贿数额和滥用职权危害结果数额均符合各自的定罪数额标准或加重量刑数额标准，且受贿数额未达到适用法定刑升格的情况，则

① 蒋明：《量刑情节研究》，中国方正出版社 2004 年版，第 216 页。

采取“脱钩”方式，将受贿罪的“致使公共财产、国家和人民利益遭受损失”情节与滥用职权罪定罪剩余的损失数额情节进行除镊（如图2所示），直接选择“数额”标准，对同时构成犯罪的受贿和滥用职权的复数行为适用复数法条，按实质竞合关系实行数罪并罚。

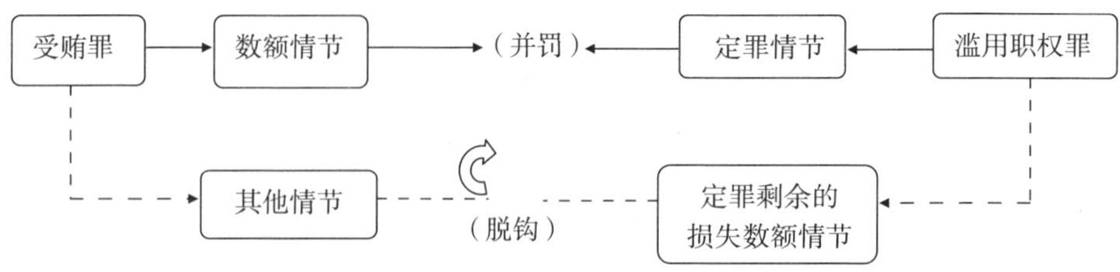

图2　“数额”标准下的“脱钩”处理方式流程图

在第二阶架构中，若受贿数额低于定罪数额或达到法定刑升格的数额，而滥用职权危害结果的数额可能高于、达到或低于定罪数额标准的情况时，则对滥用职权损失数额进行定罪量刑空间上的量定和切分。先将滥用职权造成损失的具体数额切割为两部分，其中一部分用于满足滥用职权罪的定罪数额标准或加重量刑数额标准要求，超出这两个标准的剩余部分损失数额则分配到受贿罪中，以“挂钩”方式与受贿罪“遭受损失”的情节勾连（如图3所示），并转化为该罪的定罪量刑情节。然后，选择“数额+情节”标准并结合实际数额情况，按一罪或两罪处罚。

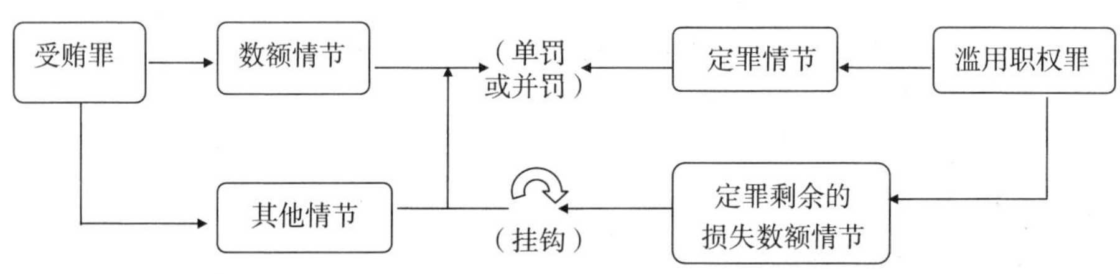

图3　“数额+情节”标准下的“挂钩”

四、何以实现：罪数处断双阶架构的具体适用

根据双阶架构的应然机理设定，在实然层面类型化搭建该架构的框架和清单（见表2），把握不同数额与情节对定罪量刑的加工作用，按组织架构之“图”索定罪量刑之“骥”，为认定、处理受贿且滥用职权行为纷乱复杂的罪数关系提供全新且恰适的操作规范。

（一）一阶架构：对“各自处罚”情形的罪数处断

该架构适用于受贿数额和滥用职权数额均达到定罪数额标准的场合。当受贿数额达到较大（3 万元以上不满 20 万元）、巨大（20 万元以上不满 300 万元）、特别巨大（300 万元以上）任一定罪起点数额或加重量刑数额标准，无须借助数额之外的其他情节便可定罪或加重量刑时，成立受贿罪只有收受财物的数额要求。受贿并实施滥用职权行为，致使公共财产、国家和人民利益遭受损失，且损失数额正好达到、超过滥用职权罪的定罪起点数额（30 万元）或法定刑升格数额（150 万元）的，该损失情节与受贿罪的其他情节“脱钩”，只作为滥用职权罪构成要件中的危害后果要素予以评价，同时构成受贿罪和滥用职权罪，依循“数额”标准实行数罪并罚。

（二）二阶架构之前阶：对“降格定罪”情形的罪数处断

该架构之前阶维度适用于受贿数额较小、未达到定罪数额的场合，主要依循“数额+情节”标准，选择“挂钩”方式处理，具体分为以下四种情况：

第一，当受贿数额在 1 万元以上不满 3 万元，且实施滥用职权行为造成损失的数额不满 30 万元，未达到滥用职权罪第一档法定刑的要求时，行为人不构成滥用职权罪。如前文所述，由于受贿并滥用职权后“致使公共财产、国家和人民利益遭受损失”的情节只强调造成损害的事实存在，并没有具体损失数额的要求，从滥用职权的损失数额中分配到受贿罪中的那部分数额即便很小，也能够作为定罪情节使用，构成受贿罪。因此，该情形应以受贿罪一罪论处，适用 3 年以下刑罚。①

第二，当受贿数额在 1 万元以上不满 3 万元，且实施滥用职权行为造成损失的数额正好达到 30 万元，如果将受贿数额之外的“致使公共财产、国家和人民利益遭受损失”情节作为受贿罪的定罪情节使用，就不能再将这一情节作为滥用职权罪的危害后果定罪，反之亦然。此种情形下，只能成立受贿罪或滥用职权罪中的某一个犯罪，否则，“遭受损失”情节就会在两罪的成立要件中被重复评价，与刑罚公正南辕北辙。虽然此时两罪中任一犯罪的法定刑均为 3 年以下刑罚，但是将“遭受损失”情节作为受贿罪的定罪情节，用于评价受贿人收受财物的行为性质，可以对具有对向犯关系的提供财物一方认定行贿罪，保证权钱交易双方定罪的对称性。因此，在处理上应以受贿罪认定为宜。

① 从罪责刑相适应原则的要求出发，此种情况下对受贿罪的刑罚，应当相对轻于受贿数额在 1 万元以上不满 3 万元而滥用职权造成损失数额达到 30 万元，或者受贿数额达到或超过 3 万元而滥用职权造成损失数额在 30 万元以下这两种情形时，构成受贿罪所适用的刑罚。

第三，当受贿数额在1万元以上不满3万元，且滥用职权造成损失超过30万元不满150万元或超过150万元的场合，先将遭受损失总额中的30万元或150万元切分出来作为认定滥用职权罪"情节严重"、"情节特别严重"的定罪数额，对其适用该罪的第一档、第二档法定刑；切分后超过滥用职权罪定罪起点数额或加重量刑起点数额的剩余部分数额，作为受贿罪中"致使公共财产、国家和人民利益遭受损失"的情节看待，对受贿行为适用升格后的法定刑。以梁某案为例，应先将梁某滥用职权行为造成损失的85万元数额切分为30万元和55万元两部分，其中的30万元作为认定滥用职权罪的定罪数额，剩余的55万元转化为受贿罪"遭受损失"的情节，对其受贿1.48万的行为降格定罪，适用3年以下的刑罚。最后对两罪实行数罪并罚。

第四，当受贿数额在1万元以上不满3万元，且滥用职权行为遭受损失的数额正好达到150万元的场合，如果不按照"数额+情节"标准，仅认定滥用职权罪一罪，则适用3年以上7年以下的刑罚。如果按照"数额+情节"标准处理，则先将损失中的部分数额切分出来作为滥用职权罪的定罪数额，适用3年以下的刑罚，再将剩余数额作为受贿罪"致使公共财产、国家和人民利益遭受损失"的情节，对受贿行为适用升格后的法定刑，最后对两罪实行数罪并罚。经比较，两种处理方式可能会达到不同的量刑幅度，从罪刑等价和刑罚公正角度出发，应结合受贿实际数额，在两种方式的刑罚之间择重处罚。

（三）二阶架构之后阶：对"升档量刑"情形的罪数处断

该架构之后阶维度适用于受贿数额符合《解释》第2条第3款或第3条第3款规定的数额标准，且具有"其他严重情节"或"其他特别严重情节"，可抬升量刑幅度的场合，主要依循"数额+情节"标准，选择"挂钩"方式处理，分为以下两种情况：

第一，当受贿数额分别为10万元以上不满20万元、150万元以上不满300万元，滥用职权造成损失分别为不满30万元、正好达到30万元、超过30万元不满150万元、超过150万元的，先根据滥用职权损失数额的不同情况，对该数额进行量定或切分，并对滥用职权行为作出罪与非罪的认定。然后将量定或切分后的剩余损失数额作为受贿罪的"致使公共财产、国家和人民利益遭受损失"情节，适用"数额+情节"标准对受贿罪处以升格后的法定刑。最后作出一罪处罚或两罪并罚。

第二，当受贿数额在10万元以上不满20万元、150万元以上不满300万元，且滥用职权造成损失正好达到150万元的场合，涉及同时符合按照"数额"标准各自处罚与按照"数额+情节"标准升档量刑的竞合处理问题。虽然两种处理方式都是实行数罪并罚，但是可能会达到不同量刑幅度。此时，参照二阶架构之前阶维度的第四种情况，应在两种标准的刑罚之间择重处罚。

表 2　受贿且滥用职权行为罪数处断的双阶架构清单

<table>
<tr><th colspan="2" rowspan="2">架构</th><th rowspan="2">定罪量刑标准</th><th>数额</th><th>其他情节</th><th rowspan="2">处理</th><th rowspan="2">认定</th><th rowspan="2">处罚</th><th>量刑档次</th><th></th></tr>
<tr><th>收受财物</th><th>造成损失</th><th>受贿罪</th><th>滥用职权罪</th></tr>
<tr><td colspan="2" rowspan="4">一阶</td><td rowspan="4">“数额”标准</td><td>3 万以上不满 20 万</td><td rowspan="2">30 万以上不满 150 万</td><td rowspan="4">脱钩</td><td rowspan="4">两罪</td><td rowspan="4">各自处罚</td><td>3 年以下</td><td rowspan="2">3 年以下</td></tr>
<tr><td rowspan="2">20 万以上不满 300 万</td><td rowspan="2">3 年以上 10 年以下</td></tr>
<tr><td rowspan="2">150 万以上</td><td rowspan="2">3 年以上 7 年以下</td></tr>
<tr><td>300 万以上</td><td>10 年以上、无期、死刑</td></tr>
<tr><td rowspan="11">二阶</td><td rowspan="5">前阶</td><td rowspan="11">“数额+情节”标准</td><td rowspan="5">1 万以上不满 3 万</td><td>不满 30 万</td><td rowspan="5">挂钩</td><td>一罪</td><td rowspan="5">降格入罪</td><td rowspan="4">3 年以下</td><td>不构成</td></tr>
<tr><td>30 万</td><td>一罪</td><td>不选择</td></tr>
<tr><td>超过 30 万不满 150 万</td><td>两罪</td><td>3 年以下</td></tr>
<tr><td>超过 150 万</td><td>两罪</td><td>3 年以上 7 年以下</td></tr>
<tr><td>150 万</td><td>一罪或两罪</td><td colspan="2">两种方式的刑罚间择一重而处罚</td></tr>
<tr><td rowspan="6">后阶</td><td rowspan="3">10 万以上不满 20 万</td><td>不满 30 万</td><td rowspan="6">挂钩</td><td>一罪</td><td rowspan="6">升档量刑</td><td rowspan="3">3 年以上 10 年以下</td><td>不构成</td></tr>
<tr><td>30 万</td><td>一罪</td><td>不选择</td></tr>
<tr><td rowspan="2">超过 30 万不满 150 万</td><td rowspan="2">两罪</td><td rowspan="2">3 年以下</td></tr>
<tr><td rowspan="3">150 万以上不满 300 万</td><td rowspan="2">10 年以上、无期、死刑</td></tr>
<tr><td>超过 150 万</td><td>两罪</td><td>3 年以上 7 年以下</td></tr>
<tr><td>150 万</td><td>两罪</td><td colspan="2">两种标准的刑罚间择一重而处罚</td></tr>
</table>

法与理的契合：亲亲相犯的差异化处置

——以两起亲属之间故意杀人案为例

◎刘　凌[*]　廖维玉[**]

内容摘要：亲亲相犯行为包括两种情形：亲属间犯罪行为和亲属间容隐行为。刑法对亲亲相犯行为做了列举式的规定，但没有全部涵盖司法实践中所有的亲亲相犯类型，导致司法实践在处理亲亲相犯行为合理考量伦理道德因素时缺乏必要的规制。要完善我国亲亲相犯行为法律规定，需要充分吸收我国传统法律中有关伦理道德的精华部分，并合理借鉴国外亲属相犯的立法经验，建立并完善符合我国国情的亲亲相犯行为差异化处置的定罪量刑制度。

关键词：亲亲相犯；伦理道德；法理博弈；差异化处置

党的十八届四中全会审议通过的《中共中央关于全面推进依法治国若干重大问题的决定》（以下简称《决定》）提出了在全面推进依法治国过程中要注重吸收传统法律文化的精髓部分，借鉴国外立法、法治中的先进实践经验，以完善具有中国特色、符合中国国情的社会主义法治体系。① 司法实践中，亲亲相犯行为在刑事案件中占有相当大的部分，亲亲相犯行为既有“中国特色”的法律层面的规制，更有传统家庭伦理道德的约束，但是目前立法对亲亲相犯行为的规制远远不够，完善亲亲相犯行为的立法符合《决定》的内涵。②

---

* 广西壮族自治区全州县人民检察院检察长。

** 广西壮族自治区全州县人民检察院公诉科干部。

① 党的十八届四中全会审议通过的《中共中央关于全面推进依法治国若干重大问题的决定》提出了在全面推进依法治国过程中：“发展符合中国实际、具有中国特色、体现社会发展规律的社会主义法治理论，为依法治国提供理论指导和学理支撑。汲取中国法律文化精华，借鉴国外法治有益经验，但绝不照搬外国法治理念和模式。”

② 参见范忠信：《中西伦理合璧与法治模式的中国特色》，载《法商研究》2014 年第 4 期。

一、提出问题：两案背后的法与伦理道德的博弈

两例故意杀人案件，犯罪情节差不多，都是亲属相犯行为，但判决有很大的区别，具体如下：

案例一："父杀逆子"引发"百人求情"案及判决节选
简要案情：2013 年 8 月 18 日中午 13 时许，被告人唐某趁其儿子唐某某睡午觉之际，持菜刀将其单身儿子唐某某杀死在床。案发后，侦查卷宗材料显示：死者唐某某平时不孝不赡养唐某，并时常有殴打、虐待唐某行为，案发后唐某身上有多处轻微伤，死者唐某某在村中口碑极差，后该村 100 余村民联名为被告人唐某求情轻判。 判决书节选：本院认为，被告人唐某因其儿子唐某某不履行赡养义务，并有虐待被告人唐某行为，被告人唐某使用菜刀将唐某某颈部砍伤，致使唐某某失血过多死亡，其行为已构成故意杀人罪。依照《中华人民共和国刑法》第二百三十二条、第五十六条第一款、第五十五条第一款之规定，判决如下：被告人唐某犯故意杀人罪，判处有期徒刑八年，剥夺政治权利三年。
案例二："子杀母"案及其判决节选
简要案情：被告人蒋某因分家事由对母亲张某产生怨恨，认为被害人张某财产和田地分配不公。2012 年 5 月 10 日晚上 11 点许，蒋某酒后遂趁被害人张某熟睡之际，用木棒击打被害人张某头部，致使张某当场死亡，案发后蒋某电话告知其兄将母亲打死一事后离家出走，后蒋某在工地做工时被抓获归案。案件审理期间，蒋某赔偿了被害人张某母亲等亲属 8 万元补偿款并获得了谅解。 判决书节选：本院认为，被告人蒋某因分家事由对母亲张某产生怨恨，认为被害人张某财产和田地分配不公。被告人蒋某使用木棒击打被害人张某头部，致张某颅脑严重损伤死亡，其行为已构成故意杀人罪。蒋某杀害母亲，严重违背伦理道德，本应予以严惩。但鉴于蒋某已得到了被害人亲属谅解，可以从轻处罚。依照《中华人民共和国刑法》第二百三十二条，第五十七条第一款、第三十六条第一款的规定，判决如下：被告人蒋某犯故意杀人罪，判处无期徒刑，剥夺政治权利终身。

两则案例的案情较为单一，父亲因儿子拒绝赡养并有虐待行为愤而将儿子杀害，被法院以故意杀人罪判处有期徒刑 8 年，剥夺政治权利 3 年；另一则因家庭纠纷儿子将母亲杀害，被法院以故意杀人罪判处无期徒刑，剥夺政治权利终身。是什么因素导致相同的案件刑期却出现这么大的差异？

两个案例被告人均被以故意杀人罪定性，主刑的依据条款是一致的，但是

量刑出现了极大的区别；在附加刑剥夺政治权利问题上，由于主刑适用条文的区别，附加刑相差也很大。从判决理由看，案例二的判决书写入了“严重违背伦理道德”伦理范畴内容，并且从刑期的巨大差异性来看法官对于亲亲相犯刑事案件具有较大的自由裁量权，在主罪——故意杀人罪的刑期裁量幅度上，根据被告人的社会危害性及其侵犯法益的严重性，法官的量刑范围从3年有期徒刑到死刑，法官可以根据其对案件性质的理解选择相应的节点作出判决。如图1：

图1　故意杀人罪的量刑范围

两个案例都发生在家庭内部，都属于因家庭琐事激发，造成直系亲属间的故意杀人刑事案件。从司法实践来看，绝大多数判决对亲属相犯行为还是体现了差异化处理的理念，比如亲与子人身伤害类案件，子伤害亲这类“上行案件”比亲伤害子的判决往往要重①，特别是子女如若违背孝道等伦理道德引发的人身伤害案件，判决差异化更加明显。因此案例二也对“上行案件”中的儿弑母被告人进行了重判。但是，在司法实践中，此类判决没有相应的法律条文予以支持，法官在审理亲亲相犯类刑事案件时均在法律赋予的框架内依自由裁量权做出，类似案件的判决差异性很大，判决轻重完全取决于法官对案件社会危害性的判断，缺乏必要的规制。

而在当前社会转型过程中，亲属间犯罪的刑事案件太多，在国家大力弘扬传统优秀文化的同时，更应在法律层面体现优良传统伦理道德，赋予《刑法》对社会秩序的恢复和维护，体现社会的根本价值。家庭是社会的最基本单元之一，而我国家庭内部维系秩序的是伦理道德，而法律退而求其次。刑法不但是打击犯罪的工具，更应突出维护基本伦理道德理念，国外刑法也应如此。②

---

① 本文中“上行案件”具体指“子女侵犯父母等直系长辈的案件”，反之则称为“下行案件”。

② 比如，《法国新刑法典》的序言中所讲：“一部新法典应当表达特定时期一个国家里公认的根本价值。这些根本价值要得到充分的保护，不尊重这些价值就要受到惩罚。”

二、亲疏相异：伦理道德贯穿中国法制史

亲亲相犯在司法实践中一般包括两种情形：第一种包括亲属之间的犯罪行为，亲属间犯罪又包括财产型犯罪和人身性犯罪；第二种是亲属间的容隐行为，例如窝藏、包庇、拒绝作证义务等行为。亲亲相犯行为除了受传统伦理道德约束外，还要受法律的规制，而现行《刑法》存在去伦理化趋势，亲亲相犯行为多按照普通刑事犯罪处理，仅有个别亲亲相犯行为有专门的规定。① 而专门关于亲属间盗窃、抢夺、拐卖妇女儿童等司法解释不足以涵盖司法实践中的所有亲亲相犯行为，立法不完善给司法实践处理这类犯罪带来了较大的随意性，法律和伦理道德如何平衡成为司法实践难点。

优良的传统伦理道德需要有相应的制度化结构支撑，否则将成为空中楼阁而逐渐丧失生命力。② 无论从农耕社会、半殖民时期的中国律法还是现代西方刑法，都有伦理道德内容，且以具体的刑法条款予以明确，在中国传统律法中伦理道德占据重要位置。孙中山先生曾言："讲到孝字，我们中国尤为特长，尤其比各国进步得多。《孝经》所讲孝字，几乎无所不包，无所不至。现在世界中最文明的国家讲到孝字，还没有像中国讲到这么完全。"③ 由于儒家思想的主体地位，历代中国的律法无不推崇"礼法结合"而治，传统的伦理道德和律法互相影响，评价标准高度吻合。④因此，作为"礼法结合"法律制度的基本单位——家庭，则成为伦理道德和律法调整的主要对象，下至民事范畴诸如赡养问题，上至刑法范畴的"上行"、"下行"刑事犯罪，涵盖了传统伦理道德的内容。传统的伦理道德范畴中，而孝道成为重要内容，将不孝入刑几乎成为中国封建社会的传承，⑤《孝经·五刑》更是将伦理道德中的不孝列为罪

---

① 《刑法》总则第一章：定罪量刑 3 个基本原则，第 3 条罪行法定原则，第 4 条法律面前人人平等原则，第 5 条罪责刑相适应原则。第二章：从第 15～29 条关于犯罪未遂、犯罪中止等犯罪形态，犯罪刑事责任年龄、正当防卫、紧急避险等犯罪行为定罪量刑的法定情节。第四章：刑罚的具体应用，关于定罪量刑的酌定情节。上述几章均没有亲属相犯行为的规定，可见《刑法》总则部分，不管是定罪量刑的基本原则，还是定罪量刑的法定和酌定情节，无一例外地都排除伦理规范。

② 参见郭于华：《代际关系中的公平逻辑及其变迁》，载《中国学术》2001 年第 4 期。

③ 孙中山：《孙中山全集》（第九卷），中华书局 1986 年版，第 244 页。

④ 参见曾宪义：《中国法制史》（第三版），中国人民大学出版社 2009 年版，第 8 页。

⑤ 参见徐爱国：《孝入法的理由》，载《法制日报》2011 年 2 月 9 日。

责之首。[①] 为维护孝道，中国古代、近代都有极为严厉的律法，在隋唐时期律法对孝道的规制更加突出，“不孝”被纳入了举世闻名的“十恶”内容，“上行”的殴打、杀害父母更是“恶逆不赦”的重罪，处刑十分严厉。[②]

唐、宋、明、清亲属间故意杀人、故意伤害罪名条款

<table>
<tr><th>律法</th><th>十恶</th><th>历代故意杀人罪</th></tr>
<tr><td>《唐律疏议》</td><td rowspan="4">《唐律疏议·名例》：四曰恶逆。谓殴及谋杀祖父母、父母，杀伯叔父母、姑、兄姊、外祖父母、夫、夫之祖父母、父母。</td><td rowspan="2">《唐律疏议·斗讼》：诸詈祖父母、父母者，绞；殴者，斩；过失杀者，流三千里；伤者，徒三年。若子孙违犯教令，而祖父母、父母殴杀者，徒一年半；以刃杀者，徒两年；故杀者，各加一等。</td></tr>
<tr><td>《宋刑统》</td></tr>
<tr><td>《大明律》</td><td rowspan="2">《大清律例·刑律·斗殴下》：凡子孙殴祖父母、父母，及妻妾殴夫之祖父母、父母者，皆斩。杀者，皆凌迟处死。过失杀者，杖一百、流三千里；伤者，杖一百、徒三年。其子孙违教令，而祖父母、父母，非理殴杀者，杖一百；故杀者，杖六十、徒一年。</td></tr>
<tr><td>《大清律例》</td></tr>
</table>

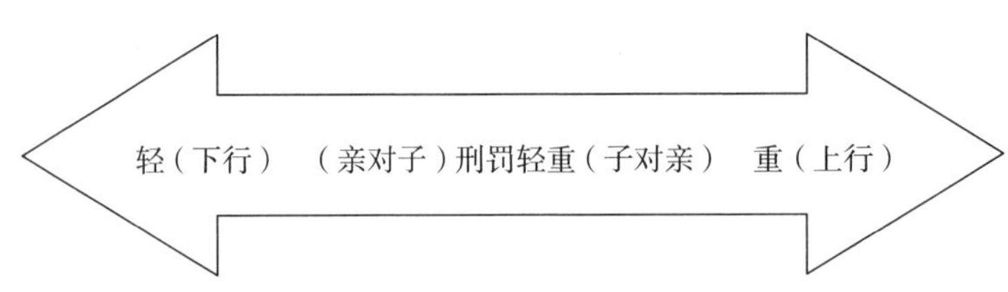

图 2　传统亲亲相犯的差异化

① 《孝经·五刑》有云：“五刑之属三千，而罪莫大于不孝。”

② 闻名于世的“重罪十条”中有多条是关于亲属间犯罪定罪量刑制度的规定。重罪十条源于“十恶”，“十恶”之名，一曰反逆，二曰大逆，三曰叛，四曰降，五曰恶逆，六曰不道，七曰不敬，八曰不孝，九曰不义，十曰内乱。隋、唐把这 10 条大罪的内容略加增删，正式定名为“十恶”写在法典的最前面，以示严重。以后经历宋、元、明、清各代，都规定犯了“十恶”罪不能赦免。重罪十条中“恶逆”、“不睦”、“不孝”、“内乱”是对自己的亲属实施犯罪行为。可见，在我国古代对亲属的犯罪，不管是侵犯财产权益还是侵犯人身权益的都作为重罪、十恶不赦之罪来处罚。

“礼法结合”和“法德统一”两条主线是中国历朝历代律法中枢,[①] 对违反伦理道德的恶逆之罪多以重刑处罚,“上行”远比“下行”处刑严重,并依据亲属间的亲疏程度其刑罚有相应的递进式增减。

由于近现代我国法律的移植与借鉴,过多地强调西方立法技术的先进性而忽视传统律法中的精华部分。[②]在西方法律思潮中,人权、平等、自由是法律的根基,并影响着立法理念,传统优良伦理道德难入立法者的法眼,法律层面的去伦理道德倾向使得伦理道德逐渐真空化。法律面前人人平等毋庸置疑,但是法律是有生命力的,融入优秀传统伦理道德因素的刑法会更有生命力。[③]司法实践中,有差别化的亲属间犯罪案件判决普遍性的存在,正因为差异化存在才赋予了这些判决书公信力,[④] 问题在于,这些具有较强的公信力及生命力的判决为何仅凭法官的自由裁量权出现,而未给予正当性?

三、域外考察:伦理道德的法律体现

法律如果没有历史渊源、没有历史传承,那将是一部不健全的法律。[⑤] 法律来源于社会生活并服务社会生活,而非仅仅是机械的条文与规则,也是一个国家和民族信念、民族意识的传承,其才能成为规则和程序的生命源泉。[⑥] 与中国传统法律基石——亲属伦理不同的是,西方法律传统背后是市民伦理,历代虽有变迁,但是总不离其宗,西方法律在注重个体自由、平等同时也并非排斥家庭伦理道德。虽然西方各国因社会发展法律有所差异,但其法律所体现的价值精神与我们的价值信仰有异曲同工之处。古希腊的亚里士多德认为:“有意或无意的伤害、杀人、吵架和诽谤,所有这些罪行如果发生在非亲属之间,人们看得较轻,如果加到父亲或近亲身上,就成为伤天害理的罪恶。”[⑦] 古代

① 参见张万军、赵友新:《中国传统量刑内在价值与当代量刑机制之完善》,载《上海政法学院学报》2010 年第 5 期。

② 参见黄宗智:《道德与法律:中国的过去和现在》,载《开放时代》2015 年第 1 期。

③ 参见张明楷:《刑法学(第四版)》,法律出版社 2011 年版,第 757 页。

④ 参见谢青松:《良善刑法的道德标准及其实现途径》,载《长安大学学报(社会科学版)》2008 年第 12 期。

⑤ 参见黄宗智:《清代以来民事法律的表达与实践:历史、理论与现实(卷三)》,法律出版社 2014 年版。

⑥ 参见许章润:《民族的自然言说》,载《读书》2001 年第 12 期。

⑦ [古希腊] 亚里士多德:《政治学》,吴寿彭译,商务印书馆 1965 年版,第 50 页。

罗马时期，“弑亲审问官”专门被委派审理亲亲相犯的刑事案件。① 现在部分大陆法系国家仍然将亲属相犯的内容写入刑法予以规制，体现了亲疏差异化原则，但与我国的“上行”、“下行”实行递进式差异化不同的是，这些将亲属相犯入法的刑法均体现亲亲相犯皆从重的立法理念。② 同样的道理，这些判决的背后既保障了公民的合法权益又体现出西方法律的核心价值，体现了西方国家基本的伦理道德理念。

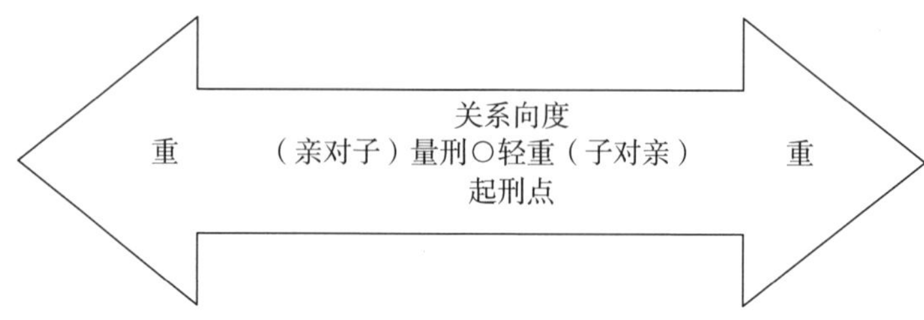

图 3　部分现代大陆法系国家亲亲相犯的亲疏之别

以史为鉴，可以知兴替。无论中国传统的律法，还是现代部分大陆法系国家的现行刑法均将社会最核心的传统伦理道德入法。现行刑法在处理亲亲相犯刑事案件时并没有明确的规则，案件量刑由法官自由掌控传统伦理道德的衡量尺度，将社会公众尊崇的伦理道德价值观融入判决书之中。传统优良伦理道德的正当性与合法性目前只存在我们的信仰而非刑法条文中，在传统伦理道德逐步式微趋势下，而当前刑法中严重缺少传统优良伦理道德因素，未起到预防亲

---

① 参见［英］亨利·萨姆奈·梅因：《古代法》，高敏、瞿慧红译，中国社会科学出版社 2011 年版，第 293 页。

② 比如，法国刑法典第 221－1 条：故意致他人死亡之行为成立故意杀人罪。故意杀人罪处 30 年徒刑。第 221－4 条：犯故意杀人罪，有下列情形的，处无期徒刑：故意杀害 15 岁以下的未成年人；故意杀害合法直系尊亲或非婚尊亲，或者杀害养父或养母……意大利刑法典第 575 条杀人罪：造成一人死亡的，处以 21 年以上有期徒刑。第 577 条其他加重情节无期徒刑：如果第 575 条规定的行为实施于下列情况之一，适用无期徒刑：1）针对直系尊亲属或者直系卑亲属。如果行为是针对配偶、兄弟、姐妹、养父母、养子女或者直系姻亲实施的，处以 24 年至 30 年有期徒刑……保加利亚刑法典第 115 条：故意杀害他人的是杀人罪，判处 10 年以上 20 年以下监禁刑。第 116 条以下情况犯杀人罪，判处 15 年以上 20 年以下监禁刑、终生监禁刑或不可用其他刑罚代替的终身监禁刑：2）杀害父亲、母亲以及亲生儿子、女儿的……

属间犯罪的功能。①

四、亲亲相犯的定罪量刑与伦理入法介述

法律不仅仅只是维护社会秩序、预防犯罪的工具，还应当具备继承传统优良伦理道德精华功能。唯有如此，法律才能被民众信仰，才更有生命力。因此，建议立法时要充分考虑具体国情，将亲亲相犯差异化处置的相关内容纳入刑事立法内容。

（一）亲亲相犯的定罪量刑及立法建议

1. 亲亲相犯的定罪量刑。一般而言，亲亲相犯行为的定罪量刑包括三种情形，其中一种有刑法条文的明确规定，还有一种是刑法虽然没有明文规定，但是出台了相应的司法解释予以了规制，第三种情形如果排斥亲属关系直接按刑法相应的条文定罪量刑显然偏重：（1）只能发生在具有亲属关系间的刑事犯罪，例如虐待罪、遗弃罪、重婚罪等，如果具有相应的亲属关系而实施此类犯罪，如构成犯罪直接按照刑法条文予以定罪处罚。（2）亲亲相犯行为既符合刑法上相应的犯罪构成要件，同时又有相应的司法解释予以区别对待的犯罪行为，最明显的是亲属间的盗窃、抢夺、抢劫等侵财性犯罪，如果行为人实施此类犯罪则直接适用司法解释相关规定。② 司法解释具体规制此类亲亲相犯行为，说明立法有逐渐将亲亲相犯行为从轻处罚扩大化的倾向，已经从侵财性犯

---

① 参见郭星华、刘蔚：《孝文化的法律表达：亲亲相犯的差异化处置》，载《国家行政学院学报》2015 年第 2 期。

② “两高”分别或联合于 1984 年、1985 年、1992 年、1997 年出台司法解释，对亲属间相盗的行为做出规定，对此类行为一般可不按犯罪处理；对确有追究刑事责任必要的，在处理时也应同在社会上作案有所区别。2005 年出台的《关于审理抢劫、抢夺刑事案件适用法律若干问题的意见》首次将亲属相犯行为的解释由盗窃罪扩大到抢劫罪、抢夺罪，犯罪客体从单独的侵害财产权益，扩大到侵犯财产权益和人身权益的双重客体。2006 年最高人民法院《关于审理未成年人刑事案件具体应用法律若干问题的解释》，规定已满 16 周岁不满 18 周岁的人盗窃自己家庭或者近亲属财物，或者盗窃其他亲属财物，其他亲属要求不予追究的，可不按犯罪处理。亲属间犯罪可以适用司法和解制度或者自诉制度，使亲属间犯罪的定罪量刑间接减轻或从轻。2010 年 3 月 15 日，最高人民法院、最高人民检察院、公安部、司法部 4 部门联合出台司法解释《关于依法惩治拐卖妇女儿童犯罪的意见》规定，以非法获利为目的，出卖亲生子女的，应当以拐卖妇女、儿童罪论处，要严格区分借送养之名出卖亲生子女与民间送养行为的界限，将亲属相犯客体由单独的财产权益扩大到财产权益和人身权益。

罪延伸至其他类犯罪。(3) 亲亲相犯行为不能直接用《刑法》予以定罪处罚，也没有相应的司法解释规制的行为。司法实践中，此类亲亲相犯行为争议很大，如果机械适用《刑法》相关条款予以定罪处罚显得罪责刑不一致，但如果不入罪又有较大的社会危害性。对于此类亲亲相犯行为可以有两种途径予以解决：一是按照《刑法》第 63 条第 2 款规定可以呈报至最高人民法院在法定刑以下予以减轻处罚。① 但是此种方法的司法成本、时间成本太高，可操作性不强。二是设计亲亲相犯行为的刑事和解和自诉制度。亲属间犯罪行为比普遍刑事案件更容易适用刑事和解制度，一旦双方刑事和解后，被破坏的社会关系容易得到修复，法律效果和社会效果也更为突出；对于一些亲属间财产性及其较轻的刑事案件，适用自诉制度更为科学合理。②

2. 亲亲相犯行为的立法完善。从现行《刑法》的立法理念和司法解释的扩大趋势，亲亲相犯行为逐渐宽泛化。(1) 将 1984 年、1985 年、1992 年、1997 年、2005 年、2006 年关于亲属间侵财性犯罪行为的司法解释以《刑法》立法予以确定，明确亲属间的侵财性犯罪原则上不能入罪，对一些社会危害性大、情节恶劣的亲属间侵财性犯罪定罪量刑时，也需和普通侵财性案件“区别对待”。此 6 个司法解释的理论较为成熟，并且在司法实践适用中取得了良好的成效，完全符合社会公众的认知和价值观。(2) 亲属间人身性犯罪应当视情况区别对待：一是被害人存在过错的应当对加害人从轻处罚，被害人平时品行差、口碑差、经常性祸害他人、触犯众怒，行为人迫不得已采取“大义灭亲”的行为，此类案件仍然构成犯罪，但是应当综合考虑被害人平时的劣迹等因素，应当对加害人从轻或者减轻处罚；二是犯罪嫌疑人以残忍方法或严重违背传统伦理方式对亲属实施犯罪的，这类犯罪行为应当在法定刑量刑范围内从重处罚。(3)《刑法》应对亲属间犯罪的亲属范围进一步明确。根据司法解释就亲属的关系做扩大解释，由传统的近亲属延伸至共同生活、居住并有特定关系的人。因此，应在立法上明确亲属间犯罪的近亲属含义，例如近亲属包括配偶、父母、子女、兄弟姐妹、祖父母、外祖父母、孙子女、外孙子女和其他具有扶养、赡养关系的亲属或者共同生活的非近亲属。

---

① 《刑法》第 63 条第 2 款规定：犯罪分子虽然不具有本法规定的减轻处罚情节，但是根据案件的特殊情况，经最高人民法院核准，也可以在法定刑以下判处刑罚。

② 参见熊永明：《亲告罪的谦抑价值之解读——兼论“亲告罪范围”的扩大》，载《中国刑事法杂志》2005 年第 1 期。

（二）对亲亲容隐行为的定罪量刑建议及立法思考

1. 亲亲相隐制度。“亲亲相隐”入法始于西周，起源于百家争鸣的战国时期的儒家思想，在秦汉时期得到了长足的发展，至立法技术十分完善的唐朝达到了巅峰。亲亲相隐是指对亲属尤其是血亲有包庇、荫护的义务，明知亲属已经触犯律法（除了谋反、谋大逆、谋叛等重罪以及亲属间所犯之罪外）应当互相隐瞒、不得告官、不得作证也不论罪，反之要论罪。在亲亲相隐的合法性及合理性上，《论语》中孔子有十分著名的论辩，① 其认为，“亲亲相为隐”乃人伦最基本的常情，父子相告是不可饶恕的行径，严重违背人伦，父慈而为子隐，子孝而为父隐应予肯定，儒家思想于汉代确立为“独尊”之后，“亲亲相为隐”伦理传统已经吸收进汉律，成为一项有名的法律原则并予以确立。②

2. 亲属容隐行为的立法建言。我国历代律法对亲属容隐制度的认可，其背后有中国强大的伦理价值基础，以及我国台湾地区对历代律法中的亲属容隐予以充分继承的相关规定，建议《刑法》应当借鉴历代律法关于亲属容隐的合理性因素，对亲属间的窝藏、包庇、伪证犯罪的法定刑予以减轻，甚至可以对一些情节较轻的亲属间的容隐行为不以入罪。或以刑法修正案形式对此类亲属容隐行为予以减轻或从轻处罚。亲亲相隐从轻减轻甚至去罪化传承历史律法和吸收传统伦理道德，大胆汲取古代亲属容隐制度中合理的精神，借鉴国外相关的立法。值得肯定的是，目前刑事法律已逐渐吸收亲属容隐的合理性因素，比如《刑事诉讼法》确立了部分“亲属拒证权”，③ 这其中就有合理吸收“亲亲相为隐”伦理道德因素。

总之，人情不可逆，伦理不可悖。法律必须传承民族优良传统的因素，要吸收民众普遍认同的伦理道德。当然，科学设置同罪异罚的法律规则是一项繁复的体系工程，这就需要立法合理借鉴西方先进的立法经验，更要吸收传统法律中关于伦理道德方面的精华部分，架起一座既符合法律理性又符合传统伦理道德的桥梁，赋予法律持久的生命力，彰显优良传统道德在法律中的自信。

---

① 《论语·子路》中记载：“叶公语孔子曰：‘吾党有直躬者，其父攘羊，而子证之’。孔子曰：‘吾党之直躬异于是，父为子隐，子为父隐，直在其中也’。”

② 参见张娟：《从“亲属容隐”谈窝藏、包庇罪主体的立法完善》，载《理论月刊》2012年第9期。

③ 《刑事诉讼法》第188条第1款规定：“经人民法院通知，证人没有正当理由不出庭作证的，人民法院可以强制其到庭，但是被告人的配偶、父母、子女除外。”

少数民族地区检察机关介入群体性事件的法律规制

——以某聚众扰乱社会秩序案件为视角

◎蒋韦慧 *

内容摘要：为更好地发挥检察机关在预防和处置少数民族地区群体性事件中的积极作用，需要从群体性事件的预测预警机制、处置机制以及疏导救济机制三方面着手健全完善检察机关介入群体性事件预防和处置机制。其中，预测预警机制包括完善检察信访的接待机制，建立联系协调机制，建立健全案件风险评估和预警机制；处置机制包括完善提前介入引导侦查制度，依法履行批捕、起诉职能，强化职务犯罪查办职能；疏导救济机制包括完善案件公开，推行阳光检务，建立健全刑事被害人救助制度。

关键词：少数民族地区；群体性事件；检察机关；介入

一、基本案情及问题的提出

（一）基本案情回顾

L县D镇大福村内、外井屯与勒俄村大、小勒党屯历来因“白洞口”土地权属问题存在纠纷，2013年5月，“白洞口”土地权属被本县人民法院一审判给勒俄村大、小勒党屯，引发了大福村内、外井屯村民的不满。因“白洞口”一带的荒地被L县至柳城六塘二级公路NO.1合同施工段临时征用为堆料场，大福村内、外井屯村民经过事先密谋组织，先后于2013年7月14日、7月26日、8月22日3次聚众到L县至柳城六塘二级公路NO.1合同施工段扰乱秩序、威胁施工人员，阻碍施工，尤其是在2013年8月22日，大福村内、外井屯村民的行为升级为持凶器、拉横幅到工地威胁施工人员，阻碍施工人

* 广西壮族自治区罗城仫佬族自治县人民检察院公诉科干部。

员、殴打其他村屯的村民、围攻到现场执法的法院工作人员及公安民警，致使当日河池市中院的执法活动无法进行，该村村民的行为导致罗柳二级公路NO. 1 合同施工段停工40 日，工期受到严重影响，造成严重经济损失，社会秩序受到了严重影响。

（二）问题提出

该案件仅是L 县近年来群体性事件中的一起，“2 · 2 群体上访事件”、“下南岸棚户改造事件”、“天河金城老屋槽毁林事件”、“地黄屯村民非法游行示威事件”、“7 · 11 教师集体上访事件”等群体性事件的不断发生，对群体性事件的处置工作提出了非常严峻的挑战。检察机关作为维护社会和谐稳定的重要力量，在积极应对和妥善处置群体性事件中应当有所作为，必须有所作为。① 如何正确认识和处置社会群体性事件，维护社会和谐稳定，为政府应对群体性事件提供决策参考，提升司法公信力，是检察机关积极推进三项重点工作的重要表现。

二、L 县群体性事件的特征和变化态势

（一）L 县群体性事件的特征

1. 事件呈现秘密性和突发性。从D 镇大福村大井屯聚众扰乱社会秩序事件看，该事件的策划者和组织者为了顺利实施，经过少数人事先预谋、精心策划之后，再以集体会的名义召开村民大会商讨聚众事宜。综观大部分群体性事件，在事发之前均系秘密进行，很少被外界察觉，当组织者认为条件具备时，就会突然行动，形成强烈对抗态势。这往往使当地政府、有关部门及单位始料不及，造成工作上的被动局面。

2. 主体呈现组织化和多元化。近年来，L 县发生的因各种社会利益矛盾所引发的上访、集会、请愿、游行、示威等群体性事件，参与的人员均呈现出人数众多的态势，涉及村屯的群体性事件基本全体村屯人员均有参与，人数在30 ~100 人之间不等，并均以有组织的形态出现，而非单纯的无组织集结。同时，由于诱发群体性事件的利益因素错综复杂，参与人员的构成也呈现出多样化，涉及各阶层的人员，如失地农民、教师、城镇居民、环境污染受害者等。

3. 造成的社会危害性大。群体性事件危害不仅单纯体现在人员伤亡、财

① 参见赵明、张亚力、蒋梦婷：《检察机关介入群体性事件应急处置机制研究》，载《云南大学学报法学版》2011 年第6 期。

产损失、环境破坏等方面，深层次的，还会对个人和社会的心理造成破坏性的冲击，继而渗透到社会的各个层面。以本文案例为例，该群体性事件不仅导致罗柳二级公路NO.1合同施工段停工40日，工期受到严重影响，造成严重经济损失，更为严重的是导致社会秩序受到了严重影响。

4. 处置难度较大。一方面，群体事件的表现手段多样化和利益诉求的复杂化增大了群体性事件的处置难度，在偏远少数民族地区，群众的诉求常常比较复杂，一旦不能很好地区分开来，就极容易激化矛盾；另一方面，群体性事件的处置牵涉的主体较多，往往涉及政府及公检法等多个部门，需要依靠行政和司法的力量共同参与，进而增加了处置难度。

（二）L县群体性事件的变化趋势

目前L县正处于社会转型期，随着L县城镇化建设的推进和深入，经济建设开发的范围和力度不断扩大，新的利益博弈成为群体性事件爆发最根本的原因，维稳工作的形势更为严峻。在今后的一个时期内，随着公民民主意识的增长和网络等新媒体舆论助推力量的增强，群体性事件仍将是影响社会稳定的一大突出因素。

1. 从全局来看，群体性事件发生的诱因将会增多。随着L县县域经济发展战略不断向纵深推进，L县经济、政治、文化、社会发展的横向、纵向空间不断延伸，社会各要素将产生大融合和大碰撞，社会各层次的利益分配格局将会进一步调整，各方的利益冲突势必更为激烈，由此群体性事件发生的矛盾点势必增多。

2. 从类型来看，L县未来的群体性事件在近期仍将集中在城镇基础设施建设、“三农问题”方面。一方面，随着L县棚户区改造、道路建设、新区建设等一批重点工程的深入推进，农村征地、拆迁改造方面的矛盾依然突出，由此引发的群体性事件在总数中会占有较大比例；另一方面，涉众金融方面引发的群体性事件可能出现上升趋势。近两年来，L县涉众型经济犯罪高发，多涉及民生的救济补助，其涉案人员及涉及的民众众多、时间跨度长、作案手段隐蔽、发展蔓延速度快等特征，给此类群体性事件的预防和处置带来了较大的难度，往往需要牵扯多个部门，涉及多个环节，投入大量的人力、物力、精力进行稳控和处置。

3. 从特征来看，群体性事件利益诉求复杂、突发多变、对抗性日益明显。对于正处于社会转型关键期的L县来说，伴随着县域经济建设的推进和公民维权意识的强化，群众的利益诉求已经由原来的单一经济诉求转变为深层次的社会诉求，加之作为偏远少数民族地区，一贯以来民风彪悍，阶层之间的利益矛盾一旦触发，其表现形式将呈现出极端化、复杂化、多样化的态势。从近年来的“黄金寨道事件”、“大井屯事件”、“地黄屯村民非法游行示威事件”等几起典型的群体性事件不难发现，在此类群体性事件中，由于大多数的参与群众法制观念淡漠，一旦其利益受到侵害，动辄归咎政府和单位，简单地认为只要通过群体闹事的方式就能满足自己的要求，极易受到他人煽动和鼓吹，采取诸如堵路、打标语、喊口号、殴打他人、毁坏财物、冲击国家机关等极端的行为方式，具有聚众性、组织性、暴力性的特点。

三、检察机关在群体性事件处置中的定位和职能

（一）检察机关在群体性事件处置中的定位

检察机关作为法律监督机关，承担着维护宪法和法律的统一实施、实现公平正义，维护社会稳定的职责，在国家和社会生活中发挥着重要作用，主要作用之一就是维护国家安全、经济安全和社会稳定，因此，检察机关介入群体性事件的预防和处置是其依法履行法律监督职责的应有之义。

一方面，检察机关在介入群体性事件预防和处置时，通过严厉查办和预防职务犯罪，灵活把握批捕关，充分发挥起诉裁量权，自觉地把矛盾化解工作贯穿于检察职能的各个环节，做到法律和社会效果的有机结合；另一方面，通过树立公正廉洁的执法理念，坚守廉明的办案纪律，不断加强廉洁执法公信力，充分发挥检察队伍在维护群众合法权益、化解矛盾纠纷、促进社会稳定方面的积极作用。

（二）检察机关在群体性事件的预防处置中承担着重要职能作用

群体性事件的预防和处置是一项涉及方方面面的系统工程，党政机关和公检法司各部门都有参与的责任与义务。化解社会矛盾、构建和谐社会是检察机关履行检察职能、维护公平正义的应有之义，检察机关在调停社会冲突和平抑矛盾纠纷中具有不可替代的职能作用。

一是在群体性事件发生后，在党委政府的统一领导下，与有关部门密切配合，统一指挥协调行动，积极向群众释法说理，沟通劝导，稳定情绪，防止群众的对抗升级和扩大化；二是充分发挥检察机关的法律监督作用，对群体性事件的处置全程和处置结果进行合法性监督；三是以群体性事件为导向，及时发现职务犯罪线索，认真查处职务犯罪案件；四是通过提前介入公安机关的侦查活动，积极主动地开展侦查取证配合协作工作，引导侦查取证由单一的提前介

入推进为案前、案中、案后全方位的配合协作①，为事后的司法处置做好准备。

四、检察机关如何建立健全群体性事件预防和处置机制

（一）建立群体性事件的预测预警机制

预防工作是跨前一步的未雨绸缪，预警是群体性事件预防的一个重要环节，能将检察机关在群体性事件中的事后被动滞后介入转变为适当主动提前介入，有利于提升处置措施的方向性和针对性。

其一，要完善检察信访的接待机制，控告申诉是检察机关一个重要职能，控申部门要认真分析上访人的诉求，查找引发上访的原因，落实和完善工作机制，致力从源头上解决涉检信访问题。通过完善检察长接待日制度，强化信访包案责任，推动信访有效解决；通过完善首办责任制度，努力把问题解决在首办环节。

其二，建立联系协调机制，控申部门要会同反贪、反渎、公诉、侦监、民行、派驻乡镇监察室等部门，建立健全信息通报、工作例会等制度，及时摸排、疏理和化解可能引发的上访苗头与隐患，形成部门处理信访的合力，联合处理信访案件的接待化解机制，妥善解决信访问题。

其三，建立健全案件风险评估和预警机制，检察机关各业务部门在办理案件的过程中，对于案件中可能出现的各种涉访问题，要进行先期研判和提前防范，及时掌握信访的动态，积极开展矛盾化解工作，最大限度从源头上预防和消除信访隐患。在现阶段，检察机关已经实现将案件风险评估纳入全国检察机关统一业务应用系统之中，业务部门在办理案件时，可以根据案件的风险类型，对案件舆情风险、信访风险、身份风险等进行一一评估，并根据风险程度设置预警级别，分类处置，实现源头防控。

（二）建立群体性事件的处置机制

检察机关参与群体性事件的处置主要体现在依法行使侦查引导、逮捕公诉、职务犯罪查处三大职权。

1. 完善提前介入引导侦查制度。一是要制定提前介入引导侦查的工作规范，对需要提前介入的案件类型、案件范围、介入的时间和形式等进行明确的

① 参见毛德宁、朱继武：《办理“零口供”案件 检察机关面临的困境及解决措施》，载广西法学网（2016年6月7日）。

规定，进而提升介入的工作效率和办案质量；二是建立相应的台账登记制度，对介入侦查的时间、地点、案情摘要、方式和人员等进行详细记载，通过数据统计和分析，及时提出侦查指导意见，引导和协助公安机关正确、全面、及时地收集、固定和甄别证据；三是形成与公安机关的联动机制，明确提前介入引导侦查的启动程序，对于一些公众关注度高、影响公共秩序和安全的案件，应当赋予检察机关主动介入的职权。

2. 依法履行批捕、起诉职能。一方面，在审查逮捕群体性事件引发的犯罪案件时，要充分审查案件的起因和法律定性，充分发挥宽严相济的刑事政策，对于事件中严重扰乱社会秩序的嫌疑人，坚持快速逮捕，及时消除群体性事件的恶性影响，强化案件的社会效果；对于事件中主观恶性不大的一般参与人员，应坚持慎捕原则，以教育感化挽救为主。另一方面，公诉部门在审查群体性事件引发的犯罪案件时，对于确实需要追究刑事责任的嫌疑人，应当坚持审慎、快诉和庭审教育相结合原则，同时在宽严相济原则指导下，综合考量注入未成年犯罪、自首、立功、悔罪态度、赔偿等各方面情节，对于犯罪情节轻微且社会危害性不大的嫌疑人，可以开展刑事和解，进行相对不起诉，从而避免社会矛盾的激化，有效化解社会矛盾。如 D 镇大福村大井屯聚众扰乱社会秩序一案，公诉部门在受理案件之后，运用快速办理案件机制，在一个月的时间内督促侦查机关补足证据材料并移送到人民检察院审查起诉，在开庭的时候，因大福村大井屯的群众悉数到庭旁观庭审，案件的承办人当庭以案释法，向旁观群众开展法制教育，最终涉罪的嫌疑人全部认罪伏法，并表示服判不上诉，旁观的群众在庭审后无一闹事，取得了良好的法律效果和社会效果。

3. 强化职务犯罪查办职能。一方面，充分发挥职务犯罪预测预警机制，加强部门间的联动配合，做好全县民生项目建设的跟踪服务，充分运用预防咨询、检察建议帮助堵塞制度和监管漏洞，通过建立完善的预防机制，做到预防在先，监管在先，从源头上减少侵害群众利益的职务犯罪行为，督促国家扶助少数民族地区的政策真正落到实处，惠及少数民族群众，促进少数民族地区的和谐稳定发展。另一方面，把“三严三实”落到“查办和预防发生在群众身边、损害群众利益的职务犯罪”专项工作和涉农惠农资金检察工作中，严查隐藏在群体性事件背后的职务犯罪案件。针对群众反映基层组织职务犯罪的问题，分析研判群众反映的问题线索，查办粮食补贴、社会保障、征地拆迁等重点领域职务犯罪，并及时公布案件查办信息，将更有利于平息社会矛盾。

（三）建立群体性事件的疏导救济机制

在偏远少数民族地区，部分群体性事件的发生是由于群众的民意表达不畅，诉求受阻，合法权益得不到保护，才会发生群体闹事以呼吁社会关注，若能为群众提供充分的权利救济途径，则群体性事件的发生就不会成为必然。

1. 完善案件公开，推行阳光检务。个人与公权力机关之间的信息不对称、不公开往往是引发矛盾的“罪魁”。① 一是要全面落实说理制度，通过对处理意见的理由和依据进行详加阐述和论证，增强处理决定的公信力，同时通过公开说理答询，预防和减少长期无理缠诉、社会影响较大因不服检察机关决定而集体信访的涉检信访发生；二是要健全落实被害人申请抗诉、不起诉案件的公开审查和答复制度，认真听取被害人的申诉理由和请求，审查不起诉案件各方参与人的意见，对有异议的进行公开答询，减少案件当事人因不服判决、不起诉决定而产生的上诉、上访行为；三是要健全法律文书说理制度，对于检察机关拟作出的不立案、不抗诉、不查处、不批捕、不起诉、不赔偿决定的案件，一定要认真分析案件的事实、证据、法律适用和诉讼风险，对文书层层把关，分级负责，把问题消灭在文书制发之前。

2. 建立健全刑事被害人救助制度。通过部门联动，制定详细的《刑事被害人救助办法》，积极探索救助资金筹集渠道，争取检察专项救助资金，加大刑事被害人权利维护和事后帮扶工作力度。公诉部门在办理案件的过程中，针对被害人权益救济缺失的情况，可以主动联合控申部门一同推行被害人救助和补偿机制，可以通过有效整合社会资源，以政府协调有关单位进行补偿为基础，充分发挥妇联、共青团、工会、残联、社区在救助中的作用，发动专门的被害人援助机构做好被害人的心理辅导及家庭的善后工作，通过“结对帮扶”等方式，帮助被害人走出生活阴影，避免因权利救济缺失而导致的矛盾激化。

---

① 参见王学辉等：《群发性事件防范机制研究》，科学出版社2010年版，第156页。

反证的应对、证据审查和预防

——以韦某受贿案为视角

◎江　赞*

内容摘要：针对辩护人在审查起诉阶段即能查阅全部案卷材料所可能产生的翻供及反证问题，结合案例分析，指出应从及时沟通，引导侦查取证；主动出击，及时发现并固定证据；听取意见，了解辩护思路；全面、细致审查讯问同步录音录像；查缺补漏，巩固补强指控证据等方面着手应对辩护人介入导致翻供的可能性。一旦犯罪嫌疑人翻供且出现反证情况，就有必要加强对指控证据锁链、辩护人认为属于无罪证据以及构成要件方面的审查分析。为避免类似情况再次发生，进一步提出要全面、依法收集犯罪嫌疑人供述和辩解，防止翻供；全面、及时、高效侦查取证，防止串供及证据灭失；加强对翻供及出现反证时的应对；规范律师执业活动，打击涉案人员违法犯罪行为。

关键词：辩护人；介入；翻供；反证；预防；应对；证据审查

一、基本案情

2012 年 8 月 29 日，时任 L 市某教育局（以下简称“教育局”）副局长的犯罪嫌疑人韦某分管改善办学条件办公室（以下简称“改善办”）后，L 市某设计院（以下简称“设计院”）副院长陆某与韦某商谈签订学校教学楼设计合同事宜，并约定设计费的 0.3% 是给教育局分管领导的返点费。2012 年 11 月 18 日，韦某与设计院签订了一批中小学教学楼设计合同，2013 年 9 月 7 日，陆某将返点费 6.9 万元送到韦某家楼下，韦某收受了该笔钱并一直保管在家。2015 年 7 月 2 日案发后，韦某将该笔钱退还给陆某。

检察机关于 2015 年 7 月 10 日对韦某受贿案立案侦查，在侦查阶段，韦某

* 广西壮族自治区来宾市兴宾区人民检察院公诉科副科长。

如实供述了其收受他人贿赂的事实，同年7月25日对韦某受贿案移送审查起诉后，韦某委托了辩护人，辩护人阅卷后申请收集张某、谭某两份无罪证人证言，侦查人员根据申请依法收集证言后，辩护人提出无罪辩护意见，要求将讯问笔录作为非法证据排除。同时，犯罪嫌疑人韦某翻供，辩解其于2013年国庆节前跟“改善办”副主任张某讲过有这笔款项，且还交待让他回办公室后跟卢某某讲这回事；2014年2月份跟“改善办”会计谭某讲过这笔款项；其辩解返点费是给“改善办”的活动经费而不是给其个人的；韦某还提出在讯问时受到刑讯逼供。

二、辩护人介入审查起诉阶段引发的问题

《刑事诉讼法》扩大了辩护人在刑事诉讼中的权利，尤其是辩护人介入审查起诉阶段后，凭借获取案件信息上的优势及会见不被监听等权利，为个别不良辩护人干扰关键证人作伪证和协助同案犯间串供提供了便利，对公诉工作提出了很多挑战。① 本案中，辩护人介入审查起诉阶段后引发了以下问题。

1. 申请收集无罪证人证言。本案移送审查起诉次日，辩护人即查阅了案卷证据，第五天即提交了《收集证据申请书》，申请调取侦查部门没有收集的“改善办”副主任张某、计财股会计谭某的证言，理由是韦某在收到钱后曾经向该二人讲过有该笔钱是给“改善办”，并用于公务开支，属于无罪证据，应当依法收集。

2. 提出讯问不具有真实性和合法性，申请排除非法证据。辩护人提出，侦查人员对韦某讯问时，韦某已经供述曾向张某、谭某二人说明有该笔返点费给“改善办”，并暂由韦某保管，但侦查人员未将该供述如实记录；此外，还提出侦查人员以韦某不如实供述将被关押相“威胁”，并“恐吓”韦某称教育局谁敢为此作证就关押谁，申请将韦某的两次供述作为非法证据排除。

3. 提出书面无罪辩护意见。在侦查人员收集张某、谭某的证言后，辩护人提交了书面无罪辩护意见，认为韦某的行为属于单位受贿罪，而单位受贿罪立案追诉标准为10万元以上，因此，韦某的行为不构成犯罪。

4. 犯罪嫌疑人翻供。犯罪嫌疑人通过律师可以了解有关法律及案件的证

---

① 参见孙孝良：《审查起诉阶段辩护人权利问题调研——以新刑诉法实施为视野》，载浙江省诸暨市人民检察院网（2013年4月24日）。

据情况，因此，辩护人的介入容易使犯罪嫌疑人心理产生抗压能力甚至翻供。韦某在侦查阶段供述了返点费是给其个人，但在审查起诉阶段委托辩护人后即予以否认，辩称侦查人员没有如实记录其曾向张某、谭某说明有该笔钱并声明暂由其保管的供述，认为该笔钱是给“改善办”而不是给个人的返点费，并提出在讯问时受到侦查人员的“威胁”和“恐吓”。

三、辩护人介入导致翻供的应对策略

1. 及时沟通，引导侦查取证。笔者在收到《收集证据申请书》后，立即与侦查人员沟通，了解没有及时向该二人收集证言的原因。经过分析判断，认为该二人极有可能已经与韦某串供，而在案证据均已锁定韦某，如果收集该二人证言，极有可能属于无罪证据，使本案证据锁链出现重大问题。为实事求是，避免将诉讼风险带入审判环节，经过研究，决定由笔者拟定询问提纲，由侦查人员依法询问。

2. 主动出击，及时发现并固定证据。“对有串供可能或者在侦查、批捕阶段就供述不稳定的案件，公诉人应当主动出击，积极构筑稳固的证据体系，防止不良辩护人可能对案件审查起诉工作的干扰。”① 在辩护人要求收集无罪证据时，笔者即抓紧时间审查案卷熟悉案情，随后迅速传唤韦某进行讯问，根据韦某辩解中提到的一些新细节，如辩解“改善办于 2015 年 3 月设立会计并由谭某担任”。笔者立即要求侦查人员向教育局计财股负责人核实，并要求该局出具情况说明。通过以“快”制“敌”，在辩护人发现该情况前固定证据，防止侦查活动再次被干扰的可能，充分反驳了韦某的辩解。

3. 听取意见，了解辩护思路。检察机关听取辩护人的意见，可以了解辩护人对案件事实、证据和定性的看法，审查现有证据体系的不足并进一步完善。在收集张某、谭某的证言后，笔者主动与辩护人沟通，试探其对案件事实认定的意见及辩护思路，并要求其提交书面辩护意见。通过审查书面意见，笔者更全面掌握了案件事实、证据和定性上存在的问题以及控辩双方的主要焦

---

① 孙孝良：《审查起诉阶段辩护人权利问题调研——以新刑诉法实施为视野》，载浙江省诸暨市人民检察院网（2013 年 4 月 24 日）。

点①，并据此对一些证据进行补强，起到了很好的效果。

4. 全面、细致审查讯问同步录音录像。（1）讯问的真实性审查。通过查看讯问同步录音录像，韦某已明确供述了没有跟其他同事讲过，更没有提到向张某、谭某说明有该笔返点费并声明暂由韦某保管的说法。因此，侦查人员没有如实记录一说纯属子虚乌有。（2）讯问合法性审查。“侦查人员在审讯过程中，面对对抗性较强的犯罪嫌疑人时，运用谋略在气势和心理上震慑犯罪嫌疑人，从而突破其心理防线，需要一些‘威胁型’侦查谋略。”② 法律明确规定检察机关有权决定对犯罪嫌疑人刑事拘留，韦某及其辩护人提出的“威胁”和“恐吓”，是侦查人员以法律规定的内容和不利后果（如关押）对犯罪嫌疑人进行震慑，属于一种法律不利后果的提示，③ 而非威胁、逼供等违法行为。另外，检察机关在办案中发现涉嫌作伪证的线索时，有权通过立案监督或者移送线索等方式，要求公安机关立案侦查并对相关人员采取强制措施。因此，侦查人员并不是以法律没有规定的内容来“威胁”或“欺骗”，不属于非法证据。

5. 查缺补漏，巩固补强指控证据。笔者通过分析辩护人的书面意见，对辩护人认为一些属于无罪证据的书证及证人证言等证据，如设计院会计何某记载的《无票开支登记》、《费用报销单》写到“返某教育局 0.3% 费共 69000 元”，辩护人据此认为返点费是给教育局而非个人的。后笔者要求侦查人员向何某核实书写该内容的含义及原因。经核实，何某称“给教育局哪个领导我不知道、也不认识，我懂得这是违纪违法的，也不好问是给教育局哪个领导，为简单记录且不容易被人发现，才这样记账”。经过补强证据，看似无罪的证据转变为有力的指控证据。

四、犯罪嫌疑人翻供且出现反证时证据的审查判断

韦某被立案后一直没有被羁押，侦查人员询问证人张某、谭某时，该二人

---

① 参见黄昌华：《浅谈检察机关如何有效保障被追诉人的辩护权》，载正义网（2012 年 12 月 10 日）。

② 汪伟忠、尹学诚：《反贪侦查谋略与非法侦查行为辨析》，载《犯罪研究》2015 年第 1 期。

③ 汪伟忠、尹学诚：《反贪侦查谋略与非法侦查行为辨析》，载《犯罪研究》2015 年第 1 期。

均证实有此事。至此，辩护人的介入不仅导致了犯罪嫌疑人翻供，并且出现了不利于指控的反证，原本简单的受贿案在事实、证据及定性上变得复杂、疑难。在事实上，6.9 万元到底是给个人还是单位的？在证据上，证人张某、谭某的证言是否真实并足以采信？在定性上，韦某的行为属于个人受贿、单位（教育局）受贿或者是“改善办”（内设机构）受贿？为厘清本案事实和定性，笔者从以下几个方面予以分析。

（一）指控证据锁链的审查

笔者认为返点费是给韦某个人的，有如下证据予以证实：

1. 行贿单位领导及行贿人的证言。设计院院长张某、副院长陆某均证实：因设计院承接教育局工程的设计项目，韦某系分管“改善办”的副局长，为感谢韦某及日后签订更多合同，才将返点费送给韦某个人。

2. 行贿单位会计的证言及其记载的书证。设计院会计何某在《无票开支登记》、《费用报销单》中，记载“返某教育局 0.3% 费共 69000 元”。同时，何某证实了返点费是给个人的。

3. 教育局领导、财务人员及“改善办”负责人的证言。教育局原党组书记、原局长、4 位财务人员、改善办主任卢某、副主任李某均证实：在韦某分管“改善办”期间，没有听说过设计院把设计费返点给教育局或“改善办”作为经费使用。

（二）辩护人认为属于无罪证据的审查

支撑无罪辩护意见的证据，有书证《无票开支登记》、《费用报销单》、张某、谭某的证言以及韦某的无罪辩解。经过补强，书证已变成指控证据，下面结合韦某的辩解，从以下几个方面对无罪证据进行审查判断。

1. 韦某从收钱至案发均未向教育局及“改善办”负责人提起返点费一事，其辩称因制度收紧无法出账没有事实依据。韦某收钱至案发长达一年半之久，均未向教育局及“改善办”负责人提起返点费一事，唯有一种解释，即不想让他人知道自己手上有该笔钱。另外，韦某收受的钱并没有进单位账户而是由个人保管，并不存在因为制度收紧无法出账的问题。

2. 韦某的辩解存在虚构事实的错误。韦某辩称 2014 年 3 月“改善办”设立会计并由谭某担任后，其和谭某讲过。事实上，“改善办”从始至终都没有独立的会计，该工作一直由计财股工作人员对接，该辩解与计财股证人巫某、旭某、谢某甚至谭某的证言相矛盾。其次，韦某收受返点费时，没有向当时对接“改善办”会计工作的旭某提起，而半年后，才跟一个在其担任局长时刚调到教育局工作的谭某提起，真实性值得怀疑。

3. 收钱及退赃时间、地点、方式不符合单位款项进出常理。陆某在周末用塑料袋将钱包好送到韦某住处楼下，从送钱的时间、地点及方式来看，均不符合单位款项进出规定，而又在该事被检察机关查出时，韦某没有向单位任何人提起，即悄无声息地将钱退给了陆某。

4. 张某的证言相互矛盾且不符合常理。张某作证陈述，韦某讲"返点费可用于搞活动及发补助"，但在韦某"保管"钱一年半期间，"改善办"工作人员都没有得到过任何补助，也不用于公务支出。张某还陈述，韦某让其跟卢某某讲一声，但张某称忘记该事甚至以为领导可能已经告知而没有和卢某某交待，不符合公务人员办事能力和常理，何况张某是长期在"改善办"工作的副主任。可见，其证言的可信度不高，不应予采信。

5. 张某、谭某与韦某存在可能影响证言真实性的关系，没有其他证据佐证，不应采信。张某、谭某与韦某同属于一个乡镇的老乡，谭某在韦某担任局长期间，从市区一小学调到教育局工作，谭某于2015年8月份（侦查人员向其收集证言前不久）任教育局计财股副股长。这些信息虽不能直接反驳张某、谭某证言的真实性，但可以提升对二人证言真实性及证明力的合理怀疑程度。

综上分析，韦某在侦查阶段未供述有向张某、谭某提起返点费，而辩护人介入后才提起，并且证言由辩护人主动申请收集，基于与韦某存在可能影响证言真实性的关系，韦某又一直未被羁押使其有充分的可能与该二人串供，证言与韦某的辩解存在相互矛盾之处，因此，韦某的辩解以及张某、谭某的证言不足以采信。

（三）从构成要件方面的分析

1. 正面分析法：韦某的行为构成受贿罪。韦某身为教育局副局长，利用分管"改善办"的职务便利，与设计院签订工程设计合同，为设计院谋取利益，事后收受设计院6.9万元并自己保管，没有向局领导班子、计财股及改善办相关人员提起，在案发后才将受贿款项退出，其行为构成受贿罪。

2. 反面排除法：韦某的行为不构成单位受贿罪。单位受贿需要体现出单位是否有接受受贿的意思表示和行为，而单位意志不是单位内部某个成员的意志，从韦某收钱后不告知局领导班子、不向"改善办"负责人提起、不交财务保管、不用于公务开支、退还不告知他人等一系列行为来看，从始至终均没有经过集体或负责人决定，并以单位名义收受贿赂，没有体现单位收受贿赂并保管的意志，不具有单位受贿犯罪的故意，受贿所得款项不归单位所有，因此，韦某的行为不构成单位受贿罪。

五、避免本案类似情况发生的预防和应对策略

（一）全面、依法收集犯罪嫌疑人供述和辩解，防止翻供

侦查人员应当严格按照法律规定进行讯问，讯问时进行同步录音录像，并如实记录犯罪嫌疑人的供述和辩解；将犯罪嫌疑人羁押至看守所后，在其受到辩护人介入或同监舍人员影响和干扰前，及时详细进行口供的再固定；自侦案件突破犯罪嫌疑人后，应让其书写亲笔供词，以更能如实反映其心理状态、真实想法，更符合犯罪嫌疑人的原意，因而也更具有真实性。① 通过本人亲笔书写的供词、同步录音录像、在看守所的讯问笔录等全方位、多角度固定证据，可以有效防止犯罪嫌疑人翻供。

（二）全面、及时、高效侦查取证，防止串供及证据灭失

要注重全面收集直接证据和间接证据、言词证据和实物证据、有罪证据和罪轻、无罪证据；通过犯罪嫌疑人的有罪供述，及时收集相关证人证言及物证、书证；对犯罪嫌疑人的辩解，应当认真听取并记录在案，及时收集、固定证据以排除辩解、疑点和矛盾，形成全面、完整的证据锁链。对逮捕后确需变更为非羁押的强制措施的，应在证据全面固定的前提下进行，以免释放后被外界影响而翻供；加快侦查取证及移送审查起诉的节奏，可以防止辩护人或其他因素介入后串供及实物证据被转移或灭失，也有利于对证据弱点及薄弱环节及时引导侦查。

（三）加强对翻供及出现反证时的应对

通过前两个关口扎实、规范取证工作，犯罪嫌疑人如何翻供都无济于事。如果证据存在缺陷和弱点，要深入了解翻供的原因，包括犯罪嫌疑人纯粹为达到减轻或者逃避法律追究、存在刑讯逼供或诱供、证据材料的先天不足以及外界因素的介入等，并通过同步录音录像等方式核实翻供的理由是否成立，“在讯（询）问过程中，可采用亲情感化法、钝化矛盾、细节询问法、驳证反证法等，冲破其思想防线，揭露其翻供和串供的实质”②。重点审查反证与其他证据是否相矛盾，是否有其他证据证实，从作证动机、证人与犯罪嫌疑人的利

① 参见顾惠忠、林竹静、王蓉：《受贿案件嫌疑人翻供的应对策略——以新刑诉法实施为视角》，载《法治论坛》2014 年第 4 期。

② 张金喜：《疑难刑事案件证据的审查规则》，载《法制与社会》2009 年第 15 期。

害关系等方面审查证言的真实性。同时，及时引导侦查，对证据薄弱环节进行补强。

（四）规范律师执业活动，打击涉案人员违法犯罪行为

对律师执业行为的规范、监督是律师行业健康发展、保障司法公正及当事人合法利益的需要。检察机关要与看守所出台细则，规范律师执业活动，加强对律师会见手续的认真核实，要求辩护人在会见在押犯罪嫌疑人、被告人时，参加会见的人数应当为两人以上，其中一人为受委托的律师，另一人可以是实习律师或者助理；律师、实习律师或者助理不得参与对同一案件的同案犯会见。① 上述情况由看守所负责核实、登记，检察机关应当定期检查、监督，如有违反规定，应当将相关问题移送律师事务所所在地的司法行政机关处理；对辩护人指使相关人员翻供、串供以及证人涉嫌作伪证的违法犯罪行为，要依法追究其法律责任。

---

① 参见北京市高级人民法院、北京市人民检察院、北京市公安局《关于律师会见在押犯罪嫌疑人、被告人有关问题的规定（试行）》。